数字化浪潮中的报纸新闻生产

田秋生　肖桂来　著

The Production of Newspaper News in the Digital Wave

暨南大學出版社
JINAN UNIVERSITY PRESS

中国·广州

图书在版编目（CIP）数据

数字化浪潮中的报纸新闻生产/田秋生，肖桂来著．—广州：暨南大学出版社，2016.2

ISBN 978－7－5668－1689－4

Ⅰ.①数…　Ⅱ.①田…②肖…　Ⅲ.①报纸—新闻工作—研究—中国　Ⅳ.①G219.2

中国版本图书馆CIP数据核字（2015）第289385号

……………………………………………………………………………………

数字化浪潮中的报纸新闻生产

著　　者：田秋生　肖桂来

出 版 人：徐义雄
策划编辑：史学英
责任编辑：黄　斯　邓铃妹
责任校对：刘舜怡
责任印制：汤慧君　周一丹

地　　址：中国广州暨南大学
电　　话：总编室（8620）85221601
　　　　　营销部（8620）85225284　85228291　85228292（邮购）
传　　真：（8620）85221583（办公室）　85223774（营销部）
邮　　编：510630
网　　址：http：//www.jnupress.com　http：//press.jnu.edu.cn
排　　版：广州联图广告有限公司
印　　刷：佛山市浩文彩色印刷有限公司
开　　本：787mm×1092mm　1/16
印　　张：13.5
字　　数：263千
版　　次：2016年2月第1版
印　　次：2016年2月第1次
定　　价：32.00元

（暨大版图书如有印装质量问题，请与出版社总编室联系调换）

前　言

数字化浪潮中传统新闻业的价值坚守

互联网情境下，变革成了传统新闻业的新常态。中央编辑部、大数据新闻、开放式新闻生产模式……传统新闻机构不断探索机构变革、产品创新与流程再造，希望扭转传统新闻业的颓势。具体到新闻生产者，没有了固定生产周期，变成24小时工作制，新闻条线划分变得模糊了，传统组织规范也被解构。

当下，微博、微信等新媒体形态层出不穷，我们所处的信息环境也处于不断变动之中，各种热点令人应接不暇。传统新闻生产者不得不以忙碌的姿态去适应这个“飞一般的时代”，目光所及之处都是一个变化的世界，未来让人惴惴不安。这种不安来自何处？在传统新闻业拥抱变革的浪潮中，我们丢掉了什么？该如何反思传统新闻业？在传统新闻业改造过程中，我们又该如何捍卫新闻业大厦屹立的理念根基？

一、传统新闻业的双重危机

（一）生产危机：传统生产体系失灵

在互联网大潮冲击下，当下传统新闻业的生产危机，不仅仅是传播渠道的失利，而且是整个传统生产体系的挫败。传统新闻业生产危机首先是渠道的危机。从纸媒到门户网站，再到移动终端，受众市场经历了几度迁移，报纸发行面临断崖式坠落，传统新闻业构建起的传播渠道在一定程度上宣告失利。

不仅如此，在人人是记者的时代，公民记者、自媒体不断涌现，新闻生产呈现出开放性、去中心化、去组织化的特征。随着微博、微信的兴起，微传播以病毒式传播优势让传统新闻业面临更大冲击，具有人格特征的微信公众号，相当于一个小型媒体，自媒体记者、参与式新闻生产，极大消解了新闻生产的专业化，把专业新闻生产者拉下神坛，他们的新闻生产几乎抛弃了专业化标准，个性新闻时代来临。

在此背景下，传统新闻业框架下的有关新闻、记者的基本定义，也变得有些与事实不符。传统新闻业所建构起来的专业标准、流程规范、组织文化也面临危机，传统新闻生产模式面临颠覆性改造。

（二）经济危机：二次售卖模式失效

在互联网的冲击下，传统媒体陷入了经济困境，随着受众市场迁移，广告市场也跟随转移，报纸赖以生存的“二次售卖”盈利模式基本宣告失效。

报纸的“二次售卖”模式是指，将报纸通过发行渠道卖给读者，读者购买的是信息，报纸则通过发行量数据，把读者卖给广告客户。“二次售卖”模式是典型的注意力经济，它将读者的阅读时间和注意力物化为广告版面卖给广告商，广告版面之所以值钱，是因为它集聚了消费者的注意力资源。但在互联网经济形态下，这种模式却面临失效。一方面，报纸发行量直线下降；另一方面，广告商更加注重与消费者的互动，收集与消费者需求和行为轨迹相关的大数据记录，以及注意力与产品销售量的直接转换，而这正是报纸广告的短板，因此，传统媒体广告不断流失，流向新媒体平台。

二次售卖模式失效，又无法找到新的盈利模式，传统新闻业面临经济断供，也引发了裁员、停刊等冲击。令人担忧的是，传统新闻业经济危机会反过来加剧生产危机，直接影响新闻产品的质量，让传统新闻业危机陷入恶性循环。

二、传统新闻业的价值坚守

（一）人是新闻业的核心法则

当下，互联网技术逻辑让新闻生产出现了颠覆性变革，但不变的是人，即新闻业的生产者与用户群体。新闻的起点与终点都是人，新闻业因人的存在而屹立。一位纸媒负责人说，“无论技术如何突飞猛进，载体如何变化，记者的工作始终是要聚焦人：人的社会、人的感情，然后呈现给人看。人脑相对于技术来说，是相对稳定的。”

人是新闻业大厦的建构者、消费者。新闻业存在的理由和最基本的目标，就是为公众提供他们在自由社会活动中所需要的独立的、准确的、可靠的、全面的信息。“新闻满足了人类最本能的冲动。人们具有某种内在的需求（即本能）——去了解直接感知的世界之外究竟发生了什么。”[①]新闻发源之初，就是为了消除人们对信息的不确定性，为社会提供充分的信息流动、观点交换，致力于建设一个公正公平、民主透明的社会。在媒介变革背景下，回归新闻业本源的思考，对于报纸走好转型路很有价值。

---

① ［美］比尔·科瓦齐、汤姆·罗森斯蒂尔著，刘海龙、连晓东译：《新闻的十大基本原则》，北京：北京大学出版社2011年版。

1. 新闻变革，从改造人开始

在建构过程中，传统新闻生产者形成了专业标准、流程规范及组织文化。在新闻工厂，记者编辑像工人一样进行流水线生产，以天为周期推出新闻产品。就一件新闻产品的生产而言，也形成了操作指引，按照写导语的规范写导语，按照打标题的规范打标题，按照写消息的规范写消息，格式、叙述表达都有规可循。编前会、选题策划会，各种采编规章、考核制度，让编辑部有了自成体系的运作规范。

由于当下传统新闻业的变革，这些流程规范与组织文化，却变身为一种守旧势力，出于省力与惯性，我们不愿主动抛弃这些规范，不愿冲破组织文化的樊篱。

目前，有不少传统媒体在探索重组传统采编部与新媒体部，重新梳理生产流程，搭建中央编辑部，实现“一次生产，多次发布”。所以，对于传统新闻业改革，无论组织调整，还是流程改造，核心在于对人的改造——从改造从业者开始，继而重建行业文化，形成一套适合互联网时代的规范文化。

2. 内容改造，瞄准人的需求

新闻产品在使用过程中，受众有着自己的独立判断——“哪些可以真正满足我的需要?”受众的信息需求呈现出分层化：安全需求（信息知晓、环境瞭望、困境解决策略）、情感与归属需求（情感慰藉、宣泄，身份认同）、参与感与自我实现需求（观点表达、介入事件、寻求影响力）。这种层次划分贴合马斯洛需要层次学说。在需求层级划分方面，信息接收更多呈现出情境化消费与个性化需求的特征，在不同情境下，或不同个体人格条件下，每一个受众的信息偏好不同。

传统新闻业改造要有“用户思维”，即一种媒介内容存在，要有一定需求支撑。例如澎湃新闻、今日头条的火爆在于精准击中某种需求，传统报纸失势也源于需求失焦，或者说没有提供真正让用户满意的内容。

在内容生产中，新闻生产者应紧盯上述需求。例如：安全需求——要发布最权威的信息，以个性化方式讲清某政策变动对市民的具体影响，真正做到释疑解惑；情感与归属需求——我们要学会以受众喜闻乐见的话语方式疏导公众情绪，讲述边缘社会群体的故事，让社会理解他们、关注他们；参与感与自我实现需求——要开放新闻生产流程，让更多网友自主生产内容、融入专业生产流程，获得专业认可。在内容推送中，传统媒体应注重情境设定、个性偏好分析。原本模糊的受众，现在变成了一个个有反馈、有数据行为、真实而鲜活的用户。[①]特别

① 陈文武、汪震宇：《19 楼产品经理的“心经”》，《中国记者》2014 年第 11 期。

是在微信、微博等新媒体平台上，我们可通过大数据技术分析，获知每一个受众的用户特征、阅读偏好、行为轨迹等，从而为内容精准送达提供参考。

（二）品质新闻观：生产读者真正需要的内容

与其他工业流水线上的产品不同，新闻产品大部分是思想产品，其中倾注了生产者的情怀与思考。一位纸媒负责人表示，“报纸、报社应该是最有知识、最具理性气质、最会用文字讲故事的媒体，适当超前于社会公众，未来永远如此。报纸应成为更有见识、更有知识水平的媒体”①。之于社会责任、社会良知，互联网时代，新闻媒体平台应贡献一些严肃、有价值的话题，树立品质新闻业的标杆。

1. 坚守新闻专业主义理念

如何才能做出品质新闻？笔者认为，坚持新闻专业主义理念是一条可行路径。陆晔和潘忠党将新闻专业主义的要素归纳为五方面：①传媒是社会的公器，新闻工作必须服务于公众利益，而不是仅仅服务于任何政治或经济利益集团；②新闻从业者是社会的观察者、事实的报道者，而不是某一利益集团的宣传员；③他们是信息流通的“把关人”，采纳的基准是以中产阶级为主体的主流社会的价值观念，而不是政治、经济利益冲突的参与者或鼓动者；④他们以实证科学的理性标准评判事实的真伪，服从于事实这一最高权威，而不是臣服于任何政治权力或经济势力；⑤他们受制于建立在上述原则之上的专业规范，接受专业社区的自律，而不接受在此之外的任何权力或权威的控制。②上述有关新闻专业主义的分析为当下新闻生产提供了指引。

在报道技术层面，笔者认为，在恪守准确、中立、公正的新闻产品标准的同时，我们应该注重更精准、更有趣、更加个性的表达。现在的受众越来越挑剔，对于新闻产品的要求提高了，不仅要耐读，更要悦读，要提高讲故事的能力，打造精致文本结构，这是为了让新闻产品获得更有效的传播力。

2. 致力于具有公共品格的内容生产

新闻业应是一项公共事业，新闻产品应是一种公共产品。有新闻学者认为，必须将新闻业规范地定义为一个具有公共使命的领域。挪威传媒学者约斯泰因·瑞普斯诺德指出，新闻从业者在很大程度上决定着公众对自己所处世界的认知，要保持新闻的公共品格，新闻媒体应首先为公民提供人人都可以自由言说的公共

---

① 张宇：《纸媒高层领导关于转型的思考》，无限 135，http：//www. wx135. com/articles/articles/20141129/5479d831 - 8a48 - - 4dfb - ac34 - 764102734e20. html，2014 年 11 月 29 日。

② 陆晔、潘忠党：《成名的想象：中国社会转型过程中新闻从业者的专业主义话语建构》，《新闻学研究》2002 年第 71 期。

论坛。

新闻业不能缺少对公共事务的介入。哈钦斯委员会在《一个自由而负责的新闻界》中表示："公共讨论是维系自由社会的一项必要条件，而表达自由则是开展充分的公共讨论的一项必要条件。公共讨论能加大和扩展心智的力度和广度，它是培养心智强健之公众的基础，如果没有这种东西，一个自治社会就不可能运转。"

这些理念对于当下传统新闻业改造具有警示意义。一方面，我们生产的新闻产品不仅要告知公众社会面貌如何，还要努力呈现社会运行的逻辑，还要引导公众发言，参与公共事务。笔者注意到，不少报纸媒体深耕社区市场，打造公众平台，引导公众介入社区公共事务，发表意见，这是一种很好的尝试。

另一方面，新闻业并非简单的"眼球经济"，新闻真正需要关注的是一些严肃而重要的事情。现在一些报纸媒体打造新媒体平台陷入"点击量"误区，对于新媒体稿件的评判往往简单地以点击量多少为标准，各种"标题党"层出不穷，也让一些低俗，甚至失实的新闻内容广泛传播。这些误区值得我们警惕。当下中国，新闻机构有很多重要的社会议题需要去关注。例如，在经济中国，金钱逻辑是怎样渗透到各个领域并滋生种种问题的？流动民工在城市化过程中面临怎样的沟壑，人的城市化该如何实现？在乡村社会，宗族文化与现代治理该如何融合？新闻学在某种意义上是社会学，帮助读者搞清楚大千社会是如何运作的，只不过新闻是以个体命运故事、群体人物的方式来呈现这些问题。新闻机构需要这样来自社会一线的调查，这些才是真正有益于社会、读者真正需要的稀缺内容。

田秋生　肖桂来

2016 年 1 月 8 日

目录

第一章

导论

一、问题的提出及其价值

在麦克卢汉看来，“真正有意义、有价值的‘讯息’，不是各个时代的传播内容，而是这个时代所使用的传播工具的性质及其所开创的可能性以及带来的社会变革”[①]。

本书的构思是在2010年年初，根据中国互联网络信息中心等权威机构发布的报告，截至2009年年底，我国网民规模已达3.84亿人，互联网普及率达到28.9%。手机网民数量迅速增长，规模已达2.33亿人，占整体网民的60.7%。手机用户达到7.47亿户，手机阅读用户达1.55亿户，2009年中国网络广告市场规模达207.3亿元，同比增长21.9%。[②]

数年后，情况又发生了巨大变化，根据中国互联网络信息中心所发布的报告，截至2014年12月底，我国网民规模达到6.49亿人，互联网普及率为47.9%，手机网民规模达5.57亿人，网民中使用手机上网的人群占比提升至85.8%。3G的普及、无线网络的发展和手机应用的创新促成了我国手机网民数量的快速提升。[③]

以互联网、手机媒体为代表的新媒体无情地吞噬着传统报纸的广告市场和读者市场，应对新媒体的挑战成为国内外报业最为迫切的使命。伴随新媒体的飞速发展，中国报业也加紧了数字化转型的步伐。自1994年起至2008年年底，在短短的15年里，中国报业已全部实现网络化，数字报纸已在我国的报业出版单位实现全方位普及。在手机报方面，全国报业已推出手机报1 500余种。在利用新媒体作为新的载体形式的同时，国内报业集团也纷纷借鉴新媒体的流程，进行机构重组与流程再造。如2007年6月，广州日报报业集团设立滚动新闻部，将其作为报纸与网站融合的内容策划与管理机构；2008年3月，烟台日报传媒集团组建全媒体新闻中心，推行“全媒体战略”；2008年10月，杭州日报报业集团成立网络中心，推行报网合一战略。

2009年以来，报业的数字化转型步伐进一步加快。如《南方都市报》于2009年年底正式提出“构建全媒体集群”的构想，并随即开始了全方位的探索。2012年7月10日，广州日报报业集团运营刚满5年的滚动新闻部更名为全媒体新闻中心，正式启动“全流程再造、结构化升级”战略。

---

① 郭庆光：《传播学教程》，北京：中国人民大学出版社1999年版，第148页。

② 参见：中国互联网络信息中心（CNNIC）：《第25次中国互联网络发展状况统计报告》，http://www.cnnic.net.cn。

③ 参见：中国互联网络信息中心（CNNIC）：《第35次中国互联网络发展状况统计报告》，http://www.cnnic.net.cn。

一场数字革命正在报业内部轰轰烈烈地展开，互联网、手机等新媒体与报纸之间日趋融合，在此情势下，传统的报纸新闻生产也发生了深刻的变化。正是基于这一背景，我们提出了本书所研究的问题：在报网之间由互动走向融合的背景下，报纸的新闻生产机制发生了何种变化？这种变化带来了何种社会效应？对社会公共生活构成了何种影响？

在理论层面，探讨技术逻辑对新闻生产的具体影响，可以丰富和发展新闻生产研究领域的理论。在现实层面，本书所回应的是业界高度关注的现实问题：报纸如何应对新媒体的挑战，如何在数字化时代生存和发展？

二、国内外研究现状和趋势

与本书直接相关的研究主要有两个方面：一是有关报网互动与报网融合的研究，二是新闻生产研究。

（一）有关报网互动与报网融合的研究

报网互动与报网融合已成为近年来学界的研究热点之一，也取得了一批有价值的研究成果。该领域的研究主要从以下几个角度展开：①新媒体技术的冲击及传统报业的应对策略；②国内外报网互动与报网融合的最新动态与趋势；③报网互动与报网融合的概念、关系、基本模式；④报网互动与报网融合背景下的新闻产制与受众参与的个案研究。

其中，对本书研究有重要参考价值的代表性研究成果包括：喻国明教授从印刷版与网络版优势互补的思路出发，提出报网互动的策略路线；闵大洪先生提出报网互动的核心并非报纸与网络两种媒体的互动，而是读者（网民）的积极参与及在这一过程中形成的媒体与受众的互动，乃至受众与受众的互动；蔡雯教授对报网互动的基本模式进行了总结与划分，并阐述了这些模式的特征及相互关系，此外，她还对融合新闻的特点进行了归纳：新闻消息源结构的改变与新闻传播主体的变化、新闻媒介组织结构的改变与工作流程的变化、新闻载体性能的改变与新闻传播方式的变化；林如鹏、顾宇对报网互动与报网融合的概念及关系进行了辨析，在此基础上对报网融合的三个层次进行了探讨；曾繁旭、周俊林和杨艾莉通过对《南方都市报》的《网眼》栏目的考察，观察报纸与网络对接的新闻生产机制，并探讨其与公共议题的关系；程晓萱通过对浙江日报报业集团的分析，探讨了报网互动中的媒介呈现与受众参与。①

（二）新闻生产研究

新闻生产研究连接传播理论与新闻传播实践，探讨制约新闻生产全流程的各种因素及其作用方式、所带来的后果等。新闻生产研究在西方起于20世纪50年代，至70年代形成热潮，西方学者首先探讨的是个体的认知和心理因素对新闻生产的影响，随后拓展到媒介组织对新闻生产的影响，后来进一步发展到将新闻生产置入更为宽广的社会体系中进行考察。

如舒德森所言，在西方的新闻生产研究中，有三种研究视角被学者普遍采用：第一种是政治经济学的取向，该取向侧重将新闻加工的结果和国家结构、经济结构联系起来，和新闻机构的经济基础联系起来，分析文化产品的生产及流通与国家政治、经济和文化等体系的关系，这一取向主要出自英国的媒介研究。有关媒介技术的分析是传播政治经济学的一个重要专题，不过，传播政治经济学家对媒介技术的分析主要着眼于宏观的批判，对于新技术给新闻生产带来的具体影响却少有关注。第二种是新闻生产社会学的取向，这一取向相对中观，侧重将媒介作为社会组织来分析，试图了解新闻记者在工作中所做的种种努力是如何受制于组织和行业的要求，并如何影响最终的新闻产品的。这以布里德、塔奇曼、甘斯、费什曼、休梅克等人的研究为代表。第三种是文化研究的取向，该取向强调广泛的文化传统和符号系统的约束力，不考虑经济组织的结构或者行业惯性的特征。②

国内有关新闻生产的研究起于20世纪90年代，目前处于起步阶段，主要研究成果有：陆晔从宣传管理、媒介组织、消息来源三个方面，对当代中国新闻生产过程中的权力实践展开了细致分析；洪兵对《南方周末》的新闻生产进行了个案研究；芮必峰从宏观的视野探讨了制约新闻生产的各种社会权力；张志安从编辑部组织的层面对《南方都市报》的新闻生产进行了考察；马锋依照休梅克的分析框架，从传者个体特征、新闻工作常规、消息来源、意识形态四个角度对现代风险报道生产偏向展开了研究；陈阳从个体新闻工作者的特征和意识、新闻组织

---

① 参见：喻国明：《报网互动：从传统报业向数字报业的转型　当前中国传媒产业面临的三种转型（下）》，《中国传媒科技》2007年第4期；闵大洪：《开创报网互动的新局面》，《新闻实践》2007年第2期；蔡雯、陈卓：《试论报网互动的基本模式》，《现代传播》2007年第5期；蔡雯：《试论“融合新闻”的特点与运作》，《新闻战线》2007年第1期；林如鹏、顾宇：《媒介融合背景下的报网融合探析》，《暨南学报》（哲学社会科学版）2009年第1期；曾繁旭、周俊林、杨艾莉：《“报网互动栏目”的新闻产制与公共议题的生成》，《国际新闻界》2009年第10期；程晓萱：《报网互动中的网络媒介呈现与受众参与：基于对〈浙江日报〉报业集团报网互动的定量分析》，《武汉理工大学学报》（社会科学版）2008年第6期。

② 参见：马锋：《现代风险报道生产偏向研究》，复旦大学博士学位论文，2008年；张志安：《编辑部场域中的新闻生产》，复旦大学博士学位论文，2006年。

的职业常规、新闻生成的社会体制情境三个层面对我国的妇女新闻生产展开了研究；田秋生从市场逻辑如何改变党报新闻生产的角度对《广州日报》展开个案研究。①

综上所述，报网互动与报网融合已引发学界的高度关注，也取得了一批具有理论与实践价值的成果，从新闻生产角度切入的研究也有了零星个案。西方有关新闻生产的研究已有数十年的历史，并已形成了成熟的研究框架和丰富的理论，可为本书研究提供分析路径与理论资源；国内的新闻生产研究则尚处于起步阶段。至今为止，尚无人以媒介社会学的视角全面考察媒介融合背景下报纸新闻生产机制的变迁。

三、研究目标与具体内容

（一）研究目标

本书旨在通过对当代报纸新闻生产实践的考察，探讨报网互动情境下传统报纸新闻生产所发生的变化，发现新媒体技术在报纸新闻生产中的作用机制及其所带来的社会效应，尝试建构报网互动情境下报纸新闻生产机制与模式的理论，并探讨报业数字化转型的现实路径。

通过研究，对既有的新闻生产研究理论进行丰富和发展，并对报业应对新媒体挑战的经验进行总结，从而为学界、业界和政府管理部门提供理论资源。

（二）研究内容

本书的主要内容有以下几个方面：

第一部分探讨报网互动情境下报社组织的嬗变，属于媒介组织层面的考察。探讨的内容是：为适应报网互动与报网融合的需求，报社的组织结构出现了何种调整，新闻生产的流程管理发生了何种变化。

第二部分为新闻生产过程的数字化转型，属于个体新闻工作者层面的考察。主要探讨新媒体技术逻辑如何渗透到个体新闻工作者新闻采制的各个环节中，如何改变报社传统的新闻工作常规，如何改变报社采编人员的角色。

第三部分为报网互动中的受众参与和议题生成，探讨新媒体技术逻辑对社会公共生活构成的影响。主要通过具体的报网互动案例，分析报网互动情境下受众

---

① 参见：陆晔：《权力与新闻生产过程》，360doc 个人图书馆，http：//www. 360doc. com/content/09/0103/08/16099_2249870. shtml，2009 年 1 月 3 日；洪兵：《转型社会中的新闻生产》，复旦大学博士学位论文，2005 年；芮必峰：《政府、市场、媒体及其他——试论新闻生产中的社会权力》，复旦大学博士学位论文，2009 年；张志安：《编辑部场域中的新闻生产》，复旦大学博士学位论文，2006 年；马锋：《现代风险报道生产偏向研究》，复旦大学博士学位论文，2008 年；陈阳：《我国新闻生产的影响机制之研究：以妇女新闻为个案》，《新闻与传播研究》2006 年第 2 期；田秋生：《市场化生存的党报新闻生产——〈广州日报〉个案研究》，复旦大学博士学位论文，2008 年。

如何参与到新闻产制的过程中，推进公共议题的生成，进而改变事件的发展进程，促进社会问题的解决。

第四部分探讨报纸的未来，总结国内外报业数字化转型的新趋势，并对报纸新闻生产的未来展开探讨。

（三）研究的重点和难点

重点和难点一：发现报网互动情境下的报社新闻工作常规。新闻工作常规是型塑新闻报道面目的决定性因素，有着多重内涵：第一重是以倒金字塔结构为主体的文本结构常规、新闻路线分配等人力资源分配常规，同时还包括截稿期限、版面时段等资源分配常规；第二重是作为质量控制标准的新闻选择常规标准；第三重为媒介间关系的工作常规。由于新闻常规涉及多重丰富内涵，且渗透在个体新闻工作者的日常新闻采编实践中，需要研究者在准确把握理论概念的基础上，立足报社新闻生产的全流程，对新媒体技术所造成的报社新闻常规的变化，进行全面细致的研究。

重点和难点二：厘清报网互动所带来的社会效应。前面的考察主要是传者层面的研究，探讨的是在报网互动情境下作为传者的报社组织、个体新闻工作者的新闻生产过程发生了何种变化，第三部分的考察则关注受众角色的变化及其对社会公共生活构成的影响，是本项目的人文关怀所在，涉及价值层面。这需要研究者针对报网互动的新闻生产个案展开微观研究，了解受众参与的具体方式及其对议题生成和事件发展进程所产生的作用。

四、研究路径与具体实施

关于如何对新闻生产展开理论考察，西方学者具代表性的观点有：文森特·莫斯可认为，新闻生产社会学主要在三个层面上展开：制度的或大众媒介的政治经济研究、组织的或者媒介官僚组织施加的社会限制、个体层面抑或新闻工作者的社会化。吉特林则引用甘斯的论述强调了三个方面：记者自身、新闻的组织结构、新闻组织之外的制度或社会条件。舒德森则认为，对新闻生产影响较有力的是政治经济状况、社会网络组织及文化。在休梅克看来，对内容生产构成影响的要素有以下五个层面：个体新闻工作者、新闻常规、组织层面、媒介组织外部社会力量、意识形态。[①]

综上所述，尽管各位学者的具体说法和侧重点有所不同，但基本上都包含了个体新闻工作者、媒介组织、社会体制与情境三个方面。休梅克的模式尽管包括了五个层面，但新闻常规与组织层面都是针对媒介组织的考察，可统一为媒介组

---

① 马锋：《现代风险报道生产偏向研究》，复旦大学博士学位论文，2008 年。

织层面。后两个因素则为组织所依托的社会体制与情境。因此，在研究取向上，本书遵从新闻生产社会学的理论框架，主要从个体新闻工作者、媒介组织、社会体制与情境三个层面去考察报网互动情境下报纸新闻生产所发生的变化。

就研究方法而言，本书选取质化研究的路径，综合采用访谈与实地调查、文献分析与逻辑演绎、案例研究三种方法。访谈与实地调查是当中的重点，其目的在于获取现场一手资料，了解新媒体技术逻辑如何渗透到报社新闻生产的各个环节，如何型塑最终的新闻产品；文献分析与逻辑演绎则主要应用于研究的初始阶段及论著的写作阶段；案例研究是为了具体考察报网互动情境下的受众参与和议题生成，从而探讨报纸新闻生产的数字化转型给社会公共生活带来的影响。

“新媒体环境下的报纸新闻生产”研究历时 3 年，具体过程如下：

（1）2010 年 12 月—2011 年 6 月，展开前期案头研究。收集新闻生产研究和报网互动研究领域的研究文献，进行整理和分析，找到研究的逻辑起点，并确定访谈与实地调查的主题与具体实施方案。

（2）2011 年 7 月—2011 年 12 月，课题组成员以实习生身份先后进入广州日报社、南方日报社、南方都市报社展开参与式观察和深度访谈，收集来自报纸新闻生产现场的一手资料。

（3）2012 年 1 月—2012 年 12 月，对访谈与实地调查所获得的现场实证资料进行归类整理与逻辑分析。

（4）2013 年 1 月—2015 年 4 月，全面和深入研究。对实证资料与现有研究文献进行逻辑与理论分析，完成专著书稿写作。

第二章

组织嬗变：报社机构调整与流程管理变革

第一节　报社机构调整

一、新媒体环境下报社机构的两阶段调整

近年来，为应对新媒体的冲击，众多报社在机构设置与运作方面作出了很多调整，譬如最早提出“编辑部融合”理论并付诸实践的，是在美国拥有180万份发行量的《今日美国》。《今日美国》管理架构实现扁平化，其在2006年将新闻编辑室更名为“信息中心”，具体操作是编辑部建立采编运营中心，并细分成15个不同的内容领域，每一个领域设有单独的执行总编辑和总经理。2007年2月，美国《亚特兰大宪章报》新闻部门陆续出台一系列改革措施，包括重视本地内容、压缩发行范围以及新闻部机构重组等。

国内报纸组织机构调整主要经历了两个阶段：报网互动时代，设置附属网站平台，主要为发布与反馈环节的机构调整；全媒体时代，搭建多元网络平台，尝试再造全媒体内容生产体系，适应全媒体时代传播要求。在这条报业机构探索组织变革道路上，《广州日报》的实践颇具典型性。接下来，笔者将梳理《广州日报》所经历的机构变革，并探讨其得失。

（一）报网互动时代

报网关系，即报业传媒与网络媒体的竞合关系，是报业传媒融合转型过程中最基本、最核心的关系。在融合实践层面，报业的主线，即关键点是对报网关系的把握，最简要的模式是基于合作理念的“报网互动模式”①。

1.“报网互动”概念

“报网互动”概念是伴随着新媒体技术的发展而诞生的。近年来，随着网络传播技术的飞速发展，新媒体越来越显现出其重要性和强大的影响力，欧洲著名传播学者丹尼斯·麦奎尔在其著作《大众传播理论》一书中指出，“新媒介对于大众媒介的意义还远未清晰，但是‘传统’媒介的确从新媒介的创新中获得了大量好处，同时也产生了新的竞争对手”。同时他也指出“关于大众传播的理论必须要结合新媒介技术及其应用来不断地重新修正”“我们必须认识到数字化及整合所可能带来的许多革命性后果”。②

---

① 麦尚文：《全媒体融合模式研究——中国报业转型的理论逻辑与现实选择》，北京：中国人民大学出版社2012年版，第99页。

② ［英］丹尼斯·麦奎尔著，崔保国、李琨译：《麦奎尔大众传播理论》（第四版），北京：清华大学出版社2006年版，第25页。

美国学者约翰·V. 帕夫利克（John V. Pavlik）在《新闻业与新媒介》一书中指出，“一种新的新闻事业正在出现，它的显著特征包括：新闻无处不在，在全球各地都可以得到信息，报道迅捷，互动性，多媒体形式的内容和完全按照受众个性化需求提供内容服务……这可能是一种更好的新闻事业，因为它可以重新吸引那些越来越怀疑和疏远媒介的受众。同时，它又是对新闻业最珍视的价值和原则的挑战”①。

英国威斯敏斯特大学传播与媒体研究所教授科林·斯帕克斯（Colin Sparks）在《从衰败的树根到鲜活的浮萍：因特网对传统报纸的挑战》一文中指出：“报纸作为最古老的大众传播媒体，不断地受到因特网所带来的冲击，并且不得不尝试去适应这个被因特网所改变的全新世界。因特网对报纸的挑战是多方面的：从新闻报道的写作风格到报纸版面的排版样式，从新闻业道德准则到报纸的经营模式。”②

报网互动，指报纸和网络两种平台的互动，即报纸利用网络对内容进行二次传播，弥补报纸传播速度慢、覆盖面窄的问题，网络以报纸生产力作为内容供给方，同时利用报纸延伸品牌资源为网站发展提供支持。实质上，报网互动是新闻和受众的互动，报纸与网络互动，是架构受众与新闻的反馈与参与渠道，报纸将网络作为受众参与生产的入口，受众通过网络提供报料、讨论话题、参与活动等。报网互动主要在生产内容、受众沟通与参与两个层面展开。

2. “报网互动”机构的设置与调整

(1) 第一阶段：数字报与附属网站成立。

探路报网互动，《广州日报》无疑是领先者。早在 1996 年，《广州日报》电子版上网，并成为国内最早在互联网提供新闻资讯的三家媒体之一，之后相继推出“多媒体报纸”“数字报纸”。起步较晚的《南方都市报》，2007 年 8 月 10 日正式上线南都数字报，全面整合南都采编资源，随后推出三大类数字产品——南都完整版、南都精华版和南都播报，颠覆了报网互动的旧模式，尝试开创国内报纸利用互联网的最新形态。

1999 年 12 月，广州日报报业集团在《广州日报》电子版的基础上，注册 1 000万元资金成立了广州市交互式信息网络有限公司，以独立法人和公司化运作方式承建并运营大洋网。2001 年 8 月 2 日，大洋网成为首批获得国务院新闻办公室批准的具有互联网新闻发布资质的网站之一。在定位方面，大洋网坚持走以新闻为核心、以城市生活服务资讯为主导的本土化路线，逐步成长为华南地区甚至

① ［美］约翰·V. 帕夫利克著，张军芳译：《新闻业与新媒介》，北京：新华出版社 2005 年版，第 3 页。

② ［英］詹姆斯·库兰主编，［美］米切尔·古尔维奇著，杨击译：《大众媒介与社会》，北京：华夏出版社 2006 年版，第 260 页。

国内颇具影响力的网站，即“新闻 + 城市生活资讯 + 互动的区域综合性”门户网站。当时，大洋网的内部机构主要设有：新闻中心（含电子版）、城市新闻中心、新闻互动中心（含论坛、博客、评论）、无线新闻及运营中心、运营中心（含城市资讯部）、大洋电子商务中心（含大洋网上书城、物流部）、《广州生活》英文网、视频中心和技术中心。

当时，大洋网平均每天发布几千条新闻资讯、1～2 个新闻专题，每周制作 1～2 期“大洋面对面”网络嘉宾访谈节目，还有体现民生的“大洋帮帮你”、为民众解惑释疑的“名记专家在线”。大洋论坛注册会员数不断攀升，2006 年 8 月新开的大洋博客也汇集了众多写手，2000 年开办的大洋书城是华南地区率先开展电子商务的典范。

大洋网不断开拓和打通多种新闻传播渠道，率先推出网络数字报纸，令传统的报纸读者在网络上获得新的体验。2006 年 4 月以来，集团属下的《广州日报》《信息时报》《番禺日报》《羊城地铁报》数字报纸相继推出，使读者在阅读过程中既能享受到传统报纸的感觉，又能体验互联网方便检索的特色。此外，数字报纸在新闻的阅读方式中加入了多媒体元素之一——声音，打造“可以听的新闻”，满足了广大网民的需求。2006 年年底推出的“广州日报移动数字报纸”，让读者能够最迅速地离线阅读《广州日报数字报纸》。2006 年 10 月 1 日，新创刊的《羊城地铁报》成为全球第一张同时推出纸质和网络版的报纸。2006 年 6 月 5 日，大洋网成为广州地区第一个获得广电总局批准的具有互联网视频发布资质的非广电系统网站。2005 年 8 月，南方报业传媒集团与深圳热线合作，由《南方都市报》派出骨干团队对其进行全新改版与运营。经过 4 个月的酝酿与紧张研发，2006 年 1 月 11 日上线测试的奥一网，是一个基于新型网络发展趋势的全新网站，而原深圳热线作为奥一网的附属子频道，其升级版本“奥一深圳”已于 2006 年元旦上线。奥一网是融合了网络和传统媒体的中国第一个 Web2.0 新闻互动社区网站，它的鲜明特点为“杂交，两栖，混血”，即传统媒体与网络媒体杂交，线上与线下两栖，印刷工业与互联网工业混血。奥一网的核心理念为“看见了一切”。它包含多种诉求：有丰富的资讯，能够看到一切；采集与传播速度快，新闻原生性、自然性强，可看到正在发生的一切；不仅仅提供事实，还提供对事实的分析与解读，能看明白一切等等。

（2）第二阶段：报网协调部门成立及其运作。

在此之前，报是传统报，网是新兴网，分别由两个不同机构运作。为了提升报网互动的衔接度，2007 年 6 月，《广州日报》率先在国内成立滚动新闻部，此乃广州日报报业集团探索传统报纸与互联网、手机等新媒体融合之举。滚动新闻部是由广州日报社的采编部门与大洋网进行一体化运作，负责报网互动与融合，先后开设了报网直播室、无线平台互动、读者点题、即时新闻和大洋民意通等互动栏目，使《广州日报》依托其网站全天候跨媒体传播，为网民提供更快捷、立体、全面的新闻内容和服务信息。

笔者以《广州日报》滚动新闻部为案例展开分析。滚动新闻部的领导层由《广州日报》编辑和大洋网管理人员组成，主要职责是与报纸采编部门进行日常沟通。主要工作分为几类：紧跟报料新闻、报道重大突发新闻、主动发现线索策划选题、定期制作访谈节目。只要有新闻发生，就很有可能随时在集团的新媒体平台滚动报道。滚动新闻部的员工平时的工作主要是向报社的采编记者要稿子，催促他们将刚写好还没见报的稿件发到滚动新闻部记者的手中。这些新闻经过简单的编辑，就能成为大洋网即时滚动的最新新闻，滚动新闻部实际上成为集团内部传统媒体和新媒体之间沟通与协调的部门。①

从运作的流程上看，滚动新闻部主要承担以下几类工作：

①突发新闻，即时发布。突发新闻是受众关注的热点，此项工作有固定流程，即报料中心接到市民报料后，同时将线索提供给值班记者和滚动新闻部记者，双线作战。一般情况下，值班记者首先赶往现场，滚动新闻部记者作为后方关注者，值班记者赶到现场核实情况后，第一时间将现场动态发回给滚动新闻部记者，滚动新闻部记者在大洋网和手机终端播报。遇到特别重大的突发事件，值班记者和滚动新闻部记者同时赶往现场，一同在现场播报，以缩短事件播报的时间差，第一时间为读者提供新闻。

②线索监控，读者互动。滚动新闻部记者是最早接触网络的一批记者，他们泡论坛、关注博客。随着网络报料的兴起，滚动新闻部的记者平时也从网上找一些新闻线索写稿，提供给《广州日报》值班记者，也会根据网上的一些报料热点，与读者进行互动，吸纳读者的意见反馈。

③制作访谈节目。除了文字、图片的滚动报道，滚动新闻部记者还开辟视频播报、视频访谈的蓝海。为此，滚动新闻部建立视频访谈直播室，作为大洋网视频栏目的制作方，以新闻视角切入，以政策解释、百姓问政等方式向读者呈现新闻节目。在重大突发事件发生时，滚动新闻部派出记者到前线，制作突发新闻视频节目。

滚动新闻部模式取得了一些成效，但运作中也发现了一些问题：其一，报纸记者和滚动新闻部记者是两条线作战，分属不同部门，内容生产分而治之，有勉强嫁接的意味，没有达到实质融合。其二，由于激励机制的缺乏，值班记者对于滚动播报这一额外负担，没有太多兴趣，产生排斥报网融合的反作用力。因此，

① 程征：《〈广州日报〉滚动新闻部的运作机制》，《中国记者》2009 年第 8 期。

从2008年年底开始，《广州日报》建立了新媒体供稿激励机制，提升了记者发布即时稿件、为新媒体供稿的积极性。为了减少部门间的合作阻力，广州日报社指定各采编部门的副主任兼任该部门的新媒体主任，以起到配合滚动新闻部发稿的作用。但在实践中，由于部门利益所在，融合效果不佳。

滚动新闻部的主任吴国华在接受媒体访谈时曾表示："滚动新闻部的最终目标是消灭自己。"他认为，"如果每位《广州日报》记者都有全媒体意识，一边采访，一边播报，并且意识到网络和手机只是纸张不同的载体而已，《广州日报》和新媒体不再分离，真正融为一体了，那时滚动新闻部就可以取消了。"①

（3）第三阶段：新媒体事业部的成立及其运作。

新媒体事业部是报网衔接机构的"第二代"。2008年7月，广州日报报业集团成立新媒体事业部，将新媒体的发展纳入报业的主营业务范畴。广州日报报业集团新媒体事业部时任副总经理李名智称："在成立新媒体事业部之前，集团新媒体的主阵地是大洋网。大洋网作为集团新媒体发展运作的部门，一方面要面向市场、企业管理、自负盈亏；另一方面，大洋网难以有效协调集团资源发展新媒体，这在一定程度上阻碍了集团新媒体业务的战略布局和发展，需要在集团层面成立新媒体管理机构统筹新媒体事业的发展。"

李名智表示，"从2008年7月份集团管理层就开始讨论成立新媒体事业部，初衷是规划未来整个集团新媒体的发展，包括互联网、手机平台甚至移动阅读器等相关平台。我们重要的职能是研发新的产品，同时也要去关注新媒体的投资并购，通过这种方式丰富我们的事业部。其实我们成立以后，《广州日报》同步成立了一家广州日报新媒体有限公司，因为新媒体事业部是作为集团的一个管理部门，广州日报新媒体有限公司是一个面向市场的法人，通过这种方式来体现实体运作，大洋网等将作为广州日报新媒体有限公司的一个下属单位"②。

作为集团新成立的内设部门，广州日报新媒体事业部将新媒体作为集团的主营业务来发展，下设技术研发部、项目投资部、发展规划部和综合管理部等。主要任务是分析新媒体的最新发展和未来发展趋势，跟踪新媒体新的业务形态以及技术的最新发展，评估、筛选有发展潜力的新媒体项目等。对于报业新媒体的发展，广州日报社一直在思考和探索。广州日报社副社长、新媒体事业部总经理、大洋网总裁梁泉说："一方面报业网站不可能学技术型公司的技术推动之路，也不可能学商业门户网站的资本上市发展之路，而是要走一条资源整合的发展之路，充分利用报业

① 程征：《〈广州日报〉滚动新闻部的运作机制》，《中国记者》2009年第8期。

② 《广州日报集团：新媒体将纳入报业主营业务》，http：//info. broadcast. hc360. com/2009/06/250930130759. shtml。

集团的资源优势。这就需要一个能整合集团资源来发展新媒体的部门。”[①]

（二）全媒体时代

随着 Web2.0、Web3.0 时代的到来，传统 Web1.0 的弊端显现，报纸网站平台“搬运新闻”的角色因缺乏参与性而逐渐被淘汰。

Web1.0 时代，各种互联网门户以信息的获取、发布和整理为核心，打造新闻聚合平台，让用户去浏览，信息传递模式是互联网—用户。Web 2.0，指的是一个利用 Web 的平台，由用户主导而生成内容的互联网产品模式，为了区别传统的由网站雇员主导生成内容的模式而定义为 Web2.0。[②] 以 2009 年微博元年为标志，Web 2.0 时代正式来临。相对于 Web1.0 来说，Web2.0 是一个方向性和结构性的变革，Web2.0 时代的互联网把每个网民都当成了信息节点。Web 2.0 的应用可以让人了解到目前万维网正在进行的一种改变——从一系列网站到一个成熟的为最终用户提供网络应用的服务平台。它的特点是鼓励信息最终利用者通过分享，使得可供分享的资源变得更丰富；相反，过去的各种网上分享方式则显得支离破碎。

Web 3.0 则提出个人门户网站的概念，提供基于用户偏好的个性化聚合服务，让个人和机构之间建立一种互为中心的转化机制，个人也可以创造经济价值。在互联网的演进过程中，门户网站、搜索引擎、论坛、博客、微博、微信等网络形态不断出现，视频通话、手机电视、移动社交、移动流媒体伴随移动互联网的发展而迅猛发展，把新闻业推入了全媒体时代。

1. 全媒体新闻中心的成立

2012 年 7 月 10 日，运营刚满 5 年的滚动新闻部更名为全媒体新闻中心。更名之举貌似是小事，背后却是广州日报社主动借助数字化引领报业发展转型的新思路，同时也是整个采编体系“全流程再造，结构化升级”的标志。全媒体新闻中心改变了以往滚动新闻部偏重内容实时报道的单一职能，实现统领微博、微信、APP、《广州日报》官网等全媒体多平台，并在此基础上承担全媒体环境下的采编机构改造、流程改造的使命。

2012 年 5 月 11 日，广州日报社发布了《广州日报报业集团战略发展规划纲要》，明确提出要改变“以新媒体拉动传统媒体转型升级”的做法，更为主动、积极地展开数字化再造，以实现“内容一采多编、产品多媒介发布”的新格局。全媒体新闻中心的机构搭建，便是推动“内容一采多编、产品多媒介发布”的机

---

① 《访大洋网总裁梁泉：从管理体制上实现报网融合》，http：//news. xinhuanet. com/zgjx/2009－02/05/content_107653 98. htm。

② 林东清：《资讯管理：e 化企业的核心竞争能力》，台北：智胜文化事业有限公司 2010 年版。

构机制。5月中旬，《广州日报》滚动新闻部开始对自身职能、定位进行重新梳理，并编制了《广州日报报业集团全媒体中心实施方案初稿》，立即在滚动新闻部开展数字化流程再造的工作——重构组织框架、明确今后3年的工作重点和发展方向等。6月，进行部分调整后，滚动新闻部提交了更名申请，最终在7月经过广州日报报业集团管委会批准，正式更名为全媒体新闻中心。

2. 全媒体新闻中心的运作

《广州日报》全媒体新闻中心下设新闻直播小组、音视频多媒体小组、官方微博小组、微信集群小组4个小组。依据发布平台和报道内容进行小组划分，新闻直播小组负责突发事件与重大事件报道，音视频多媒体小组负责报纸二维码新闻、视频网站，官方微博小组负责微博滚动播报，微信集群小组负责微信公众号内容发布。从这4个小组来看，全媒体新闻中心的运作，是围绕由报纸平台拓展至多媒体平台、由文图内容拓展至音视频内容展开的。全媒体新闻中心与其他内容采编平台处于同级别地位，工作关系属于部门间合作。

（1）新闻直播小组。

该小组通过与各采编部门的紧密合作，实现重大新闻的即时播报。传统报纸的新闻刊载节奏是一天，随着信息无缝传播趋势的增强，受众对于重大事件不再满足于一日一阅，而是希望与“在现场”同步。新闻直播小组凭借微博与官网平台的同步性，对重大事件展开现场直播。对于传统报纸记者而言，这是一个新挑战。传统时代，报纸生产依赖夜编模式，记者采集内容，编辑夜编做版，形成了固定的采编节奏，这是一种滞后的内容发布形式。新闻直播小组是一种观念变革，一是“在现场”直播，二是音视频综合运用，改变以往采编人员生产滞后、文图为尊的生产理念。

在重大新闻即时播报上，全媒体新闻中心延续了以往好的传统，在一些重大新闻事件中，深入一线、挖掘细节、抓重点描全局，不仅在官方微博等网络平台上赢得了广大市民的赞许和关注，更为版面报道提供了线索、补充了内容、提炼了重点。在音视频制作上，则在《每日靓汤》等节目外，新增了《丰刘讲古》《鬼马粤语》两档固定节目。节目制作水平稳步提高，媒体融合进度明显加快。探索重大新闻即时播报的边界和尺度，以确保品牌推广和实质盈利之间的动态平衡，也是新闻直播小组的重要职能。

（2）官方微博小组。

该小组着力于打通各类媒介传播渠道，在全媒体平台上实现新闻资源价值最大化。这些工作，既包括对现有内容资源的数字化再造，也包括对官方微博的实际运营，手机无线产品的研发、制作和发布。官方微博小组负责《广州日报》在新浪、腾讯和移动上的官方微博，进一步提升官方微博的内容品质，扩大《广州日报》在社交媒体上的品牌影响力，通过先期对官方微博的实际运营，中期对 iPhone 等无线产品的研发、制作和发布，完成对网络时代内容产品的摸索研发。

通过与“@广州公安”“@中国广州发布”等线上线下的合作，全媒体新闻中心正开展对广州社群力量的重新挖掘和整合。最直观的体现是，通过“@广州日报”微博向报社报料的网友明显增多。从数据统计来看，截至 2014 年 8 月，各报纸在四大微博（新浪微博、搜狐微博、腾讯微博、网易微博）总粉丝量排名表显示，前 3 名报纸依次是《南方都市报》《南方周末》和《经济观察报》。“@广州日报”总粉丝量排行全国第 8 位，粉丝数量为 9 685 457。

（3）音视频多媒体小组。

该小组则着眼于打通各类媒介传播渠道，在全媒体平台上实现新闻资源价值最大化。其通过对已有内容资源的数字化整合，实现中央编辑部的先期运行；通过音视频产品的制作，培养出一支有实战能力的全媒体采编小分队。

从目前的情况来看，在音视频领域，全媒体新闻中心已经展开了实际运营。比如，正在开发为本报名编名记、名栏目服务的专题类视频，首档《丰刘讲古》就推出了刘黎平的国学版，目前已经制作完成了 8 期，社会反响强烈。《广州日报》还打造了多档全媒体视频产品。2013 年，拍摄制作了《广州日报》首部纪录片《好味广州》第一季，除了在网络上热播外，还吸引了电视台洽购。同时也制作了《鬼马粤语》等一系列寓教于乐的视频短片。

（4）微信集群小组。

2014 年 8 月 4 日，《广州日报》微信集群第一批九大公众号正式亮相。在资讯爆炸的时代，《广州日报》微信集群小组精挑细选权威准确的资讯信息，让读者感受到一个真实的广州，衣食住行、吃喝玩乐无忧，最新最实用的健康、教育、时尚、旅游信息都直达读者。据报道，截至当天“广州日报官方微信”的粉丝数已有 20 多万，专注吃喝玩乐的“广州日报本地通”粉丝数接近 5 万，“求学指南”粉丝数接近 5 万，9 个微信号的粉丝总数已超过 50 万，这些粉丝 9 成以上都是共饮一江水的广东人。

表 2.1　广州日报九大微信公众号

名称	微信号	内容
广州日报官方微信	guangzhoudaily	新闻资讯权威发布
广州日报本地通	gzdailybl	全面提供广州吃喝玩乐的资讯服务
广州日报球迷基地	gzdailyqmjd	全心全意为广州球迷服务
广州日报健康管家	gzrbjkgj	健康资讯 · 求医指南

（续上表）

名称	微信号	内容
广州日报佛山新闻	foshanxinwen	优粤生活·玩转广佛
求学指南	gzrbqxzn	广州小升初·中考·高考
广州日报时尚荟	gzshishanghui	好玩，时髦，国际大视野，贴心接地气
广游汇	guangyouhui	旅游攻略、免费门票、试玩体验
广州日报微管家	gzrbwgj	平靓正，新奇优。健康快乐送到家

（5）微报纸。

随着移动阅读的兴盛，报纸纷纷推出新型电子版。此类电子版多数依托于报纸的官方微信平台，仍是沿袭照搬报纸版面的方式，不同的是，它实现了电子版由PC端到移动端的迁移。目前，《广州日报》新型电子版命名为微报纸，《新快报》命名为轻报纸等。从命名上来看，新型电子版更加注重阅读体验。同时，新型电子版便于新闻稿件在微信朋友圈转发、传播，利于报纸抢占移动阅读市场，扩大传播影响力。

二、“报网游离”：报网间未形成实质性互动

报网互动，是2000年以来出现的具有中国新闻特色的新概念。报网互动的出现源于国际互联网的出现，在报业面临纸张可能被网络代替的危机之时，网站作为新闻刊载平台横空出世，报纸主动谋求出路，纷纷“触网”，把报纸内容搬移到网络之上，并利用网络的互动性、多媒体性吸纳读者反馈，提供音视频多元新闻内容。2004年以来，报网互动概念被中国大陆很多家媒体采用，报网互动已成为报业新媒体探索的主流动作。

考察报业开展的报网互动实践，可以发现，报网互动探索存在不少问题，当下已鲜有报业管理者使用报网互动概念。笔者认为报网互动仍没有脱离以“报”为主的窠臼，报纸的传统优势地位使得网络仅仅成为报纸采编的一个延展或附庸，报网至今“两张皮”，实质性互动未展开。从另一角度来说，报网原本是两个不同属性的媒体平台，两者在生产体系结构、思维方式与经营模式等方面均有不同，互动与融合存在很多难以突破的障碍，十年报网互动实践没有成功，报还是报，网还是网。

有学者在研究党报报网互动实践后指出，报网互动已走过4个阶段：第一阶段，党报以网络为下游的内容发布平台。第二阶段，党报以网络为中介的沟通读者平台。例如读者互动区，提供报料，反馈意见等。第三阶段，党报以网络为上游的

内容采集平台。主题报道通过论坛、网络调查，设置议程与网民互动，并选择网友观点和意见，呈现在报纸上。第四阶段，以网络为音视频内容的发布平台。①

（一）报网的几种互动形态

1. 形态一：报纸电子版与多媒体报纸

1996 年 1 月，《广州日报》电子版问世，几经迭代。2006 年 4 月，集团大洋网推出《广州日报》数字报纸，在网络上原汁原味呈现《广州日报》。2007 年 8 月，在国内最早推出融入视频、音频功能的《广州日报》数字报纸，11 月又推出了全新的多媒体数字报纸，短短一年多时间，《广州日报》数字报纸就已经历了三个阶段，每次技术变革都给读者提供了新鲜的阅读体验，提出了“语音读报”“多媒体报纸”“数字报纸”等概念。当下，不少报纸电子版设有“朗读”“语音阅读”等功能，希望借力新媒体让报纸变得有声有色，但笔者尝试多家报纸后发现此功能使用效果不佳。

笔者注意到，当下不少报纸电子报的检索功能使用效果不佳。由于技术的不稳定性，检索在某些时间段往往出现失效情形。但不可忽视，数字报也有其正面效果。传统媒体采取电子版的方式把以前的报纸版面等资料也搬上了网，提供了一个新闻数据库。

（1）最浅层的互动形态。每天早晨规定时间，技术人员将报纸版面上传到网络进行发布。在报纸数字版上，只有“读者评论”之类的方式可勉强算作“互动”。在实践层面，也鲜见读者在网络版上跟帖评论，没有起到反馈作用，难以构成一个完整的信息流动闭环。实际上，报纸网络版只是传统报纸的网络搬运。报纸附属网站的内容生产也多为加工、整合，并非原创，仍未走出“电子版”或“网络版”的窠臼。

（2）缺乏友好的用户体验。限于网络速率、数字报自身技术设计等，当下国内报纸数字版存在更新慢、打开难、搜索难等问题。同时，由于后台支持技术等原因，格式转换延迟了报纸打开速度，让网络阅读成为一件费力的事情。问题根源在于数字报缺乏“用户”“用户体验”的概念。对于报纸媒介创新，有研究者指出希望报纸扮演创新者，但其创新是一种“粗糙的新锐”。故，数字报更多应落实在创新与方便上，而非形式上的数字化。

2. 形态二：信源互动与联系受众

互联网勃兴前，报纸主要通过新闻热线、读者热线等方式获取线索。如今，网络手段远比传统的信源获取方式更方便、直接、广泛。报网互动的情境下，网

---

① 袁志坚：《报网互动发展与方向》，《中国记者》2007 年第 10 期。

络已成为报纸“消息源喂食”的主要渠道。

报纸所办网站是报纸的延伸，无一例外，这些网站都开辟了社区论坛，设立了同城社区、策划互动、报料专区、评论热议等相应版面，一是为活动动员群众，二是为收纳民意与报料，与受众重建联系。

图 2.1　大洋网社区“报料投诉”页面

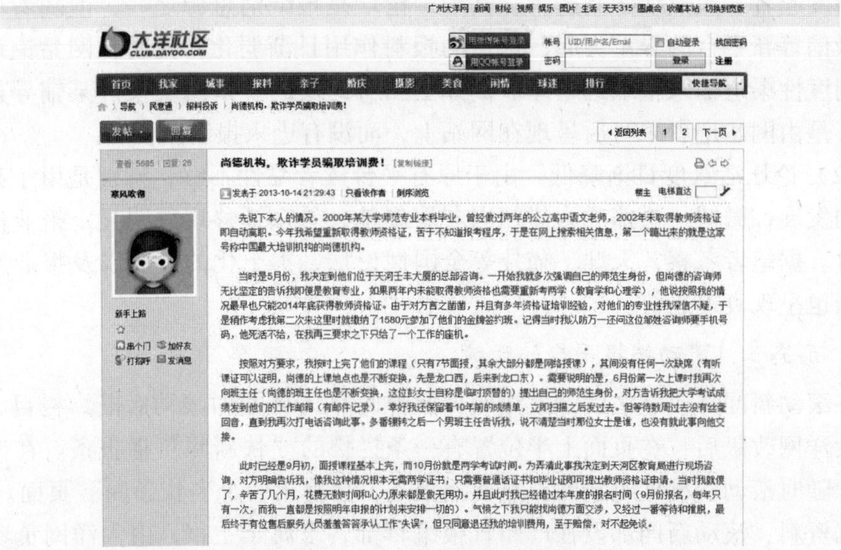

图 2.2　一位读者的投诉页面

图 2.3　大洋网记者跟进相关报道

考察《广州日报》与大洋网社区论坛，发现其虽然在联系受众、拓展消息源方面起到了一些作用，但也存在明显问题。

（1）论坛报料难输入报纸。E-mail、QQ 群、论坛、博客、微博、微信……读者报料的平台越发多元化。网民不仅是被动的、机械的新闻接受者，还可能是资讯传播发起者、焦点话题制造者。其中，论坛是报纸消息源之一，但随着当下微博、微信等新平台的异军突起，论坛的报料作用日渐弱化。同时，网站论坛报料缺乏制度性渠道输入报纸选题库。例如上图所提及的一条网友投诉某辅导机构的报料，是由网站记者采写后呈现在网站上，而没有进入报纸流程。

（2）论坛活跃度日渐降低。由于原有平台读者黏性不够，特别是由于移动互联网的发展，微博、微信成为热门网友聚集地，受众迁移现象明显，报业论坛热度已过。据笔者考察，天涯、猫扑等全国性论坛，本土化的社区以及报业所办网站论坛也呈现衰退趋势。

3. 形态三：滚动播报平台的迁徙

在滚动新闻部成立之后，大洋网页面曾设有《24 小时滚动播报》栏目，2013 年，大洋网改版后，在页面上半位置有一条拦腰的“快新闻”播报条。在该播报条上，随时滚动各种即时新闻。点击播报条，会弹出一个“快新闻”页面。

据资料，滚动新闻部设在广州日报编辑部，隶属于主报，由大洋网负责人分管，有效地保证了报纸网站即时新闻优势的发挥。滚动新闻部记者不断与在现场采访的前线记者连线，将最新消息在网站等多个平台上以文字、图片、视频等多种手段滚动发布。滚动新闻部不仅抢新闻的第一时间落点，而且会邀请事件的主要人物作深度报道。报网互相刊载和共享是报网的初级阶段，但是随着文字与视频资料滚动播报形式的出现，音频、视频就大大扩展了报网互动空间。

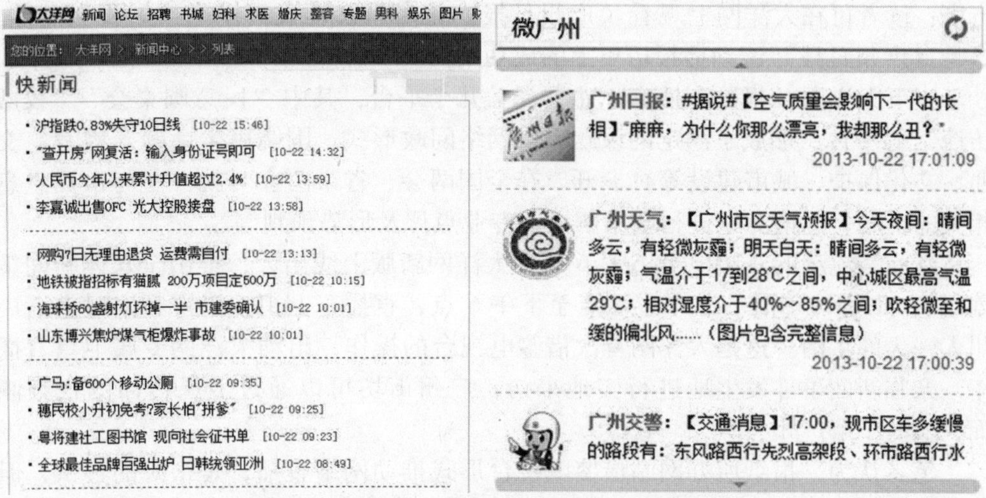

图 2.4　大洋网"快新闻""微广州"滚动播报

最初阶段，滚动新闻部着眼于每周 7 天、每天 24 小时连续不断地跨媒体传播，为受众提供最快捷、最立体的新闻内容和最全面、最实用的服务信息，从而使得原本作为平面媒体的《广州日报》能够打破时间与空间的限制，更好更快地为受众提供全天候的新闻与信息服务。但弱点是，由于滚动新闻部只是一个部门，它的发稿量、参与度有限，因而作用有限。

2012 年，滚动新闻部改组为全媒体新闻中心。由于微博、微信的勃兴，大洋网作为即时播报平台的意义被削弱，微博、微信、新闻客户端等形态成为网站的替代性平台，新闻客户端、"@广州日报"官方微博成为网络端新闻竞争主战场，大洋网《24 小时滚动播报》成为一个次级平台。

4. 形态四：直播室难有直播效应

《广州日报》是全国第一家试水报网互动视频新闻的媒体。2007 年 4 月 10 日，大洋网《报网直播室》栏目开播，之后，还邀请采编人员、新闻人物作视频访谈。经过多次改版，推出了《广州民意通》《大洋消费曝光台》《读者点题》《网友报料》等具有网络特色的栏目，突出大洋网互动平台的功能，增强大洋网在本地的影响力和权威性。

2007 年 6 月 15 日，《广州日报》滚动新闻部正式成立，通过文字、视频、音频等多种形式对新闻事件进行快速、立体的播报，这一举措领先全国其他报纸。6 月 21 日，在报道“广东九江大桥事件”时，版面《沙船撞桥事故·亲历》上，一则《河南老乡：“俺最相信〈广州日报〉记者”》头条新闻引人关注，该则新闻对两位河南老乡救人的心路历程进行了追踪报道。在该头条标题的右边，有一行字：读者可在大洋网上观看《广州日报》记者采访两位河南老乡的视频新闻。这是《广州日报》滚动播报历史上的成功案例。

当下大洋网《报网直播室》主要涵盖几个平台，其中“民意圆桌会”“权威访谈”等平台，形成了固定的议题，以网络问政形式，围绕民生话题（教育、交通、文化保护、城市建设等）展开，在全国两会、省市两会时就一些与市民息息相关的话题，邀请专家进行政策解读、专业点评及形势预判等。

新闻是流动的。2013 年 6 月 6 日，大洋网新版上线当天，推出全媒体新闻策划《直 CLICK 广州》，从早上 8 点至下午 6 点，直播车上街，以视频实时直播广州人一天的生活。这是大洋网首次借鉴电视台的操作，出动大洋网专属卫星直播车，亲临新闻事件发生地进行实地采访，广州街坊可以通过卫星传回的视频画面，实时了解广州。

笔者认为，报纸所办网站借鉴电视台形式推动网络直播，是很好的尝试，但由于人员配置和技术力量的不足，对突发新闻的视频直播与一些门户网站、电视网站还有一定差距。对读者而言，一个城市大事件发生后，他们可能登录微博、微信去获取信息，而不是这些报业网站。

目前《广州日报》编辑部也正在尝试二维码视频新闻，特别是对突发事件，记者到达现场后，以 iPhone 手机录制现场视频，随后剪辑和配音，通过国家i-oid 超媒体公共服务平台——云加端上传，通过多层审核，最终以二维码形式呈现在第二天报纸版面上，供读者获取视觉信息。二维码新闻丰富了报纸新闻，且适合手机观看，但时效性是硬伤。

（二）“报网游离”：网站脱离报纸，谋求市场转型

当下报网关系呈现一种游离趋向。随着微博、微信、APP 客户端平台的勃兴，报纸更多把内容、议题主动转移到新兴平台，作为报网互动的传统平台——网站，则日渐式微。在“被替代”的情况下，报业网站也谋求自身发展，出现一种脱离、疏远报纸的情况，转型为区域门户网站或政务互动平台，以自身特色吸引受众关注，重建读者与网站的联系。

1. 受众迁徙：由 PC 用户到手机移动终端

中国互联网络信息中心（CNNIC）每年 6 月份和 12 月份都会发布《中国互

联网络发展状况统计报告》。笔者统计了近十年来的数据，据2012年6月份的数据，手机网民首次超过宽带用户，这也标志着互联网用户的移动化成为主流。

截至2014年6月，我国网民规模达6.32亿，互联网普及率为46.9%。我国手机网民规模达5.27亿，较2013年年底增加2 699万人，网民中使用手机上网的人群占比进一步提升，由2013年的81.0%提升至83.4%，手机网民规模首次超过传统PC网民规模。手机网民规模在2013年全年激增8 009万之后，潜在手机网民已被大量转化，手机网民在整体网民中的占比已经处于高位，未来一段时间我国手机网民增长将主要依靠创新类移动应用迎合非手机网民潜在网络需求来拉动。

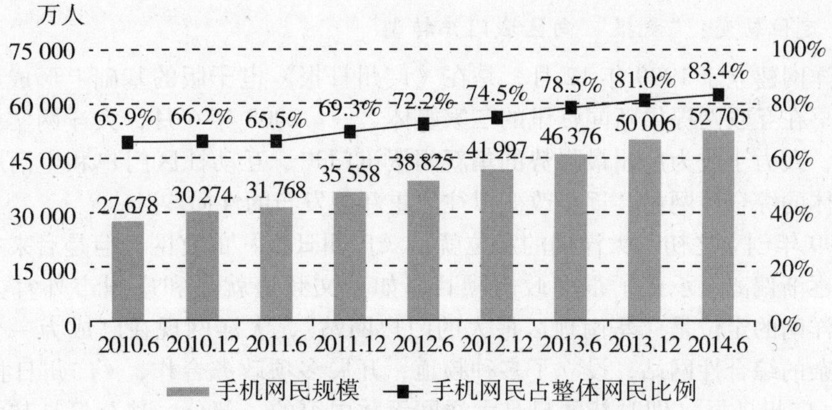

图2.5　中国手机网民规模及其占整体网民比例①

数据变化背后，是互联网用户新闻阅读平台的迁徙。从以往的新闻阅读入口——垂直门户网站，转向互动的社交媒体、个性化的分众媒体。过去，门户几乎等于中国互联网的全部内容。门户 = 搜索 + 导航 + 各频道新闻 + 个人空间（个人主页、博客）+ 论坛 BBS + 邮箱等，应有尽有，频道下有：时政社会、体育、娱乐、房产、汽车、财经、科技、时尚、游戏、生活、博客、论坛等，门户之间同质化严重，无法拉开差距。但是后来出现了分化的趋势，新闻搜索去百度，看视频去优酷、土豆，房产、汽车等也有专业财经网站崛起。

经历第一波受众迁徙后，社交媒体再次带来冲击，门户（包括其他网站）在信息传播中的主导作用被减弱。微博、微信成为受众网络的新入口，同时，虎嗅网、豆瓣……一个个名不见经传的分众化新锐媒体也迅速崛起，在吸引着读者的注意力。当然这些转变起初仅仅在PC终端上发生，随后向移动终端蔓延。手机

① 数据来源于中国互联网络信息中心2014年6月发布的《中国互联网络发展状况统计报告》。

的移动性、便携性再次让门户网站遭受打击，几乎很少读者在手机上登录新浪门户页面，反之传统媒体则纷纷进驻微博、微信平台，微博、微信也成了新闻资讯的集散地。此外，不少个性化媒体也纷纷开发 APP，以个性化的资讯赢得手机、平板电脑终端的受众。至此，受众迁徙也暂告一段落。

随着 4G 的大规模商用，2013 年被称为“移动互联网元年”。而在互联网的迅猛冲击下，舆论的主阵地已经转移到互联网尤其是移动互联网上。因此，传统媒体纷纷通过大举进军新闻客户端来实施媒介融合。对于报纸的报网互动探索而言，受众迁移带来了致命打击。报纸把内容转化为电子版，成立自己的区域门户网站后，却遭到冷遇。为了适应这一趋势，报纸在微博、微信上开设法人账号，并在手机、平板电脑等移动端开发 APP，这成为应对受众移动化的策略。

2. 定位转变：“脱报”向区域门户转型

大洋网建立于 1999 年 12 月，是在《广州日报》电子版的基础上形成的，是国内最早在互联网提供新闻资讯的三家媒体之一。2008 年 6 月，大洋网实施区域化转型，致力于成为广州最强势的集新闻资讯门户、互动社区门户和生活服务门户于一体的综合性网站，逐步改变以往侧重新闻发布的性质。①

1999 年创立之初，大洋网的定位就是《广州日报》的官网，但是后来在发展过程中逐渐偏离，承接了很多政府项目，如英文频道就是和广州市外宣办合办的。大洋网的定位是“华南地区最大的门户网站”，大洋网现在已成为一个内容非常庞杂的综合性网站，设立了多种频道，开展多项政务合作，《广州日报》电子版、《广州日报》即时新闻只是大洋网无数内容的一部分，甚至只是其中的一小部分。

大洋网的这种定位转变，从近年来其多次改版报道中可窥一斑。

2007 年，大洋网改版，由新闻网站朝广州乃至珠三角区域综合性门户网站的方向发展。同时，大洋网还向百姓衣食住行方向靠拢，开辟《打折信息》《求医问药》《今日广州》等生活资讯栏目，这些栏目根植本土生活，是百姓的贴心指南。

2009 年，改版后的大洋网依托《广州日报》强大的品牌影响力，全力打造面向珠三角九大中心城市的大洋网媒群，从一个单纯的新闻网站变成一个全面、快速、权威的本地新闻内容提供者。大洋网还进一步推进与《广州日报》的媒体融合进程，积极推动政府部门和网友的互动沟通。

2013 年，大洋网改版更加强调本地化。此次改版对原有频道栏目内容进行重新优化设计，突出本地资讯内容，强化互动功能和与移动互联网的对接，为广州

---

① 李婷婷：《从 S－T－P 模式看报纸网站受众营销：谈大洋网争取受众的应变之道》，《青年记者》2009 年第 26 期。

人提供每日必不可少的“一站式”资讯服务。资讯新产品《微广州》，尽览城中名人的精彩言论，还有《晓讲公园》《讲开又讲》等一系列“广味”十足的民生互动栏目。同时，大洋网还推出“大洋政务网群”，市民网友可以在这里向市长反映问题，可以观看市人大会议的现场直播，可以了解各政府部门最权威、最及时的第一手资讯。

从这些改变，我们看到，大洋网的新目标已经不是新闻网站了（尽管区域新闻仍是它的强项），而是努力打造一个“新闻＋城市生活资讯＋电子交易（商务）服务＋互动”的区域综合性门户网站。

2014年12月，大洋网再次启动改版。这次改变与以往不同，更加强调与报纸的“深度融合”。改版报道称，大洋网以与《广州日报》深度融合的方式，全新改版上线。升级后的《广州日报》大洋网将积极探索媒体融合与发展的新模式，形成“新闻传播＋政务服务＋整合营销＋互动娱乐”等业务板块和市场布局，打造媒体融合的试验田和新媒体发展的孵化平台。

对上述的改版，《广州日报》业内人士有清晰的观察：“《广州日报》早在1999年就创办了大洋网，然后想尽各种办法让这个网站去赚钱，比如售卖报纸版权、帮政府作宣传、为企业维护网站，甚至是上市。从一般的观点来看，只要这家网站赚到钱了，这家报社的新媒体转型好像就成功了，没有赚到钱，这个转型就失败了。我深深地记得，大约2010年前后吧，《广州日报》对新媒体转型已经非常迫切，大会小会上讨论很多，一说到转型，必然就是帮大洋网寻找挣钱的机会，想办法把大洋网做大做强。但是，仔细想想，这个观点是不对的，因为如果大洋网的新闻采编和《广州日报》本身的内容生产脱节，大洋网挣钱靠的是‘政府服务’和‘技术外包’，那么不要说大洋网能不能挣到钱，就算是一年能挣几个亿，它和《广州日报》这张报纸的转型有关系吗？”[①]

在这位人士看来，报纸所办网站主要有两大类型：

第一种网站是奔着独立赚钱去的，可以融资也可以上市，比如《杭州日报》的十九楼，《南方都市报》的奥一网，这种网站要单独考核经济效益，在他看来报社办这种网站是战术性的。

另一种网站是完全服务于报纸转型的，就是报纸的一个有机组成部分，不需要单独考核，报纸赚的钱也就是网站赚的钱，报纸广告量不下滑就是网站的功劳。显然，后面这类网站对于报纸而言具有战略性，关系到报纸能否转型成功。[②]

---

① 窦丰昌：《国内首个中央编辑部“满月”观察报告》，传媒圈，http：//www.mediacircle.cn/?p＝17728，2014年12月30日。

② 窦丰昌：《国内首个中央编辑部“满月”观察报告》，传媒圈，http：//www.mediacircle.cn/?p＝17728，2014年12月30日。

同时，他认为大洋网已经创办了十几年，在独立运营的道路上已经走了很远，特别是2012年进入上市公司粤传媒以后，它的赚钱属性越来越明显，它已经属于上面所说的第一种网站。对于大洋网转型，该人士认为要重新把大洋网拉回到《广州日报》主报身边，这是对大洋网的一个重新定位，是要把大洋网从第一种类型的网站改造成第二种类型的网站。①

对于报纸附属网站的“独立运动”——脱离报纸，自立区域门户，笔者认为，是因为它们受到新浪等门户网站成功经验的影响，想经营好区域新闻市场。然而，它们又缺乏对互联网规律的准确认识：与报纸的区域化不同，互联网是没有疆界的空间，区域门户网站的做法实际上是把全国统一的互联网空间进行人为想象的划分。有研究表明，互联网要想获得大规模的广告投放必须要有最低的流量要求，而这个流量要求是传统媒体单纯依靠自身内容创办的所谓“地方门户网站”所不具备的。同时，我国传统媒体是按照行政区域、行业类型进行划分的，且不同媒体具有中央、省级、市县的等级差。一个区域有若干媒体以及媒体附属网站，形成了小、散、弱的格局，缺乏聚合力，况且媒体众多，区域受众市场本来就有限，无法支撑众多区域门户网站的生存与发展。

区域门户网站转型失利后，近年来，传统媒体纷纷和新媒体巨头合办新媒体。例如，腾讯网目前已经在湖北、重庆等地和当地的媒体合办了大楚网、大渝网等。此方式对于传统媒体的转型来说无疑是一种有益的补充，能够在短期内帮助传统媒体进行新媒体的探索并带来一定的利润流，但对于报纸的长远转型发展，却无益处。其一，报纸机构作为部分内容供应商，是配角，其实质上是拿自家内容为门户巨头做流量、做品牌。其二，区域广告市场有限，合作网站做火了，其实是切走传统媒体的广告蛋糕。

3. 生产体系：采编流程各自为政

有学者指出，报网互动分为三层境界：第一层境界为一次采访、多方利用。即网站从报纸已有选题和报道成稿中选择素材，利用网站平台扩大新闻覆盖面和增强传播力。第二层境界为共同策划、联合作战。报网采编流程一体化，报网两方记者或全媒体记者出动同步采编，分别向报纸和网站两平台供稿。第三层境界为媒介融合、报网一体。报网采编流程彻底融为一体，分别生产文图音视频产品，根据特性在不同平台刊载。②

笔者认为，三层境界的划分标准为生产流程的融合度。如果报和网的新闻生

① 窦丰昌：《国内首个中央编辑部“满月”观察报告》，传媒圈，http：//www.mediacircle.cn/?p＝17728，2014年12月30日。

② 郝青：《报网互动的三层境界》，《人民日报》（海外版），2013年7月19日。

产流程还分属两个不同体系，各自完成新闻生产，各自向分属平台供稿，在选题策划、采编、新闻把关方面无一同步，仅是互相转载报道，提升传播力，则谈不上存在报网互动关系。当下，报网互动之间流程融合度如何，笔者以一条民生报料新闻的生产流程为例来说明。

网友“寒风吹彻”于2013年10月14日晚21时29分在大洋网论坛报料区发布一条题为“尚德机构，欺诈学员骗取培训费！”的帖文，讲述其被该教育机构误导报班的遭遇，随后这个帖子引起了大洋网和《广州日报》记者的关注。大洋网记者当天以“错信广州尚德机构　钱花了课白上了报考机会没啦”为题，在“天天315”频道进行报道。10月16日，《广州日报》记者发表报道《误信培训机构错过教师资格申请》。笔者注意到，对于这同一条报料，大洋网记者和广州日报记者分别进行了不同操作，各自刊登在自己的平台，生产流程无交互，这显示了报网互动关系的割裂事实。

通过以上对《广州日报》的个案分析，笔者总结了在新媒介环境下《广州日报》与大洋网报网关系的变革演变。

表2.2　《广州日报》“报网关系”与新闻机构变革情况

	报网互动时代	全媒体时代
时间节点	2009年（微博元年）之前	2009年（微博元年）至今
机构变化	大洋网、新媒体项目部	全媒体新闻中心
表现形态	1. 电子报（报纸电子版） 2. 附属网站的搭建以及“独立运动”——“脱离报纸”，自立为区域门户。（滚动播报、城市论坛、新闻专题、访谈节目、线上书城） 3. 手机报	1. 即时播报（由附属网站平台扩展至微博、微信等） 2. 全媒体平台搭建（官方微博、官方微信、公众号平台、手机新闻客户端） 3. 音视频内容的拓展 4. 移动终端新闻的拓展 5. 新型电子报：轻报纸、微报纸
内在实质	1. 报纸传播时效性、承载量的危机 2. 以网络新技术改造受众反馈联系机制	1. 社交媒体平台层出不穷让报纸忙于拓展传播新平台 2. 受众迁移潮：由报纸到PC，再到移动终端

（续上表）

	报网互动时代	全媒体时代
报网关系	以报为核，网为报纸的附属品	以报为主，“报网脱离”现象
背景	1. 受众危机初现，但报纸受众群相对稳定 2. 报业“二次售卖”广告模式有效，报业广告营收一路攀升，经济危机只是想象	1. 报业受众危机来临，报纸受众大幅迁移 2. 报业“二次售卖”广告模式逐渐坍塌，报纸利润断崖式下跌，报业出现经济危机

（三）“报网游离”现象背后的结构性问题

曾经承载报纸转型厚望的网站，却出现了一种疏离报纸的情形，报纸与它当初设立的网站越离越远，当下报网内容生产链条脱节，两者不在新闻生产的同一流程上，而是各自为政，更多时候是两个互相平行的新闻生产体系。就笔者看来，目前的报网互动还处于单一性、浅层次、低水平、表面化状态，甚至出现一种“报网游离”的情形，报网之间无实质性生产互动。无论是数字报把报纸搬到了网上，还是报网共同开展话题讨论的相互新闻支持，都仍然局限于内容的互换、共享上。回顾过去十多年报网互动的实践，现在是有报，也有报业网站，唯独缺乏报网之间的互动关系。

有学者认为，“报业与报业网站之间是浅层次互动关系，网站作为报业的延伸，是报业在传媒新技术浪潮下涉猎新技术应用的开端，报网互动停留在技术应用型模式以及基于电子版的内容复制模式上，网站完全是依附于报业机构内部的配角。从这个意义上来说，报网互动在报业内部并未正式出现”[①]。也有学者从报网互动起源的角度出发，认为报网互动是“鸵鸟策略”。该学者认为，报纸和互联网是完全不同的概念，其商业运作的基础差异巨大，生拉硬扯绑到一起是违背商业常识的。为什么报纸会走上此路呢？该学者分析称，不少报纸当家人，其潜意识里具有对不熟悉的领域的恐惧和排斥，但又想保有现有利益，妄图借助报网互动这种模式寻求妥协。这条路完全走不通，且这种鸵鸟式的策略也使报业办网前后牵制，浪费了宝贵的时间和人力。

尚且不论最初报网互动策略的选择是否正确，回顾十年来的报网互动实践，笔者认为，“报网游离现象”是客观存在的，其背后也有深刻原因：

① 麦尚文：《全媒体融合模式研究——中国报业转型的理论逻辑与现实选择》，北京：中国人民大学出版社2012年版，第100页。

(1) 报网新闻生产链没有打通。

报网游离现象的首要体现，就是两者生产链条的断裂和分化。经过对上述四种报网互动形态的分析，可以发现，报纸与其所创办的网站，在内容生产体系上并没有很好融合，两者更多是貌合神离。

大洋网和《广州日报》的新闻生产体系为何不能相融呢？笔者认为这主要有以下两方面的原因。

第一，报纸传统的闭合新闻生产体系。传统报纸在历史积累中，形成了固定的生产常规和工作习惯，在传统力量的约束下，此生产体系固若金汤。消息线索来源、采访与突破、写作与文本、编辑与校对、签版与印刷，这些流程是报纸编辑部多年形成的规范。一条新闻从接到线索（接报料），到采写、编校、签版、印刷，有着规定流程和范式：新闻采制由专业记者和编辑去完成，报业管理者作为新闻把关者，新闻专业人才主导整个流程。对于社会公众而言，报纸的生产流程是一个闭合模式，大家只能看到新闻在纸张上的呈现，却无法看到报纸编辑部的后台操作。传统报业在长期的实践中建立了一套稳固的话语体系——在缜密的生产规范指引下设置公众议程，影响舆论进程，并在相对封闭的精英式的新闻生产系统中，掌握着“新闻”定义的大权。所谓的事实真相总是掌握在专业调查记者手上，新闻被认为是媒体机构建构起来的一种有价值导向的意识形态。在这种“以我为主”的新闻生产框架下，传统报纸建构并呈现给读者一个拟态化的景观社会。[①] 同时，受报人传统影响，我国报纸新闻人多为知识分子，属于社会精英阶层，新闻操作也遵循一种精英视角，他们在固定流程中，以固定的思维模式，加剧了报纸生产链条的封闭。

第二，网络的开放无法导入报纸体系。相对于报纸的封闭生产而言，网站是一个相对开放的平台，吸引了不少社会化协作者、网站记者和社会公众成为网站知识生产的两股力量。有时，网站记者仅仅充当审查者身份，对公众分享的内容进行后台审查后，便可点击发布，甚至置于论坛（网站）头条。这种生产模式，在微博时代更加凸显，人人都是记者，任何一个网友都是事件记录者和评述者。例如当某一突发事件发生后，最先发布事件消息的，往往不是专业记者，而是草根网友，他们是无处不在的观察者，让整个世界都在聚光灯下呈现。随着网络的开放式生产不断扩张，“众包新闻”“辫子新闻”“草根报道”等成为网络新闻的新形态。

然而，网络新闻生产的开放性却难以导入报纸的封闭生产体系。多数情况

---

① ［美］赫伯特·甘斯著，石琳、李红涛译：《什么在决定新闻》，北京：北京大学出版社 2009 年版。转引自麦尚文：《全媒体融合模式研究——中国报业转型的理论逻辑与现实选择》，北京：中国人民大学出版社 2012 年版，第 57 页。

下，网络新闻生产和报纸新闻生产分而治之，有着不可逾越的鸿沟，其原因在于两个生产体系之间没有打通。目前，报纸新闻生产者尚不具备足够底气来敞开新闻生产体系，吸纳公众参与。传统报纸新闻生产的体系封闭已久，欲打破非一日之功。

（2）报与网的身份认同困局。

对于当初报纸设立的网站而言，报网两者在身份定位、对接设计上存在较大问题。就身份而言，报纸一般为体制内的事业单位，网站则为市场化运作的企业，两者在人员考核机制、薪酬待遇方面存在较大差距，工作人员的身份差异也造成两者对接困难。有学者认为，“报业办网在操作上是从传统报业母体分离、延伸出新媒体机构，这在组织结构上造成了关系的不对等，新闻网站在内容生产与传播上未能获得主体性认同——即与报业机构的对等活动”①。

报网思维模式的迥异也加剧了认同危机。报纸有着固有的传统，其特质为慢节奏与固守传统。网站则是一种新兴样态，其特质为快节奏和即时创新。在网站人员看来，报人缺乏创新激情、思维模式已被固定流程框住、难以实现自身突破。“报网互动在实践模式上注入了媒体人的创新热情，但是在运行体制、思维模式上，大多数新闻网站仍然延续了报业的传统思维框架，有研究把这样的报业办网形容为‘穿新鞋走老路’隐忧。”② 当下的报网互动，多属于在旧体系下嫁接新枝，两者的基因存在强烈的排斥，在此情形下，报网的有效互动难以形成。

（3）发行量模式与点击率经济。

办报纸要看发行量，办网站要看点击率。报纸和网络的互动，就是要把这两者统一起来，实现两个平台并驾齐驱。但是在《广州日报》和大洋网报网互动实践中，笔者发现两者融合很难破除模式依赖，最终互动关系也多沦为水中月镜中花。

报纸主要通过扩大发行量来获取广告回报。一般情况下，发行量数据以报纸自我统计为主，辅之以部分第三方测量数据。与此不同，市场化网站的点击率则完全来自网民的“鼠标投票”，网站营销策略、内容质量等多方面因素影响受众的自主选择，点击率的统计更加透明，也更加真实。在此情形下，点击率经济和发行量模式，其实带有两个不同时代的特征，报纸更多带有传统精英的时代烙印，而网络则具有当下草根时代特征。凡此种种，皆成为报网互动的障碍。

发行量模式与点击率经济的背后是经济供养的问题。以《广州日报》和大洋

① 麦尚文：《全媒体融合模式研究——中国报业转型的理论逻辑与现实选择》，北京：中国人民大学出版社 2012 年版，第 107 页。

② 麦尚文：《全媒体融合模式研究——中国报业转型的理论逻辑与现实选择》，北京：中国人民大学出版社 2012 年版，第 107 页。

网为例，大洋网从成立之初就是单独运行的一个实体单位，在人员配置以及管理上，相当于广州日报报业集团的一张系列报，是一个“中层正职单位”，既然仿照系列报考核，就要有年度的经营指标，大洋网就得考虑创收，因此，与社会各界特别是政府开展多种合作，致使大洋网不断增加许多新闻之外的内容。[①] 特别是在最近的改革中，大洋网成了上市公司粤传媒的一部分，其无论是采编还是经营都是独立的，和《广州日报》的关系更加趋于松散，经济供养的分化也间接加剧了报网游离现象。

对于报网融合、媒介融合，学者郭全中在其论文《融合的主体应是互联网》中指出，在1994年互联网刚引入我国时，传统媒体就开始采取电子版、建网站、报网互动、报网融合、全媒体、客户端等各种方式尝试互联网转型，想通过传统媒介融合互联网媒介，进而实现对互联网媒体的整合，但是从实践效果来看，基本上是南柯一梦，根本原因在于对互联网的本质和规律认识不清。[②] 基于此，他认为，互联网媒介对传统媒介是完全替代而不是融合。从媒介功能上来讲，互联网媒介能够承载文字、视频和音频等所有的新闻生产方式，而且传播的效果更好，也更为便捷、及时和快速。在这种情况下，互联网媒介对传统媒介来说就是完全替代关系，而不是互补关系。所以，互联网和传统媒体不存在融合问题，而只有整合问题。[③]

综上，以往报纸机构的报网互动实践、全媒体实践都是失败的转型探索，陷入了以“报”为核心、以“网”为附庸的误区。这些探索的实质是利用新媒体帮助传统媒体扩张影响与传播品牌，并没有真正利用新技术对传统媒体进行根本性改造。所以，新旧媒体的融合也自然无法完成。

三、编辑部改造：融合编辑部重构报网关系

从“报网互动”到“全媒体”实践，报纸为寻求自身转型做出了很多努力。学者麦尚文对国内报业全媒体布局作了分析，总结出人民日报社的“报网双核模式”、解放日报报业集团的“终端模式”、南都报系的“全媒体集群模式”、烟台日报传媒集团的“小型通讯社模式”以及宁波日报报业集团的“网络门户模式”。他认为，在流程变革模式上，国内大多数报业传媒集团基于原有架构的改良模式无法根除结构的制约性，那只能是权宜之计。从未来传媒流程的变革潮流来看，

---

① 笔者对大洋网负责人 lmz 的访谈，2012 年 12 月 29 日，广州。

② 郭全中：《融合的主体应是互联网》，见南方报业传媒集团、南方传媒学院主编：《南方传媒研究（第 49 辑）：融合路径》，广州：南方日报出版社 2014 年版。

③ 郭全中：《融合的主体应是互联网》，见南方报业传媒集团、南方传媒学院主编：《南方传媒研究（第 49 辑）：融合路径》，广州：南方日报出版社 2014 年版。

基于整体转换的流程再造才是主流方向，才能体现“以流程为中心”的全媒体战略理念。①

虽然国内报社在转型中做了许多努力，但效果不佳，报业以“报网互动”或“全媒体”为名的融合实践依然面临许多问题。报纸受众规模不断缩小，市场份额逐渐下降，报纸新闻业式微。回望这些探索，值得思考的是，报纸的媒体融合之路并不是简单的为报纸办个网站、开个微博和微信，或者搭建更多平台。从报网关系视角来看，以往的报网互动实践及当下的报纸全媒体转型呈现“报网脱离”“报纸为主”的特征，报网两张皮、相互间没有实质性互动，报网互动和报网融合已沦为一个空洞概念，报网游离的症结在于报网两个生产体系的各自为政。未来报纸编辑部改造必须打通新旧媒体采编体系，打破原有部门间的利益樊篱与壁垒，形成融会贯通的部门关系。

在报纸遭遇融合困境之际，2014 年 4 月 23 日，刘奇葆发表文章《加快推动传统媒体和新兴媒体融合发展》。文章从加强舆论引导能力的角度论述了报纸全媒体改革的必要性：从舆论生态变化看，新兴媒体话题设置、影响舆论的能力日渐增强，大量社会热点在网上迅速生成、发酵、扩散，传统媒体的舆论引导能力面临挑战。可以说，传统媒体已经到了一个革新图存的重要关口。面对这种严峻形势，推动传统媒体和新兴媒体融合发展刻不容缓，必须跟上时代发展步伐，加快融合发展进程，这是我们应当肩负起的历史责任。② 习近平总书记强调，要加快传统媒体和新兴媒体融合发展，充分运用新技术新应用创新媒体传播方式，占领信息传播制高点。中国共产党十八届三中全会提出，要整合新闻媒体资源，推动传统媒体和新兴媒体融合发展。

真正的全媒体战略应该是搭建一条完整且贯通的媒介融合通道，打破新旧媒体间的封闭性、利益失衡、协作链条的割裂，形成一条媒介内容生产、分销、终端平台发布、利益分摊的良性生态链条。在中央重视媒体融合背景下，新一轮的媒体融合试验正在展开。

（一）国内媒体融合改造实践

1.《广州日报》中央编辑部模式

对曾经的报网融合探索，《广州日报》一位业内人士指出问题所在：没有打通内容生产的经脉，纸媒与新媒体还是两张皮。其观点与笔者提出的“报网游

---

① 麦尚文：《全媒体融合模式研究——中国报业转型的理论逻辑与现实选择》，北京：中国人民大学出版社 2012 年版，第 107 页。

② 刘奇葆：《加快推动传统媒体和新兴媒体融合发展》，人民网，http：//politics. people. com. cn/n/2014/0423/c1001 - 24930310. html，2014 年 4 月 23 日。

离”概念如出一辙。2014年年底，广州日报报业集团成立了中央编辑部，媒体融合探索再启程，以中央编辑部为依托调整了顶层设计、组织架构、采编流程、管理考核，建立起一体化运作的全媒体内容生产体系，推动形成“你中有我，我中有你”的新旧媒体融合格局。

广州日报报业集团的中央编辑部实践体现在以下三个方面：

（1）机构整合。

作为中央厨房式的全媒体数字化采编部门，中央编辑部由《广州日报》夜编中心、全媒体新闻中心（含数字新闻实验室）以及大洋网等组成，主要承担新闻的组织策划、内容采集、信息集成、把关发布等职能，包括《广州日报》官方微博、官方微信、新闻客户端、大洋网等新媒体产品的维护与更新，以及《广州日报》主要新闻版面的编辑工作，是集团推进媒体融合发展的中枢平台。

在机构设置上，三个部门以前是并列的关系，本次探索重构新旧媒体部门关系。夜编中心和全媒体新闻中心是《广州日报》的中层正职单位，大洋网从1999年成立以来，一直是一个独立核算的单位，办公不在报社本部，采编自成一个体系，经营上有独立的指标。2012年上市公司粤传媒改组之后，大洋网划入了上市公司，独立性进一步强化。内部人士指出，“中央编辑部成立以前，三个新闻发布端口‘欠缺交流和沟通’，特别是大洋网和报社本部因为不在一个地方办公，除了在一些必开的会议能够见面之外，沟通和交流的机会很少，基本上是‘各玩各的’”[①]。中央编辑部的成立改变了这种局面，三个部门在物理空间上实现了统一：三个部门部分采编人员集合为中央编辑部，统一在夜编中心办公室上班，提升了沟通效率与协调性，也便于“统一指挥，统一把关”。

内部人士还透露，中央编辑部成立后，在现阶段，全媒体新闻中心依然存在，保留自己原来的建制，依旧负责《广州日报》微博、微信和APP端口稿件的发布，大洋网编辑部则照旧发布PC端大洋网和手机端大洋网上的新闻。机构整合是否能催生深度融合，仍须进一步观察。

（2）人员整合。

中央编辑部主任由《广州日报》总编辑兼任，下设内容总监、技术总监、执行副总监以及执行总监。其中，执行总监由《广州日报》夜编中心主任兼任，执行副总监由全媒体新闻中心主任和大洋网总编辑等兼任。《广州日报》所有采编人员就地转型，全面介入新媒体平台的新闻生产，把新媒体发稿也纳入考核体系，完善全媒体考核标准。

---

① 窦丰昌：《国内首个中央编辑部“满月”观察报告》，传媒圈，http：//www.mediacircle.cn/?p＝17728，2014年12月30日。

《广州日报》内部人士认为这样设置架构主要是基于以下考虑：一是希望在不打散报社原有部门建制和不改变与上市公司新媒体业务（笔者注：大洋网隶属于粤传媒上市公司）隶属关系的同时，通过统分结合的管理方式，既“分”出不同媒体平台的活力，又“统”出融合发展的合力。二是报纸采编拥有强大的新闻生产能力，且报纸编辑部在原有生产体系中处于相对强势地位。三是领导交叉任职，有利于打通新旧媒体部门之间的壁垒，融通人员之间的隔阂。①

此整合无法完全摆脱“报纸为核”的采编流程烙印，《广州日报》另一内部人士指出：“夜编中心的主任兼任中央编辑部的执行总监，全媒体新闻中心主任以及大洋网总编辑都是副总监。很明显，在此框架下，原来报纸端的负责人扮演了一个统筹角色。这一方面是内容决定的，毕竟《广州日报》原来采编系统下的生产能力还是最强的，另外一方面也是为了出版安全，按照有关方面的要求，对从新媒体端口出去的内容要和报纸出去的内容一样把关。”②

人员方面，唯一的增量是基础编辑岗位的设置。中央编辑部成立后，专门从报社各个采编部门中招聘了大约五个专职的全媒体编辑，叫作“基础编辑”，作为中央编辑部的“基础人员”。这五个编辑既不属于全媒体新闻中心，也不属于大洋网，而是专门隶属于中央编辑部。在流程上，基础编辑收取了采访部门提交的全媒体稿件后，先作进一步加工修改，这些修改一方面是技术上的，尽量让稿件具有网络特点，另一方面是政治上的，要确保政治安全。处理之后的稿件提交到“成稿库”，全媒体新闻中心的编辑和大洋网的编辑分别从“成稿库”里选取适合自己的稿件发在自己所属的端口上。

（3）流程整合。

在中央编辑部的统筹指挥下，广州日报报业集团变革内容生产方式，创新采编业务流程，建立起了“统一指挥，统一把关；滚动采集，滚动发布；多元呈现，多媒传播”的全媒体内容生产体系。

“统一指挥，统一把关”，是指中央编辑部统合集团多个采编部门进行一体化运作，并将之前分属不同部门的新媒体发稿权限，全部归口到中央编辑部统一进行发布，确保每个平台和终端上的内容都事实准确、导向正确。

“滚动采集，滚动发布”，意味着要打破报纸原有的出版周期，记者采集回来的文图、音视频等多种形态的新闻素材，经过中央编辑部加工、把关、集成之后，在多个平台和终端上 24 小时不间断地滚动发布出去，随时为用户奉上“色

---

① 田小平：《广州日报报业集团试水媒体融合　全媒体编辑部打通内容经脉》，中国出版网，http：//www.chuban.cc/jt/jj/201503/t20150303_164330.html，2015 年 3 月 3 日。

② 窦丰昌：《国内首个中央编辑部“满月”观察报告》，传媒圈，http：//www.mediacircle.cn/?p = 17728，2014 年 12 月 30 日。

香味”俱全的资讯“大餐”。

“多元呈现，多媒传播”，是按照平媒、网媒、掌媒各自的传播规律和特点，做到新闻内容的一次采集、多次发布、多元呈现、多媒传播，达到传播效应叠加和效果最大化，进一步提升传播力、影响力和舆论引导能力。

在整个采编流程链条上，主要变化有：

①记者即时交稿。对于突发新闻和需要滚动发布的新闻，要求记者到达现场确认可靠信息后，10分钟内发回140字左右的快讯，2小时内发回500字左右的消息，如有可能全部要求配发照片和音视频。对于非紧急稿件和提前策划的稿件，要求采访完毕后根据新闻事件的特性尽快发回快讯、消息或完整稿件。最后，记者还须采写一条最为完整、纵深的新闻稿件，且最好与新媒体平台上已经刊发的稿件形成递进、差异和错位，晚上提交供报纸版面采用。

②稿件加工改写。从中央编辑部新设的基础编辑岗位抽调基础编辑，负责新闻策划、采编对接、稿件改写等工作，并将合格稿件放到“成品库”供新媒体终端编辑选用。基础编辑就如同报纸采编和新媒体之间的一个“转换器”，将采访部门的优质新闻资源激发、挖掘出来，源源不断地引流到新媒体平台上来。

③稿件审核把关。为了确保舆论导向正确，所有新媒体终端发布的稿件须经采访部门和中央编辑部值班主任双重把关，如遇重大事件和敏感题材还须请示值班老总。此外，还特别增设了新媒体检查审读员，专门负责未刊发稿件的审读和已发布稿件的检查，确保把好关、及时纠错。

④稿件发布原则。新媒体的特点是“快”和“新”，纸媒的特点是“全”和“深”。根据不同媒介的传播特性，在发稿时注意把握如下原则：对于大家都有的、通用的即时新闻，尽快在新媒体上先发布，争抢第一落点；独家新闻和深度稿件则由纸媒先发，新媒体可以提前导读并于见报次日转载。

⑤效果观察。在完善组织架构和改造业务流程的同时，集团对全媒体产品线进行了整合。在PC端，对大洋网进行全新改版，整合推出《广州24小时》《广州观察》《广州镜头》《广州政务》《广州服务》五大本地资讯服务板块，使网站定位更加明晰，页面清新炫动，引起了业界关注和网友点赞。据第三方监测数据显示，改版短短一个多月，由于《广州日报》优质采编资源的注入，大洋网日均点击量和日均访问用户迅速攀升。

在移动端，《广州日报》新闻客户端即将全面改版上线，“数字新闻实验室”基本组建完成，全媒体采编系统正在建设之中；《广州日报》新浪微博粉丝560多万，腾讯微博粉丝360多万，总粉丝数突破900万大关，长期稳居全国报纸官方微博影响力前五；《广州日报》官方微信用户数36万，阅读数在纸媒中仅次于《人民日报》官方微信；集团有影响力的微信公众号超过30个，涵盖了新闻资讯、生活服务、互动娱乐等方面。围绕《广州日报》这一共同品牌，各个全媒体产品既有不同的分工，又能形成强大的传播合力。

⑥问题观察。《广州日报》中央编辑部的实践属于一种“局部改造式”的融合探索。由于新旧媒体部门级别差、存在已久的新旧采编流程的断裂、“报纸为核”的采编思维惯性，中央编辑部仍有需要改进之处。

其一，价值认同形成。媒介融合效果如何，一个判断标准为能否生产出高品质、符合新媒体属性的新闻内容，这需要新闻机构具备全新的内容生产流程体系与全新的产品价值标准，也需要采编人员形成统一价值认同，唯此，才有新闻生产力。目前，机构与人员整合为全媒体内容生产体系提供了物理整合，但全新产品价值标准需要每一位生产者在实践过程中形成价值认同。有内部人士指出，“报纸、微博、微信、大洋网几个端口能否有统一的采编理念，比如要做大一条稿的时候大家一起做大，而不是各选各的头条，分散了注意力。这一点，想到容易，做到并不容易，特别是中午以后的时段”。①

其二，新的考核体系。作为“理性经济人”，记者采编行动依赖考核指挥棒，如何建设与全媒体生产体系匹配的考核奖惩体系显得尤为重要。目前，中央编辑部内各部门人员的身份不同，考核不同，管理不同，特别是来源于大洋网的采编人员和《广州日报》主报的采编人员不太一样。要建立统一的考核标准，涉及利益再分配，需要破除原有部门间的利益樊篱。

2.《东方早报》—澎湃新闻模式

与《广州日报》中央编辑部机构再造模式不同，《东方早报》—澎湃新闻是一种“另起炉灶式”的改革。澎湃新闻由 APP 客户端、网站和手机网页版三部分构成，它的新闻生产公式是“新闻 + 思想 = 澎湃”，这也表明其志向——打造最大规模的平面媒体和新闻思想原创平台。据百度资料，“澎湃”在内容上以原创新闻为主，定位为“专注时政与思想的互联网平台”，主打时政新闻与思想分析。在新闻操作理念上，重申新闻专业主义的重要价值。

澎湃新闻还结合互联网技术创新，致力于新闻追问功能与新闻跟踪功能的实践，以重构互联网情境下的用户关系。澎湃新闻希望通过与读者的互动，分辨真相和谣言，并将核实结果实时更新。“澎湃”APP 就设计了“提问”和“跟踪”两大功能，前者帮助读者发问，后者则便于读者对感兴趣的主题进行相关阅读并长期跟踪阅读。有读者认为此模式具有发展潜力：这无疑是契合现在内容生产方式的一个好创意，“你们想了解什么，我们来帮你采访”，媒体的受众更直接地成

① 窦丰昌：《国内首个中央编辑部“满月”观察报告》，传媒圈，http://www.mediacircle.cn/?p=17728，2014 年 12 月 30 日。

了媒体议程的设置者。

在澎湃新闻的网页上，最早的一篇文章发布于 2014 年 7 月 5 日，《韩媒称习近平赠朴槿惠 DVD，其中收有彭丽媛歌曲》。在成立之初，澎湃新闻凭借国内反腐大案的深度调查报道、直切政治核心群体的专题话题赢得了好评。例如，《令政策的平陆往事》一文在网络上的迅速转载，让澎湃新闻这个名词作为消息源得到更多关注。目前，澎湃新闻有网页、WAP、APP 客户端等一系列新媒体平台，已经推出的比较有影响力的微信公众号有“中国政库”“中南海”“打虎记”“人事风向”“一号专案”“舆论场”“知识分子”等等。

“相比于网络上那些低成本和粗制滥造的自媒体产品，‘澎湃’的出现，是中国第一家以新媒体平台来提供高质量严肃新闻内容的平台。现在传统媒体人人都在谈转型，‘澎湃’如果做得不错，那对大家肯定是一种借鉴。”《财经天下》主编李翔所表达的这段期待，代表了一批传统媒体运营者的心态，他们自身也面临着巨大的转型压力，期望“澎湃”能探索出一条传统媒体向新媒体过渡转型的平稳出路，进而对整个行业起到引领作用。

美国知名的媒体作者比尔·科瓦奇和汤姆·罗森斯蒂尔在《真相》中曾写到，未来新闻消费者对新闻的需求将集中于八个主要功能：鉴定者、释义者、调查者、见证者、赋权者、聪明的聚合者、论坛组织者以及新闻榜样。通过观察澎湃新闻所刊内容，笔者认为，某种程度上，澎湃新闻是上述理想新闻业的实践者。

根据上海报业掌门人裘新的构想，《东方早报》的澎湃新闻项目是通过优质原创内容吸引流量，依靠海量用户来获取广告收入。“澎湃”项目从筹备之时起，就获得广泛关注，一方面是由于它所依靠的是上海报业集团——一个具有党报性质的国有媒体大鳄；另一方面，《东方早报》凭借揭露乳业中的三聚氰胺等重磅报道而成为行业标杆。

（1）机构改造：另起炉灶。

据公开资料，在隶属关系上，“澎湃”背后是东方报业公司，直属上海报业，与《东方早报》在架构上是平行关系。在人员上，《东方早报》的社长邱兵兼任澎湃新闻的 CEO，《东方早报》的采编团队需要为澎湃新闻投入大部分精力，另外，“澎湃”自身也新增了近百人的团队。“澎湃”在架构上抛弃传统门户网站的频道制度（中国新闻、国际新闻、本地新闻、财经新闻……）以及传统媒体运作的部门制度（中国新闻部、国际新闻部、财经新闻部……），内容设置上类似于创建一个 APP 商店，追求小而精、小而美，相应地，人员安排上，内部重组日常部门架构，组建若干栏目小组，以小组制开始采编试运作。

“澎湃”与报媒母体《东方早报》是“分灶吃饭”的状态。新媒体项目全平台搭成前，“澎湃”以项目小组作为动员单位，在原有采编部门特色基础上开办一系列微信公众平台，形成《东方早报》系微信方阵，以作练兵之用，在事实上同步完成了各类型资讯提供者的跑马圈地。“饭局阅读”主打时政谈资类原创微刊，自称是中国第一份时政谈资类原创微刊读物；同样是《东方早报》时政类微信公众平台，“一号专案”侧重法制；“纸牌屋”主打人物报道；“有戏”主打展览、演出和影视评论；“自贸区邮报”则专攻中国自贸区相关信息；“上海经济评论”和“上海书评”分别脱胎于《东方早报》周二、周日同名副刊。这些微信公众平台整合了《东方早报》原有的时政组、文化新闻部、经济部门等报道力量，文章均为平台量身制作，推送形式统一为每日2～3条图文新闻。“澎湃”落成启用后，所有微信方阵内容以此为航母基地，日后对“澎湃”内容的评估依据将主要来自读者“点赞”而非上层叫好，核心团队也将分享项目红利。

与澎湃新闻项目启动相伴的是，作为其母体的《东方早报》版面新闻也“瘦身”求变。2014年3月17日，《东方早报》发表社长邱兵的文章《报纸还没有资格死》，《东方早报》的内容和版面安排遵循了以上改版思路：版面主动瘦身，专注于长篇报道、深度分析、专业解读；缩减短平快资讯体量；原来处于A15版位的《社论·分析》版提前为A04版位的《大声音》版。

对于这种另起炉灶的全媒体改造，有学者认为这是一种基于倒逼机制的自我求变：“澎湃新闻的出现，并不是上海报业集团放弃了《东方早报》——至少在相当长的一段时间里，《东方早报》依然是一个重点。但力图通过‘澎湃’的运作，改变后台内容生产机制，这一点是毋庸置疑的。这套机制，极有可能也会应用到《东方早报》之上。”①

（2）人员整合：注重专业。

公开资料显示，“澎湃”团队除原《东方早报》采编人员投入大部分精力之外，还新增八十余人，规模比较庞大。澎湃新闻总编辑李鑫介绍，澎湃新闻的主要成本是人员。他表示：“全国那么多传统媒体，几百万的媒体人，如果要转型成功，第一个就是要把人解决，把人解决了，内容生产就有价值。我不可能去PK雷军，PK马化腾的，他们手里的王牌是什么呢，是几千个技术人员。那我们手里的王牌是什么呢，我们有几百记者。技术是别人的，人才是自己的。所以我们这次不但没有裁人，反倒招了一百多人。要把握媒体的大方向。我不同意媒体唱衰这种说法，这个介质或许衰弱了，但媒体人不一样。”②

---

① 魏武挥：《上海报业这半年》，见南方报业传媒集团、南方传媒学院主编：《南方传媒研究（第49辑）：融合路径》，广州：南方日报出版社2014年版。

② 冰雪 ice - snow：《小李对话老李——独家专访澎湃主编李鑫》，新浪网，http://blog.sina.com.cn/s/blog_60f3d0f20102v713.html，2014年12月4日。

在人员激励机制上，澎湃新闻也有创新。“澎湃”项目在资本架构上有诸多创新，比如“澎湃”的核心成员实现了对项目的持股，这在媒体项目中并不多见。有学者认为，“澎湃”虽然是新媒体项目，但其在上海报业集团之下，且做的是新闻产品，因此“澎湃”的核心成员持股，具有很重要的指向意义。现在我们报业改革总强调要走市场化之路，而市场化的核心东西，比如资源、资本、股权等，又不能完全按照市场规律来，那这市场化不就是空谈吗？“澎湃”此举，会成为报业个人持股的开端吗？[①]

（3）内容生产：原创特色。

不同于其他新闻客户端，“澎湃”的内容既非照搬传统媒体，也不是容易引起版权纠纷的内容聚合，其采编团队来自传统媒体《东方早报》，专业性强，又汇聚了一批专栏写手，让用户对其内容质量有较高期待，而这在新媒体上是比较稀缺的。

“澎湃”与报媒母体《东方早报》虽然是“分灶吃饭”，但会承续《东方早报》的中高端气质。对“澎湃”新媒体项目，裘新的期待是：“它从一张传统报纸出发，做一个原创的、互动的、严肃的、有思想和价值的、针对都市中高端人群的政经类新闻产品。作为中国第一个新闻问答产品，它将重点分辨事件中的真相和谣言，并将核实结果实时更新，增强社交属性和黏性，优质评论和互动会转化为内容在首页呈现。如果未来它的收入至少不亚于其所依托的一张报纸母体的广告收入，那就是一种可推广、可复制的模式。”[②]

目前，澎湃新闻网正在探索体现自身特色、适合自身定位的节目与机制，如“黄金三小时”，即原创新媒体三小时内认真筛选成稿，完成新闻梳理；“大平台编辑部”，即告别区域化，同一大工作室等概念的实施，这将极大地发挥新闻的追问、跟踪功能，也将极大地促进澎湃新闻网本身的发展。

（4）问题观察。

目前，学界形成了澎湃新闻研究热，研究者众说纷纭。对于澎湃新闻，笔者认为两个问题须谨慎观察。有学者指出，经济实力、影响力和舆论力这三者构成了报业转型的三个主要因素。报业转型的最终目的，就是使这三者形成良性循环。[③] 澎湃新闻的实践正是寻找这三要素的统一路径，在当下媒体管制环境、受众市场环境下，这样的统一却不容易做到。

---

① 杨驰原：《澎湃之后》，见南方报业传媒集团、南方传媒学院主编：《南方传媒研究（第49辑）：融合路径》，广州：南方日报出版社2014年版。

② 裘新在上海报业集团2014年度工作会议上的讲话。

③ 崔保国、陈国权：《推进媒体融合需再造赢利平台》，见南方报业传媒集团、南方传媒学院主编：《南方传媒研究（第49辑）：融合路径》，广州：南方日报出版社2014年版。

首先，严肃新闻是否后继有力？

澎湃新闻在创立初期，依靠其雄厚资源的储备，可以说是在“有备而来”的情况下取得了“开门红”。但是，初创时期的资源储备消耗之后，受众以及内部员工的热情也会慢慢流失，那才是真正检验这一新闻模式的时候。①

澎湃新闻的定位是“专注时政与思想的互联网平台”。在初期，澎湃新闻在时政报道上的确屡有上乘之作，但内容在深度与广度上仍没有超越《财新周刊》《南方周末》等主流时政周刊周报曾经的报道。

一方面，从媒介管制环境来看，任何媒体都受到舆论环境的影响，都无法腾跃于新闻纪律设定的天花板之上。有文章认为，新媒体平台一定程度上保证了时政新闻的采写具有某种弹性。这里的弹性，不是对国家审查底线的持续试探与挑战，而是网络文本本身的可替换性。试想，一篇估计会引发国家审查部门警觉的新闻报道，发在《东方早报》上，白纸黑字，怎么也无法从报纸上撤销；倘若发在网站上，纵使造成不良的社会影响与轰动效应，但网络文本可进可退，可守可攻，给自己留了一条后路。② 但新媒体平台不是“法”外之地，对于现行新闻管制制度而言，澎湃新闻无法逾越红线。例如在当下中央大力反腐背景下，媒体也推动“打虎拍蝇”报道，但一般仅限于拍打“死虎”或“将死之虎”，澎湃新闻也未能逾越此规则，其能做到的是抢在“第一时间”推出有质量的“打死虎”新闻报道。笔者分析这些反腐报道文本，发现这些报道在言论尺度上没有太多突破，全部都是中央发布出来的消息，原创内容并不多，更多的是一种信息整合和素材重组。在跟踪反腐报道的同时，澎湃新闻也会追随新华社和《人民日报》等的宣传重点，以新的叙事方式，推出不少正向报道。

澎湃新闻与我国市场化媒体一样：它不仅要讲究新闻逻辑、市场逻辑，还要讲究宣传逻辑。澎湃新闻的决策层也表明了报道立场：澎湃新闻报道标准为“要通俗但不庸俗，懂批评也懂建设，听民意但不迎合谈问题和谈主义，要积极听取更真实的民意，反映人民的意愿”。澎湃新闻负责人认为，内容生产永远是有价值的，王牌不会轻易放掉。③

基于以上分析，当下的媒介环境以及上海舆论环境，可否为澎湃新闻的时政报道追求提供足够的空间，仍是一个疑问。

此外，从受众信息需求来看，由于各方面原因，目前民众对于政治生活、公

---

① 刘强：《试析报业转型期“澎湃新闻”的探索价值及发展前景》，《东南传播》2014 年第 10 期。

② 蝉歌、米迦勒：《澎湃了你的澎湃的澎湃，谁的澎湃?》，独家网，http://www.dooo.cc/2014/09/31399.shtml，2014 年 9 月 12 日。

③《新闻传播学院参加“澎湃”讲座》，上海建桥学院新闻传播学院网，http://xwcb.gench.edu.cn/s/23/51/c1478a9041/page.htm，2014 年 12 月 7 日.

共政策决策的参与仍处于启蒙与学习阶段，时政报道“曲高和寡”，并不能吸引足够的受众群体。但有人认为，时政报道并不小众，此观点认为时政报道内容除了公共生活、公共政策，还包括政客、权谋（力）以及桌面下的政治运作，此路数却受到媒介体制的天花板的限制。从长远来看，时政新闻体现了澎湃新闻的价值所在，新闻机构理应是公共机构，新闻是每一个公民公共生活中不可或缺的一部分，新闻业的一个使命便是公共启蒙教育。从这个角度来看，时政并不应成为小众，它理应有海量的受众人群，每一个公民都可能成为忠实读者。而思想类的作品，对受众要求也高。目前，公众尚未培育起严肃阅读、深入思考的习惯，特别是在网络阅读的冲击下，受众已习惯了快餐式阅读、“傻瓜式阅读”，思想类的慢阅读、深阅读的市场空间不容乐观。如缺乏足够的受众黏性，以及“受众关系连接”，只能一时红火而难以成势。

其次，“卖服务”盈利模式是否有效？

据报道称，“澎湃”前期投入已经达到了三至四亿元，其将通过海量优质内容交换海量受众，以广告作为主要盈利模式。但严肃新闻与商业利益始终是天然排斥关系，从新闻专业主义的角度来讲，公共新闻机构排斥商业利益的渗透。一个纠结是：新闻机构与专业记者需要有人“供养”，在我国改革开放后掀起的市场化新闻业浪潮中，政府已退场，新闻业依靠“二次售卖”模式实现自我供养，但当下这种模式已近崩塌，澎湃新闻的盈利模式何在？这种模式能否经受住市场的考验？不可否认，这是一个问题。

对于新闻业盈利模式，经过一些尝试，“电子付费阅读模式”在免费成为习惯的社会难以实行，无奈之下，回归政府“供养”成为一些党报党刊的现实选择。面对“饭碗危机”，诸如澎湃新闻之类的市场化新闻机构该如何生存？且这种生存机制不能建立在有损新闻品质的基础之上，不能降低专业新闻人的伦理要求，不能危害新闻专业主义的新闻业根基。

有学者指出，当下报纸经营面临“第三次销售”——“卖服务”。前两次销售分别是“卖报纸”和“卖广告”，“卖报纸”也就是对新闻信息收费，这在目前互联网的分享思维环境中，已经被证明是难以实现的。“卖广告”只能为其提供部分收益，新闻客户端的广告数量和浏览量都是有限的。一旦广告过多，会影响受众的体验，不利于产品形象的塑造。①

何为“卖服务”的“第三次销售”呢？媒体作为信息聚合疏散的服务场所、连接受众关系与吸引用户的市场场所、虚拟资源（公信力、影响力、品牌力）的聚合场所，推动实现线上线下互动，布局分类新闻的垂直产业，把服务卖给新闻

---

① 刘强：《试析报业转型期“澎湃新闻”的探索价值及发展前景》，《东南传播》2014 年第 10 期。

用户，把用户变成客户，便是“第三次销售”。笔者观察，目前一些互联网企业已充分利用了“第三次销售”模式，例如门户网站开设了房产、家具、汽车、教育等众多频道，实现“用户变现”。澎湃新闻要在“第三次销售”道路上有所作为，第一步是要抢夺到足够的用户资源以及培养用户持久的使用习惯，这是寻找盈利模式的关键。目前，“澎湃”项目的初期投资达三至四亿元。随着这笔资金的慢慢消耗，澎湃新闻如果不能探索出一条明晰的盈利模式，下一步的资本筹集可能也会受到影响。

上文，笔者分析了《广州日报》的中央编辑部和《东方早报》的澎湃新闻的机构改造。

《广州日报》的中央编辑部模式是一种局部改造。中央编辑部统领报纸、网站、社会化媒体群（手机新闻客户端、微博微信账号）等多元平台，改变以往“报纸为核”的采编体系，旨在搭建“报网浑然一体”的全媒体内容生产体系。在编辑部门结构等级设置方面，赋予中央编辑部高权限，提高部门间协调度，合理匹配新闻资源，其运行效果仍待进一步观察。

《东方早报》—澎湃新闻是一种“另起炉灶”的改造。其打造了囊括 APP 客户端、网站和手机网页版等的全媒体网络平台，吸纳专业采编力量，内容生产上注重原创性，旨在打造时政与思想平台。目前，其仍面临品质新闻生产的持续性、盈利模式是否有效的问题。

（二）媒介机构改造观察：融合编辑部统领多元平台

基于上述考察，笔者对当下报纸机构全媒体改造思路作简要分析。

1. 内部打破报网壁垒，外部搭建社会协作入口

在报网互动时代编辑部调整阶段，设立新媒体部门，例如报网中心、新媒体部等，专门从事网络平台的培育。有学者评述说，在一个报业集团内部，有的建一报一网，造成网站林立，各立山头，不仅未把整个集团的网络部门连在一起，形成拳头力量，相反却削弱了整体优势。

笔者认为，以往编辑部改造存在几个弊端：首先，报纸和网站编辑部分而治之，报业因传统积淀形成固定操作，网站以新媒体姿态自居，但又存在“身份弱势”，两者之间沟通交流不畅通。其次，相互独立，有时导致“优先权”的冲突和紧张。例如，在新闻操作方面，是“谁去配合谁”“谁占主导”，网站是否该为报纸内容作嫁衣，独家新闻谁先发布等。最后，“地位差”让双方“各自为政”，报纸由于传统地位，仅靠广告收入尚可养活，网站则缺乏传统地位，面临盈利压力，希望通过政务合作、品牌营销获得经济独立，最终导致两者分道扬镳。

全媒体时代，报纸机构的调整必须建立全媒体机构重组协调中心，并赋予其

较大权利，以打破采编壁垒，确保纸媒和新媒体部门无“地位差”，并推动全媒体部门统领采编业务，实现流程的内部再整合、再统一。

打破采编壁垒，首要是破除身份壁垒。2014 年 7 月 22 日，以澎湃新闻 iOS 客户端提供 APP 下载为标志，由《东方早报》采编团队运作的新媒体项目“澎湃”宣告全面上线，该项目包括澎湃新闻网（www. thepaper. cn）、手机客户端应用（iOS、Android）及微博微信。在破除采编壁垒方面，“澎湃”作出了有益探索。澎湃新闻社会新闻部主编于松表示，《东方早报》目前没有记者，只保留了编辑，所有记者均归于“澎湃”，也就是说“澎湃”的采编模式是“一稿多投”。当时全部记者转为新媒体记者的想法，在内部看来也很疯狂，但改革要勇于革自己的命，要干就要彻底干，“澎湃”拿出了自己的气魄。①“澎湃”的实践是破除采编壁垒的大胆试验，从“澎湃”创设初期的情况来看，这种探索是成功的。

澎湃新闻注重挖掘“用户自制内容”（UGC）的潜力。如今不仅社交网络把用户自制内容作为核心资产，传统媒体也不断让用户或受众通过自己的平台发声，以此建立“开放新闻”。报料、评论、点赞并不出奇，“澎湃”走得更远，“新闻追问”成为最夺人眼球的事情。通过将“问答”这种流行的互联网 UGC 模式搬到新闻平台上，“澎湃”带来了开放新闻的更大可能性。② 同时，作为开放的内容平台，澎湃新闻认识到通过自己的内容团队并不能生产出足够的优秀内容，因此采取非常开放的态度，接受与所有时政思想类优秀内容团队的各种形式的合作。

喻国明指出，互联网恰恰激活了比机构更为基本的社会基本要素——个人，使每个人都成为这个传播系统当中的一个元素、一个基本单位。我们可以自由地利用互联网所提供的平台来表达、交流，并进行各种各样的创造。互联网激活了我们社会底层的元素级基础，使它焕发出完全不同于传统社会的新的样貌。③ 笔者认为，互联网是一个没有边界的疆域，专业媒体机构要面向社会开放，拆除传统媒体的“围墙”，以开放的姿态接纳社会参与。具体而言，建立开放式的机构平台，在网站、APP 等网络平台上搭建社会协作入口，导入社会参与力量。媒体机构的开放性还体现在另一方面，即积极引入“外脑”，建立以在岗人员为核心、以外部专家与战略合作伙伴为辅助的多层次、柔性化的人力资源体系。

2. 破除“版面依恋”，中央编辑部统领多平台

有学者认为，传统的编辑部遵循以“版面导向”为主的生产逻辑，即“在版

① 《探索融合之路　创新报业价值——第十九届全国省级晚报都市报总编辑年会撷英》，《中国记者》2014 年第 11 期。

② 张磊：《纸里纸外：澎湃的新闻创新》，《青年记者》2014 年第 25 期。

③ 喻国明：《现在所有媒介融合基本逻辑都是错误的》，《中国报业》2015 年第 1 期。

面作为资源聚合中心的传统结构中，生产流程的建构思路，就是围绕着版面、版叠来进行调配、设置。在这种由版面的规模与重要性决定资源调配的权力体系中，报业的新闻资源调配处于不均衡的状态，因此在内部结构形成了形式不一、程度不同的各种权力场”①。

在全媒体时代，有限的“版面”越来越成为信息流动的“瓶颈”，传统报纸的版面“依赖”，甚至“版面依恋”（留恋纸张印刷新闻的力量）在一定程度上制约了报业编辑部的调整和重组。所以编辑部转型与重组必须打破“版面依赖”，建立以报纸、纯粹报网、社会化媒体群（手机 APP、官方微博、官方微信等）多平台为基准的机构设置，由“版面导向”转向“平台导向”。

基于“平台导向”的思路，报纸机构调整需要颠覆原来的架构，对人员、机构、制度等进行全面改变，改变过去报纸编辑部以“报纸版面”为中心的情况，建立一个统一采编平台——中央编辑部，全面运作多个平台终端。实行集约化运作，“一次采集、多次发布、多元出版”，将资源利用实现最大化，集收集、制作、编辑、发布、管理平台于一体，报纸、网站、手机等只是终端载体。最终结果就是酝酿、产生出适用于统一采编平台的运作新模式、新机制，多元平台都围绕中央编辑部运作，统一指挥、分工协作。

通过上述报业集团全媒体改革，笔者注意到，移动端新闻已成为新闻业竞争的新阵地。现在媒体机构改革，不仅仅是以报纸、PC 端平台为中心战场，而是不断向移动端平台扩散。从未来趋势来看，移动端平台将成为新闻业竞争的核心场所。有统计显示，手机离人身体的距离一般在 1.5 米内，人们每天去触摸它的频度可达到 150 次。由此可见，以手机为代表的移动媒体事实上已经占据了人们媒体接触时间之大部分。移动终端的便携性、实时性、交互性等特征，更容易把个人的零散时间有效利用，这不仅改变了人们的信息接收习惯，也改变了传媒市场受众资源、广告资源和资本资源的走向，传统媒体乃至整个媒介格局都面临大变革。

《广州日报》中央编辑部便是一个跨越纸媒和新媒体的新闻统筹平台，将把新闻生产带入“统一指挥、统一把关；滚动采集、滚动发布；多元呈现、多媒传播”的融合发展新时代。在《广州日报》中央编辑部模式下，颠覆性地搭建以网为核心的网报采编体系，搭建由中央编辑部驱动的用户思维和由数据化、视觉化综合表现的融合新闻生产体系。中央编辑部存在的意义在于改造传统报纸的互联网思维，然而依靠中央厨房式的编辑部，无法改变党报或都市报的盈利模式问

① 麦尚文：《全媒体融合模式研究——中国报业转型的理论逻辑与现实的选择》，北京：中国人民大学出版社 2012 年版，第 230 页。

题。它的意义主要是让中央编辑部这个物理空间的存在，“倒逼”传统媒体改造采编流程。[①]

3. 生产机构专业化：栏目负责制与虚拟工作室

社会化媒体时代，信息太多太杂太浮躁，作为权威媒体应该做专业新闻，为读者提供有价值的新闻。目前，在编辑部专业化操作方面，出现了澎湃新闻“栏目负责制”、《南方都市报》“虚拟工作室”两种模式。这些探索打破了原有的组织结构中各部门泾渭分明、职务固定的管理方式，按照内容生产的类别成立若干事业团队，从而实现专业化运作。

澎湃新闻的运作具有独特模式——栏目负责制。澎湃新闻社会新闻部主编于松表示，澎湃新闻打破了都市报原来的条块分割模式，按照专业领域来划分，比如有关注食品安全的《直击现场》，有法治栏目《一号专案》。目前“澎湃”采取栏目负责制，由栏目组寻找、确定选题，最后由值班领导审核签发，一个栏目就是一个新闻生产中心。[②] 笔者了解到，澎湃新闻设立的栏目有40多个，以时政报道为主，重视思想争鸣，文风以通俗、个性为特点，由专业记者在专业领域做专业报道，栏目负责制让“澎湃”新闻操作更专业。

《南方都市报》在重塑机构方面作出探索——建立虚拟工作室。《南方都市报》总编任天阳在《南都再优化：更慢更优雅，更快更灵动》一文中提到，为保证特色版面的可持续发展，将成立数据工作室、科学工作室、朋友圈工作室等。由主持人牵头，相应记者、技术人员、制图、美编等不同工种人员组成团队，建立虚拟的工作室，扁平管理，以选题制的形式运作。[③]

以数据工作室为例，《南方都市报》把数据生产常态化，树立“南都数据”产品的概念，特点在于可视化操作。在操作中，《南方都市报》依托南方舆情研究院、凯迪数据研究院、南都民调中心、官方微博微信等研究机构和平台，挖掘海量数据，通过数据调查和分析，把数据应用到南都新闻生产中，从而实现数据新闻的生产。具体个案操作中，广州新闻部将“群体调查”这一形式常规化，定期关注广州不同社会群体，以实证调查的手段、“数据+故事”的形式，发布广州社会生态群落调查报告；定期发布“广州城市治理榜”，为城市治理提供视角和思路等等。

《广州日报》一位业内人士也提出了专业新闻的专业化运作问题。现在《广

① 张志安在窦丰昌“新闻生产研究三部曲”研讨会上的发言，2014年11月30日，广州。

② 本刊记者：《探索融合之路　创新报业价值：第十九届全国省级晚报都市报总编辑年会撷英》，《中国记者》2014年第11期。

③ 任天阳：《南都再优化：更慢更优雅，更快更灵动》，见南方报业传媒集团、南方传媒学院主编：《南方传媒研究（第49辑）：融合路径》，广州：南方日报出版社2014年版。

州日报》的中央编辑部处理的基本是时政新闻，非时政新闻怎么办？业界比较一致的看法是搞“垂直类”频道，比如健康就可以做一个健康频道，这种频道的发展就不用中央编辑部出面了，改由大洋网和相关健康版面的采编人员一起去做，当然还要加入经营人员，以“模块化”或者“项目化”去运作。①

第二节　报纸新闻生产流程管理

生产流程的优化与再造，是应对新媒体环境冲击、实现优质新闻生产的可行路径。在《牛津词典》中，“流程”是指一个或一系列连续有规律的行动，这些行动以确定的方式发生或执行，促使特定结果的实现。报纸新闻生产是由一系列连续程序组成的，从消息源的获取，到选题筛选、采写编辑，再到签版付印，构成了报纸新闻生产链条，环环相扣，相互作用。

何为报纸新闻生产流程与流程管理呢？笔者下面将对此展开分析。

一、“新闻工厂”和新闻生产流程

在引入“新闻生产流程”与“流程管理”概念前，先看一段报纸记者、编辑们的角色自述，以及他们眼中的新闻业：

新闻编辑部俨然一个流水线工厂。早晨，记者们睁开眼就是固定程序：记者报题（有时是领导派活，布置选题），运用各种采访技巧去突破，争取尽可能多地拿到料，然后想着怎样布局谋篇写一篇可读性强的稿子。交稿后，记者还想预先报第二天的行踪或者选题。稿子交到编辑部门，值班编辑负责人对记者上交的所有稿件进行选择，并分配版面，编辑拟标题、做版，校对修改，值班领导还要把握报道尺度，最后签样送印……记者编辑们，每天踩着报纸出版的时间节点，不停歇地在流水线上奔波。记者编辑们每天接触的事件虽有不同，但是操作却是有规律可循的，依据这些新闻操作指引，他们日夜不休地工作着，每天做一道新闻菜，当第二天读者看到“端”上桌的新闻“大餐”时，记者编辑们又迎来一天新的太阳，开始日复一日的生产。②

为什么说新闻编辑部是一个新闻工厂？一个理由是“新闻民工与工分制的考核机制。在一般情况下，媒体机构对于记者的考核都是从稿件字数、稿件质量两

① 窦丰昌：《国内首个中央编辑部“满月”观察报告》，传媒圈，http：//www.mediacircle.cn/?p＝17728，2014 年 12 月 30 日。

② 笔者对于广东某报记者 L 的访谈记录，2014 年 12 月 9 日，广州。

个方面来评判的，有的有专门的考核部门对每篇稿件、每个版面打分，这也常被行业间自嘲为新闻民工的‘工分制’。在此情形下，新闻机构与记者之间就演变成一种雇佣和打工者的关系，分数考核机制下，记者编辑成了新闻生产的机器”①。

这是接受访谈的记者对报纸新闻机构和记者编辑的角色定位。在这段记者自白中，我们可窥到报纸机构内有一套固定流程和操作规范，正是这些日常程序维系着一个新闻机构的运转，新闻机构负责人也置身于新闻工厂，按照这些规定管理着这条新闻生产流水线。

“在全球传播时代，新闻传媒业已经发展成为一个跨地区、大规模、高利润的产业类型。媒体每日持续不断地生产新闻以满足全球受众的精神需求，整个流程的分工协作复杂程度并不亚于一个现代化的大工厂。”② 随着社会分工的日益精细化，报业向集团化发展扩张，报纸新闻生产流程更为复杂，报业也不断借鉴现代企业的先进管理方式，建立起更为成熟、稳定的新闻生产流水线，大批量地生产各种规格的信息产品，源源不断地向本地市场、国内市场甚至国际市场传播。

我国报纸的新闻生产流程是怎样的呢？笔者绘制了如下一张新闻生产流程图。

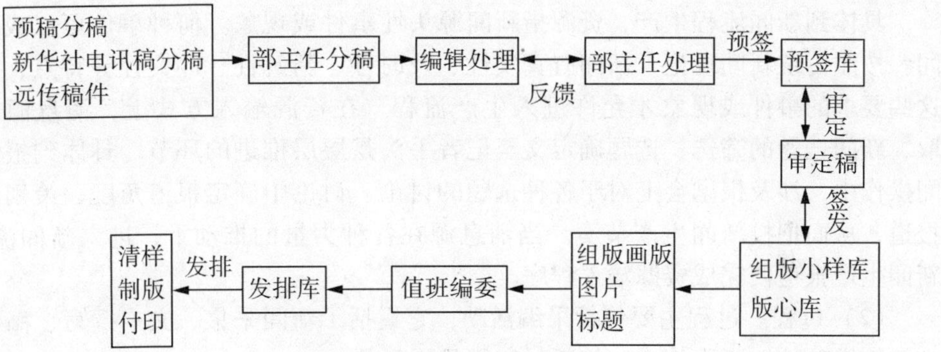

图 2.6　中国报纸编审流程

报纸新闻生产是一种特殊形态产品的生产活动，它不仅有文字等物质形态的呈现，也是一种精神再创造的过程。有学者提出了“文化工业”的概念，其指涉的是我们社会中的这样一些机构，它们采用工业企业（Industrial Corporations）典型的生产和组织模式，来生产和传播一般而言——尽管并非绝对——作为商品的、以文化物品和服务形式出现的象征物。③ 报纸新闻生产正是大工业体系生产

① 笔者对于广东某报记者 C 的访谈记录，2014 年 12 月 9 日，广州。

② 申淼、黄梦阮、詹正茂：《路透社新闻生产流程管理体制研究》，《今传媒》（学术版）2008 年第 2 期。

③ ［英］尼古拉斯·加纳姆：《论文化工业》，北京：高等教育出版社 2014 年版，第 138 页。

中的一分子。

任何生产流程都包含六个要素，即资源、过程、过程中的相互作用（即结构）、结果、对象和价值，把这些要素串联起来，便组成了完整链条——流程的输入资源、流程中的若干活动、流程中的相互作用（流程的结构性问题，采编中的社会性因素）、输出结果、顾客、最终流程创造的价值。在生产流程六要素视角下，便可发现这座“新闻工厂”拥有极为完善的架构体系。

（1）资源。报纸新闻生产最基本的原料，即消息源。消息源源不断地输入“新闻工厂”，“新闻工厂”才有原料保持生产的持续性。有学者认为，“对于新闻生产来说，最重要的配置性资源是消息来源。新闻生产者掌握的消息来源越充分全面、越独特难得，沟通得越快捷便利，则新闻生产的品质越高”①。

其实，在消息源背后蕴含着新闻机构广泛的资源投入，包含源源不断供给的各种社会资源、经济资源、政治资源等。例如，记者挖掘线索时所动用的人脉资源、媒体行政级别资源、媒体品牌资源、人力与设备成本投入等。报纸在启动互动性报道时，媒介利用其传播网络，产生唤起民众权利意识与参与精神的动员力量。在新媒体时代，记者在消息源搜寻中，微博上的用户弱关系往往提供更多现场观察，成为微博时代新闻生产流程资源输入的新现象。

具体到新闻流程生产，资源指新闻源头性事件或现象。何种事件可以成为新闻？按照传统新闻理论，新闻有真实性、及时性、新鲜性、冲突性等特点，符合这些要求的事件或现象才允许进入生产流程。在资源输入方式上，消息源的获取、新闻选题的筛选、选题确定交至记者手头是层层推进的环节。具体到报纸新闻操作中，涉及报题会上对于各种选题的讨论、讨论中确定报道角度、策划系列报道，从而把控新闻生产节奏。当消息源在各种力量的推动下，进入新闻流程，新闻生产报道便完成资源输入程序。

（2）过程。过程主要包括采编活动，它囊括了新闻采集、文本撰写、稿件提交、编辑改稿、版面编排、签版付印等具体环节。

（3）结构。在社会媒介管理体系场域中，新闻生产各环节间发生的各种互动作用力，即新闻生产流程的“结构”，例如新闻生产三重逻辑（宣传逻辑、市场逻辑、新闻逻辑）、采编制度安排、新闻产品特殊供需关系等。有学者对中国现阶段的新闻生产环境中的结构性因素总结如下：“由于社会转型期的中国媒介正处在巨大的变动过程当中，媒介的双重性质和功能导致新闻生产中宣传导向与市场效益之间的矛盾突出，新闻价值标准模糊不清，编辑部的运作规则缺少制度化保障，新闻从业者个体与新闻媒介组织的身份认同涣散。以上种种因素造就了当

① 王辰瑶：《结构性制约：对网络时代日常新闻生产的考察》，《国际新闻界》2010 年第 7 期。

前中国新闻生产过程中，宣传政策、媒介组织运作逻辑、消息来源及其他社会力量与新闻从业者自身的权力博弈。”①

（4）结果。新闻生产的结果，即以不同载体形式展现新闻作品，例如新闻文本、版面呈现、音视频等。以报纸新闻生产为例，新闻产品主要体现为几种形式：报纸纸质版新闻、报纸电子版新闻、网站滚动播报、官方微博新闻、微信集群上的新闻（APP 新闻、微信公众号内容）。

（5）对象。报纸新闻消费者，即读者或报纸用户，即受众。众所周知，新闻产品消费与一般物质性消费不同，属于精神产品消费。但是，与其他工业生产类似，在消费群体分析方面，新闻产品生产之初，也会像其他工业消费品一样，假设目标消费者群体（目标受众），然后根据不同读者设计不同类型的产品。例如高端时政新闻可能主要面向政府公务员、知识分子，财经报道主要面向企业管理者等，民生报道主要面向普通市民等。在新媒体环境下，新闻生产也越来越注重受众。例如，新闻机构通过大数据了解受众群体的阅读习惯、生活轨迹、产品体验等，以此为依据调整新闻产品的设计。以受众需求为标准，倒逼新闻生产流程必须符合新媒体信息传播规律。

（6）价值。物质资料性产品的价值更多在于它的实用性、观赏性以及身份地位的象征性。新闻产品则不同，其价值主要体现在：首先是知晓价值，即满足受众的知情权、参与权和表达权。其次，新闻作为公共产品服务于公共利益，引发公共讨论空间，以增进个人知识、文化素养、表达能力。一方面进一步影响民众生活与生产决策，另一方面唤醒民众对民主政治的参与。

综上所述，新闻生产包括新闻从采集、制作到传播的全过程，是传者对新闻事实进行选择、加工和发布的过程。具体而言，新闻生产流程即信源获取、采写、编辑以及新闻呈现的全过程。其中包含了消息源输入、生产过程、生产结构性因素、新闻产品、受众、新闻的价值等诸多要素。

目前，学界对于新闻生产流程的论述尚不多。《大众日报》总编室副主任王冰在其业务论文《流程优化路径之“全过程可控”：以党报的新闻生产流程为例》中提出了新闻生产流程环节的划分。他认为，大生产流程概念上的环环衔接与首尾呼应以一个宽泛的大生产流程概念划分新闻生产流程环节，大致应包括：新闻监控→申报选题→策划会商→可行认定→采写执行→编辑出版／广告安排→工厂印刷→投递发行→考评激励／反馈报料等，各环节彼此衔接，首尾呼应。②

（1）新闻监控。架构信息线索监控、检索、筛选体系，明确责任分工和责任

---

① 陆晔：《权力与新闻生产过程》，360doc 个人图书馆，http：//www.360doc.com/content/09/0103/08/16099_2249870.shtml，2009 年 1 月 3 日。

② 王冰：《流程优化路径之“全过程可控”：以党报的新闻生产流程为例》，《青年记者》2012 年第 6 期。

人，建立突发事件迅速反应机制。

(2) 申报选题。对有价值的新闻线索加以梳理，对选题进行初步筛选和酝酿，并经所在部门主任审核后，以报题汇总并提交申报进入选题库。

(3) 策划会商。报道策划方案的研讨会商以及设计制订。由策划人牵头召集相关人员（如策划专家、行业官员、版面编辑等），研讨制订策划方案。

(4) 可行认定。新闻策划方案可行性研究，实施决策认定。

(5) 采写执行。新闻策划报道的具体采写。依照方案，项目成员按照项目进度开展报道采写，根据实际进行采编沟通协调，实现运行“扁平化”。根据报道进程中的信息控制反馈，适时对报道思路、方式、人员等策划方案和实施内容作动态调整，增强预见性和应变性。如有大的变动可经策划小组审核，适时调整实施方案。

(6) 编辑出版。编辑出版稿件，确保策划达到实效。

其他如广告安排、工厂印刷、投递发行、考评激励、反馈报料则不详细论述。当系统接受读者的反馈报料信息，便形成新闻线索和对往期报道的跟踪延伸，再度进入“新闻监控”环节，新一轮新闻产品生产流程开始。

《北京日报》媒体人贾薇也曾提出“新闻监测”概念。贾薇所提出的新闻监测是指在单次新闻生产后，通过与同城各媒体报道的对比，再次审视检验本报报道，并为下一流程启动提供意见参考和经验借鉴。“新闻监测”由浏览筛选、比对筛选、编辑点评、网上公示、监测讲评五个环节构成。贾薇认为，“新闻监测不同于舆情监测，它是媒体对新闻生产能力、生产质量的自我评估与检测，是在与不同业态、不同形式的媒体的比对中，寻找自身差距，修正发展方向，并最终确立自己的个性与品牌的过程。它与新闻策划、新闻采访、新闻写作、新闻制作一样，是现代新闻生产流程中不可或缺的重要一环”①。

2000年，《北京日报》正式推出新闻监测制度。每天安排一名要闻中心编辑采集北京各媒体刊发的独家或有特色的报道，写出评价意见和建议，并在每天的编前会上讲评研讨，对缺失的新闻进行拾遗补阙，科学整合新闻资源，以优化、量化本报的新闻采集编辑运作。②

贾薇认为，量化管理是现代质量控制的重要内容。激烈的市场竞争，迫使媒体分层把关、细化管理，而细化管理要靠量化管理来实现。新闻监测正是量化管理手段。新闻监测是一种事后质量监测，对每天新闻生产结果进行分析，提出预警与缺失，提供一种“亡羊补牢”的修正途径，从而实现报纸生产的有效运转。

① 贾薇：《新闻监测：新闻生产流程不可缺少的环节》，《新闻与写作》2012年第4期。
② 贾薇：《新闻监测：新闻生产流程不可缺少的环节》，《新闻与写作》2012年第4期。

二、报纸新闻生产流程管理体系

流程管理是源自企业管理学的一个概念。流程管理主要是对机构内部改革，改变职能管理机构重叠、中间层次多、流程不闭环等情况，达到缩短流程周期、节约运作资本的作用。流程管理最终希望提高顾客满意度和公司的市场竞争能力，并达到提高企业绩效的目的。流程管理有五个宗旨：通过精细化管理提高受控程度；通过流程的优化提高工作效率；通过制度或规范使隐性知识显性化；通过流程化管理提高资源合理配置程度；快速实现管理复制。

20 世纪 40 年代，贝尔实验室的质量专家首先提出了"质量控制"的概念。这个概念包括对制造产品的生产流程进行严格的分析和控制，其对象是单纯的制造流程。后来"质量控制"概念得到了传播，运用的对象从制造流程扩展到生产高质量的产品和服务的所有流程。20 世纪 60 年代出现的质量管理运动和业务过程的自动化设计，标志着流程管理迎来产生发展阶段，其主张对组织的运营过程（流程）进行精确控制，提升管理效率。质量管理运动也意味着基于流程的管理思想真正产生。目前，研究普遍认为流程管理思想来源于 20 世纪 90 年代由哈默和钱皮等人提出的业务流程再造（BPR）理论。实际上，追问流程管理理论源头，在管理学理论发轫阶段就已埋下了流程管理的种子，并开始萌芽。其中，科学管理时期泰勒的作业程序化、甘特的图表进度控制方法、福特的流水线生产模式等是其最初的体现。

20 世纪 90 年代哈默等人提出的业务流程再造为流程管理的典型代表，主张对流程进行彻底再设计，全面提升组织运行绩效。这也迎来了流程管理的全面发展阶段。哈默于 1990 年第一次提出了业务流程再造的思想，并指出：我们现在习以为常的工作流程，多是根据以往的观念发展而成的，有的甚至是 20 世纪初就已存在的东西，许多流程其实早已没有存在的价值，他们却仍然继续遵循。若要想真正利用 IT，就要重新设计流程，除去不必要的步骤。流程再造意味着"彻底分析流程，并予以重新设计，以在各项指标上有突破的进展"。①

何为新闻生产流程管理呢？对于新闻生产流程管理的思想，目前学术界讨论不多，相反不少媒体机构却引入了流程管理（流程优化、流程再造）的概念。

有新闻学教科书提出了媒介生产管理的概念。狭义的媒介生产管理，是指与媒介产品的制造密切相关的各项管理工作。比如报纸的排版、印刷和广播电视节

---

① 井辉：《流程管理思想的演进发展历程探析》，《商丘职业技术学院学报》2009 年第 6 期。

目的制作、播出。广义的媒介生产管理，既包括媒介产品的制造，也包括对新闻采编业务的管理。采编管理是整个媒介管理的重中之重。采编管理主要是对“事”的管理，采编业务管理主要是对“人”的管理，生产管理是对“物”的管理。采编业务管理强调的是记者的机动性、灵活性和编辑的策划意识，而生产管理更注重程序性、稳定性。采编业务管理在生产流程中起着决定性作用，排版印刷管理在生产流程中起辅助性作用。

采编业务管理人员要有高度的新闻敏感和政治敏感，同时也要有市场意识、受众意识、竞争意识和策划意识。生产管理人员更要有质量意识、市场意识、经营意识。采编管理的内涵必须体现三个方面的原则：一是在管理机制的设计上体现科学，在管理机制的执行上讲求效率；二是通过记者和编辑的互动，有效地发挥记者编辑的主动性和创造性；三是在新闻资源的开发上要实现读者价值和传播效果的最大化。

《大众日报》总编室副主任王冰在其业务论文《流程优化路径之“全过程可控”：以党报的新闻生产流程为例》中提出了流程优化之原则：以“全过程可控”为核心要义的流程再造。优化新闻生产流程，应以“开放、共享、互动、高效”为原则，遵循现代生产管理规律，重塑一个合理、完善、互通的运行体系，搭建通畅、透明和公开的运行平台，以技术手段实现新闻生产运行动态的数字化、网络化、自动化，寻求以“全过程可控”为核心要义的业务流程再造。①

他提出：“借助流程再造，通过技术手段改造和开发相关系统软件，实现运行体系的‘全过程、全共享、全动态’可控，让每一件新闻产品在各个生产流程环节的节点上自动生成备案信息，系统中可查可见，予以‘公示’，造成事实上的‘围观’效应，同时作为考评、督查产品质量的主要依据，以替代随意、分散、松懈的粗放管理状态，减少外界干扰因素和无为损耗，缩减层阶、提高效率，让每一个编辑、记者直面‘传媒市场’，真正生产出‘有权威、有品质、有价值’的新闻产品。”②

也有学者对于报纸新闻生产流程管理提出了有价值的论述。报业生产的也是一种产品，只不过这种产品不同于一般的商品，它属于精神产品或者叫文化产品，它不是用来满足人们物质生活需求的，而是为了满足人们的精神需要或文化需求。报纸新闻生产流程管理的最高境界是什么？该学者认为：新闻生产流程管理的最高境界是全员参与、全程共享、动态把控、多快好省。任何行业，当然包括报业在内，都必须追求以最小的投入换取最大的回报。优质的新闻体现在真实

① 王冰：《流程优化路径之“全过程可控”：以党报的新闻生产流程为例》，《青年记者》2012 年第 6 期。
② 王冰：《流程优化路径之“全过程可控”：以党报的新闻生产流程为例》，《青年记者》2012 年第 6 期。

性、快速性、易读性等方面，对于新闻而言，真实性是生命，内容失真容易扰乱公众视线、引发公共危机。对于新闻生产而言，不仅要快，更要准确真实。①

路透社对“新闻生产流程管理”界定的内涵是：“把新闻看作经过若干道工序生产出来的产品，将各道工序的质量要求量化为可控制指标，按照该指标对生产流程进行组织、计划和控制，以便保证产品的质量，提高生产工作效率。这种管理思想已经在路透社的新闻生产活动中逐步制度化、组织化，成为组织的一种内在结构和行为，进而形成了一个完整的新闻生产流程管理体制”②。

在一定意义上，新闻是在新闻工厂内，经过固定的采编流水线上的若干道工序生产出来的产品。笔者借鉴流程管理理念，从采编流程、质量管理、绩效考核这三个方面来分析报纸新闻生产流程的管理体制。

（一）采编流程管理体系

采编环节是新闻生产流程的核心，报纸新闻生产流程的管理正是围绕采编布局。采编是线性过程，然而对于采编流程的管理，却呈现出线性延伸、块状分布的特点。笔者将从消息源管理，编前会、选题策划会管理，常规指引与临场指挥三个角度展开。

1. 消息源管理：新闻条线分配、自主挖掘选题、网络消息源“喂食”

（1）新闻条线分配。

按照社会学理论，组织就是一个“有意识组织起来的以达到特殊目标的社会群体，任何一个组织，都有明确的劳动分工和角色分配，即组织方式”。新闻条线分配就是消息源资源输入的组织方式。

我国新闻业在19世纪末期也摸索出了一套消息源的管理制度，把新闻集中发生的场所（部门）进行划分，为记者配置不同的条线。例如将记者分配到教育、经济、时政、法庭、农业等不同的报道范围内，使他们分别负责相关领域的事件议题，这在我国称为“跑口”设计。条线分配是新闻组织惯用的工作常规。下面，笔者列出了广东某报政教部记者的条线分配。

---

① 张国祥：《流程优化助力生产优质新闻》，《青年记者》2012年第4期。

② 申淼、黄梦阮、詹正茂：《路透社新闻生产流程管理体制研究》，《今传媒》（学术版）2008年第2期。

表 2.3　广东某报政教部记者条线分配

政法板块	Q 市公安局（含各区分局、地铁分局、水上分局），G 省海事公安局，Q 市海运公安处
	G 省边防总队、Q 市边防支队；G 省、Q 市边检系统；铁路、民航公安；军队（海陆空）、武警部队
	G 省公安厅、G 省交警总队、Q 市交警支队
	Q 市中级人民法院；Q 市检察院；G 省、Q 市律师协会
	E：G 省高级法院；G 省检察院、海事法院、（基层、中级）铁路法院、检察院；区级检察院、法院
	G 省、Q 市政府信访局；G 省政府法制办公室，Q 市政府法制办公室；G 省司法厅（法律援助中心、律师事务所、省劳改劳教），Q 市（含各区）司法局（法律援助中心、律师事务所、劳教局、少管所、戒毒所）；南方公证处；Q 市公证处；各区法院、检察院；G 省、Q 市仲裁委员会；各高校法学院
	Q 市委政法委机关；G 省委政法委机关（含 G 省法学会）；统战（含 G 省各民主党派，Q 市各民主党派）；民族宗教；G 省消防总队、Q 市公安消防局；G 省、Q 市应急办
文教板块	G 省教育考试院、高考、市属高校
	G 省教育厅，部属、省属高校，普教，幼教
	G 省文化厅、新闻出版局、图书馆、档案馆、博物馆、新华书店
两会	G 省人大常委会、Q 市人大常委会；人事局、组织部
	G 省省政协、Q 市政协、统战（民主党派）、民族宗教
医疗卫生板块	Q 市卫生局及直属机构（含疾控、红会、爱卫办、食安办等）；Q 市食品药品监察局、Q 市国民体质检测中心；Q 市一医院、Q 市妇女儿童医疗中心、Q 市八医院、Q 市中医院、Q 市十二医院、Q 市胸科医院等；血站
	Q 市医学院系统医院；健康版面编辑
	G 省卫生厅以及省属医疗卫生机构；G 省人民医院、省第二人民医院、省中医院、省第二中医院、省皮防所及医院；G 省、Q 市计生部门
	ZSH 医科大学系统医院
	NF 医科大学系统附属医院、GZYY 大学一附院、GY 一附院；
	心理版及心理专科相关医院、Q 市红会医院、JN 附属医院、NF 医科大附三院
	陆军医院、空军医院、武警医院（含分院）、海军医院；G 省妇幼保健院、省口腔医院；各区级和二级综合医院

（续上表）

区街党政区间	党政区街——
	LW 区、YX 区
	HZ 区、工会
	TH 区、外事、省市社情民意
	BY 区、HD 区
	PY 区、NS 区
	G 省、Q 市宣传部、文明办
	Q 市妇联、民政（公益记者概念）
	G 省、Q 市团委（含青宫、少年宫）、科技
	G 省、Q 市纪委、HP 区

费什曼认为，路线是记者的工作方式，他认为路线有四个特征：

①路线在新闻组织中的历史比任何一个在此路线工作的人要来得久。

②记者的路线是由上级指派，记者对于他的路线有报道的权责，但是记者个人并不拥有此路线。

③路线是一个复杂的报道对象，它是由新闻屋外面所发生的活动组成，且这个范围内所发生的活动是具连贯性的。

④路线是记者所处的社交场域（social setting）。记者成了社会关系网络中的一部分，而这就是路线。[①]

“跑口”既是一种人力资源分配，也是新闻机构和社会资源、新闻消息源对接的方式，报社记者分属于不同的“口”，使得记者可以扎根某个专业领域，在专业知识积累中实现专业报道，这是一种新闻资源管理方式，也是一种责任划分手段。媒介管理者便是通过这种条线分配实现对新闻消息源的全覆盖，实现记者管理。据笔者观察，在当下，纵然新媒体已对新闻生产造成了很大冲击，但绝大多数报社机构采编部门仍然以条线分配制度作为最主要的消息源组织方式，且没有松动的迹象。

① Fishman, M., *Manufacturing the News*, Anstin: University of Texas Press, 1988, pp. 28–30.

1）消息源中心场所。

为何有条线分配？怎样配置条线分配？在长期新闻实践中，新闻管理者和记者编辑发现，在某些中心场所存在新闻发生的可能性，且比其他边缘区域可能性更大，这便是消息源的中心场所。例如有关教育的新闻，多从教育部门、大中小各级学校等中心场所获得，为了获取新闻的便利和确保它的专业性，新闻消息源越来越依赖于这些信息中心场所。中心场所的可能性不断强化，也便有了条线的概念，这也就成为管理消息源的方法之一。对中心场所的依赖，还隐含着市场化媒体的另一逻辑，即提升采写的便利性和集中性，以最小投入获得最多信息。记者在专属条线活动，这必然提升了他对某条线（领域）的熟悉度，这对记者的专业知识积累、新闻敏感提升都有好处。

消息源中心场所是条线分配的原则之一。随着社会变化，消息源中心场所出现新的聚合。例如，在广东多家报纸上，我们可以发现“公益周刊”“公益记者”等版面与概念不断出现，并得到社会认同。在当下社会，随着公民意识的觉醒与公民社会的发展，社会慈善与互助精神的成长，公益事业也勃然发展，其中NGO已成为社会运转的重要力量。公益报道成为一个新领域，其中公益机构专业化运作、人物故事、社工救助等成为新话题，社会关注度越来越高。报纸也顺势而为，设立专属版面、专属记者，新消息源中心场所聚合而成。

笔者注意到，以往报纸对于社会救助故事、志愿服务一般以传统“爱心、捕捉人性光辉”的价值体系来审视，纳入“都市故事”或“人物”等版面去操作，这也符合新闻机构追求真善美的价值取向。但在深入追问中，记者们会发现个体人物命运与社会背景有很大关联。例如，以往错误发展观所造成的职业病患者（例如尘肺病人、苯中毒工人等）群体，他们常常成为NGO的关怀对象和权益维护者，与此相关的人与事，已经无法用传统“爱心、捕捉人性光辉”的媒介价值体系来统领；同时，NGO深入社会真空地带，作为非政府组织力量，他们在参与社会过程中也存在一些问题，这些都成为社会新专业、新知识。对于新闻操作来说，公益有必要成为社会新焦点。志于传播公益文化，搭建公益平台，传承公益精神，推动公益发展，由此便形成了新的条线——公益线。笔者还注意到，NGO关注的对象多为老弱妇孺以及其他弱势群体，同时，NGO注册等也归属于民政部门。目前在一些没有设立公益条线的报纸，公益报道也多由民政条线记者负责。

2）地理边界责任区。

地理边界责任区的划分是条线分配的另一原则。在广东某报条线分配表上，笔者注意到一些大类划分，例如“政法”“文化教育”“两会”“医疗卫生”“区街党政区间”。这些划分背后有何内涵？笔者认为，这是一种地理边界责任区的划分，特别是“两会”和“区街党政区间”两大类。地理二字有“时间”和

“空间”两个观察维度。

在时间维度上，新闻话题有在某个时间集中爆发的可能性，两会便是一个例证。在全国两会、省市两会上，人大代表和政协委员会提交相关议题，并参与讨论。这些热点话题此时往往成为报道热点，无论是两会会场，还是街坊间都在讨论很多民生话题，这种时间上的集聚形成了一个话题场域，在这个场域，记者有义务跟进相关议题，并在非集聚期持续关注。“两会”条线主要有省市人大线、省市政协线两个方面，记者在两会期间和非两会期间对话题进行持续关注，构成了次条线的地理边界责任区。

在空间维度上，新闻事件也存在地域责任归属的问题。特别是在当前城市精细化管理的情况下，任何新闻事件，特别是责任事故，皆可找到责任区域。例如在2013年9月发生的广州市同德围鹅掌坦仓库爆炸事故。爆炸仓库名为增宝仓库，情况较为特别的是，事发地业主为荔湾区西郊村增埗生产社，但行政管理又归白云区，堪称一块“飞地”。即使为“飞地”，仓库的管理也有精细划分，事发仓库位于白云区同德街行政辖区，由广州市白云区负责消防、治安等管理工作，但土地、建筑物、经营管理权、收益等属于荔湾区西郊村增埗生产社。事件发生后，负责白云区的记者就有责任收集管理方的信息。这正是条线划分中地理边界责任区在发挥功能。

在空间地理上，条线划分有必要实现全地域的全覆盖。以广东某报为例，其以广东市场为主，辐射全国、全球。广东市场以广州本地采访部门（政文新闻中心、经济新闻中心）为主，广州外区域由珠三角新闻中心（佛山、东莞、深圳、江门、中山、惠州、珠海等城市，以及粤东粤西等派出记者站）覆盖。如此划分，将广东整个行政区划基本实现全覆盖，当某一事件发生后，事件发生地以及相关地理坐标上的记者会迅速行动，履行地理边界责任。广东省外及国际新闻事件主要由机动部承担地理边界责任。据笔者了解，为了明确责任，该部门也划分了华东、西南、黑吉辽、川陕云、港澳等区域，并在北京（政治文化中心）、上海（经济中心）等新闻重镇分别设立了记者站。

（2）自主挖掘选题。

报料是报纸的重要消息来源之一。例如，广东某报就开通了专门的报料电话、微信报料平台、微博监控体系、电视媒体监控体系，这些构成了新闻机构对新闻线索的收集体系。这类消息源的管理，主要以派活为主，即相关负责人对线索进行把关后，指定某个记者去操作。在派活过程中主要遵循机动性、便利性原则，例如谁是值班记者，谁又善于操作此类题材等等。

下面几段对话记录了广东某报外事线记者的突破方法论，这也体现了另一种

消息源获取方式。笔者记录了一段广东某报某部门在微信业务群中的讨论：①

记者C：以前就参加过几次英国驻广州总领事馆在二沙的聚会。以后他们定期都给我发内刊和各种信息。我们部门没有人固定负责跑线，有点浪费了。搞得人家领馆只认识我们报社其他部门跑旅游的。

副主任A：他们很通中国的，对报纸也非常了解，你主动去联系他们，交朋友，他们会欢迎的。认识这些人也有好处。我们想出国采访，如果是急事，找他们，可以帮很大忙。

记者C：嗯，目前比较好沟通的是美、韩、英、法几个，其他都要经外办，我还是不够主动。

副主任A：像你这样的记者，本身就是一张名片。一定会成为他们沙龙中的受欢迎者。不要管外办，主动上门递名片。你就是跑线的，天然资源。

上述对话说明了记者自主挖掘选题是很重要的消息源获取方式，也是流程管理者鼓励记者去做的。此类情况下，消息源获取更多依赖记者的个人突破、新闻敏感、专业积累。

记者自主挖掘选题有何技巧？笔者认为，一条新闻往往包括人群（主角）、场景（空间）和历史（时间）三个维度，在某种意义上，可将新闻解读为“人或人群，以及他们在某具体场景内发生的一件或一连串有新闻价值的具象事件”，此事件发生也必然是某种历史脉络的延续。笔者以《广州日报》及其《身边新闻纸》版面为例分析话题选择流程背后的规则与技巧。

1）人群——市民阶层、边缘人群。

城市由人组成，人也是城市故事展开的主角，是利益博弈的核心。在城市这一场域中发掘新闻故事，就要聚焦“城中人”做文章。据《身边新闻纸》的实践操作，笔者认为，城市故事主要来源于市民阶层、边缘人群两大群体，这与当下我国城市转型发展的图景有密切关联。

首先是市民阶层，以及他们关心的话题。如家庭主妇所关心的食品安全、市民车主所关心的老城区“限行”政策、老城区原住民所关心的城市改造、环保主义市民所关心的垃圾处理、文保主义者所关心的老城区骑楼保护，NGO发起者的注册难、传统工艺人的传承难、新兴业主群体的维权难，广大市民所纠结的城市就医难、教育难、行路难等。相对权力和资本力量而言，市民阶层属于弱势群体，应透视他们的生活情感、喜怒哀乐，将许多社会新闻题材在新的模式下重新

① 广东某报微信业务群讨论，2013年11月20日。

解读，更细腻详尽地书写普通市民的命运和内心世界。

其次是边缘人群及其在夹缝中的生存状态。新闻经常聚焦热点人物，边缘人群常被忽略，属于新闻话题选择的冰点，实际上他们身上所烙印的复杂时代特征，往往更容易折射城市困境，是极佳的新闻题材。就《身边新闻纸》操作案例而言，例如从中山跑船7小时到广州珠江旁卖香蕉的蕉农，蜗居城市边郊集装箱的外来垃圾工，夜栖于广州骑楼屋檐下的流浪汉等。作为生活在城市中的一员，他们有的参与了城市建设，却被高速发展的城市所抛弃，无法享受城市公共服务，这些边缘人群也是“城市故事”应关注的群体。

2）场景——城市主题、两个社区。

作为城市主流报纸的《广州日报》对于城市故事的发掘，离不开城市当下所处的特定场景，即城市发展所面临的时代主题与城市困境、网格化城市社区内不断上演的事件和故事。伴随着社会流动加剧，世界工厂、产业转移、留守儿童、交通拥堵、外来务工潮、网络商业、文保与城市拆建等都成为当下中国城市的主题。例如，笔者曾操作一篇题为“一个洗碗女工的最后一天”的报道，讲述发生在广州某路段的一起交通事故，一对外来务工夫妻命丧车轮下，留下在穗打工的两个儿子。其中便涉及城市外来务工潮、城市高速发展下外来务工者公共服务缺失等诸多城市问题。笔者认为，如此题材操作需要记者具备社会学想象力，将宏大的社会主题与个人生活场景关联，才能为个人悲欢作出注解。同时，城市主题的宏大场景也要求报纸能够关注一些较为静态的长期性话题，并用人类学中田野调查的方式来对话题展开调查。例如，《广州日报》曾操作的记录中国流动人口的悲欢离合故事的社会学调查性报道，即《流动中国——中国流动人口生存现状考察》。

城市故事之具体事件，都是在特定空间发生、发展的。我们把这些具象空间称之为社区单元。首先，社区、街道乃至家庭空间都是构成城市社区的独立物理单元，每刻每社区内都在上演着不同的新闻事件，组成了城市故事。其次，网络时代社区的概念有了新的拓展，不仅包含现实社区，也囊括网络虚拟社区，据此笔者把社区划分为“实体社区”和“网络社区”，《广州日报》的《身边新闻纸》对城市故事的话题选择也无法逃脱“两个社区”的场域。例如发生在某小区内的跳楼事件、小区业主维权事件、邻里在楼道内的骂战、大学城社区食堂光盘行动、网络购物常发生的诈骗、微博上涌现的捐赠等等。《身边新闻纸》强调社区概念，题材可来源于生活社区、商业社区、网络社区、高校社区等，也可来源于家庭烦心事、邻里新鲜事，还可来源于街头巷尾、公交地铁上的所见所闻。

3）历史——发现城市、文脉传承。

在广州这座历史悠久的城市里，几乎每一个院落都有很多故事，每一处历史文化街区本身就是一本关于城市与城市人的书。这些街道、骑楼、老巷叠印着多少代人的无数脚印，饱含了多少代人的音容笑貌。《身边新闻纸》在话题选择上，历史所占比重非常大，城市风物与历史也构成城市故事的重要部分。

在城市故事历史题材选择中，主要围绕“发现城市、文脉传承”两个角度展开，主要关注城市文化发掘和文化传承保护。首先，在“发现城市”方面，主要来源于政府文保部门的文化勘测、考古新发现，城市文保爱好者的扫街发现。《身边新闻纸》开版首日的报道《我住唐朝运河旁》堪称范本。该文首次对广州水文化资源调查展开梳理，讲述广州始建于唐朝年间的扶胥古运河盛景不再、岭南古村变成“空心村”逐渐没落的新闻故事，引发热议。其次，从“文脉传承”角度更多关注城市古建筑、老工艺的传承保护问题。其中，报道《麻石街下雨不打滑是老祖宗传下的智慧》《恩宁路地块内的麻石街巷将保留原风貌》对广州西关骑楼建筑老街恩宁路麻石板将拆除一事进行跟踪报道，《纸上寻旧宅　画中传粤曲》则关注粤剧名伶的故居保护现状。城市古迹是城市历史的再现，作为主流大报的《广州日报》也有责任关注城市历史，记录城市过往，守护城市的文脉传承。

（3）网络消息源“喂食”。

新媒体环境下的报纸新闻生产中，微博已成为重要舆情源与舆情发动器。微博作为报纸消息源具有渠道宽、瞬间聚合、报料空间开放、互动性强等特点。微博对传统报纸的“消息源‘喂食’”也已成为渗透到报纸新闻生产中的一种客观性因素。笔者以微博为例讲述网络消息源给传统消息源带来的改变。

众所周知，在传统报纸新闻实践中主要有几大信源：记者主动挖掘、公共资源（新华社电稿）、媒体通联共享、通讯员供稿。其中，通讯员供稿是报纸新闻来源的一个重要途径，有人更是把通讯员比作报纸不可或缺的眼睛和耳朵，视其为记者获得新闻线索的稳定来源。

笔者认为当下微博信源扩张，使报纸信源结构更加多元。表2.4为《广州日报》政文新闻中心报料组记录的2009年6月至2012年6月三年时间内的报纸报料情况，反映了自报料组实行微博监控以来，微博报料的见报条数呈井喷式增长。笔者观察发现，报纸新闻报料形成了以传统信源（通讯员、报料人）为主，网络报料（微博、政府相关网站）为辅的多元格局。

表 2.4　《广州日报》2009.06—2012.06 政文新闻中心报料新闻消息来源统计

	2009 年（上）	2009 年（下）	2010 年（上）	2010 年（下）	2011 年（上）	2011 年（下）	2012 年（上）
见报条数	106	786	730	530	605	675	623
头条数	199	124	138	97	117	155	162
追踪条数	42	30	25	16	17	36	27
好稿条数	92	62	78	70	93	111	93
微博条数	—	—	—	—	18	92	113
来电总数	51 219	49 100	46 570	46 161	47 412	36 461	27 956

随着微博、微信信源不断拓展，目前报纸管理者对于新闻记者使用微博、微信信源也提出了新要求。当然，随着微信崛起、微博式微，很多人可能上微博的时间越来越少，但微信只是小圈子的人际传播，真正公众化的信息来源还是要靠微博。对于消息源监控，微博更有价值。

首先，采编部门负责人要求记者建立微博专业圈子，实现监控。据笔者长期观察发现，目前，无论是跑线记者，还是社会新闻记者，都更加关注与其领域相关的各机构微博、街区微博、生活服务圈微博、同行微博、同城媒体微博、媒介批评微博，以及作为意见领袖的市民个人微博，他们尝试在微博上建立起专业圈子，织起“捕食”新闻源的密网。

其次，采编部门负责人要求记者调整以往工作习惯，加强 24 小时布控新闻。微博报料机制改变了记者的工作时间轴，微博情境下新闻有了 24 小时的生命，记者养成了全天候刷微博的工作习惯。在微博时代，原有的“跑线”划分的工作机制部分失效，对于任何记者，新闻都具有了 24 小时的生命。目前官方新闻机构对于新闻的发布，也逐渐重视微博渠道。任何时候，微博上都可能有与自己分属领域相关的大新闻爆出。基于此，不少报人的工作时间也以微博信息披露为中心进行了调整，在不漏稿的压力下，很多记者养成了不间断刷微博的习惯，对网络信源实施全天候布控。

笔者分析认为，在全媒体时代，网络信源不断增多，记者对于信源的管理有些变化。但是新闻条线制度依然发挥着很大作用，这是因为互联网并没有消解现实中的“消息源中心场所”“地理边界责任区”。目前，新闻条线制度依然是“消息源输入”最有效的组织方式，也是大众新闻机构保持新闻生产专业化水准的重要保证。

2. 编前会、选题策划会管理

编前会一般由主编或执行主编根据近期发生的社会关注点，为下期报纸立下明确主题，然后将主题分解给记者，安排记者就不同方面进行稿件的采写工作。编前会明确了每期报纸的主题，对记者的工作目标加以明确和量化，是一般媒体的常规工作形式。

编前会的另一部分内容就是采编沟通。编辑与记者部门通过每日编前会进行沟通衔接，了解掌握当日主要和重要稿件，探讨新闻价值，确定主题，核实重要内容和细节。在一些重大报道中，报纸鼓励编辑提前介入，与采访部门共同策划选题，确定采访主题和思路，提出版面构想和版面内容。

选题策划会则主要为“头脑风暴”思想碰撞拟定报道思路，或为下一阶段重点选题举行策划、布置实施的专题会议。编前会和选题策划会主要功能有：发现价值、创造商机、发现问题、收集信息、创造卖点、了解受众、激荡创意、整理策划案、介入实施过程、反省与评估。

广东某报定期召开选题策划会，会议一般由总编辑或副总编辑主持，参加者包括：采访中心（政治、文化、经济各板块）、编辑中心（夜编、国内国际编辑部）、区域新闻中心、专业新闻采编部门（财经、文化副刊、理论评论部）、摄影部等部门负责人。

该选题策划会主要内容为：总编辑传达有关精神，部署采编工作，点评上周报纸；各中心、部门负责人上报近期部门重大选题策划；讨论策划选题并组织落实；值班编委部署本周采编工作。

编前会和选题策划会有何作用？笔者认为主要为流程追踪与确认，以及控制采编节奏。由于新闻的时效性，新闻采写必须在规定时间（出版周期）或者第一时间内完成，如果无法完成，编辑则会陷入无米之炊的困境。为了实现对新闻生产流程的控制，新闻生产管理者需要通过编前会、选题策划会来把握新闻生产的进度，随时检查，以确保新闻可按照规定完成生产，确保新闻产品安全供给。“流程优化就是对采编沟通的各个环节进行时间确认、责任确认、质量和数量确认，其中新闻还有很重要的一条那就是真实性确认。流程管理要求流程的各个节点都能够追踪，以确保出现工作遗漏和偏差时能够及时纠正并进行责任追踪。为了保证新闻的真实性，采编沟通就必须增加一个流程节点——事件当事人确认或反馈。这是确保新闻真实性、杜绝虚假新闻的必要环节或必要手段。必要时，可增加知晓事件当事人的第三方见证人确认环节，重大新闻更须如此。”① 新闻事件发展有其内在的逻辑，这就决定了新闻报道也要遵循事件发展的逻辑与节奏。

① 张国祥：《流程优化助力生产优质新闻》，《青年记者》2012 年第 4 期。

（1）硬新闻。对于硬新闻而言，时效性是生命，“新闻是易碎品”的说法多针对硬新闻。如果新闻记者动作慢了半拍，硬新闻就会过时，成了历史记录，而非新闻。当然硬新闻可以区分为“提前预定性事件”和“非预定性事件”。“提前预定性事件”主要指某重大规定决策的公布，发生日期可大体预测，但当下仍具有模糊性；“非预定性事件”则主要指突发事件，例如火灾、交通事故等不可预料的事件。对于硬新闻的节奏调控需要把握“快”和“准”。这些判断也大多是在编前会上作出，报人从而制定出报道预案和突发应急策略，确保新闻报道的可控性。

（2）软新闻。软新闻多为生活方式新闻，在报道题材上多为特写或是有人情味的故事，又或是节庆专题报道等等，多为静态选题。与硬新闻“讲述重要的事”不同，软新闻多为讲述“有趣味的事”。

以下为广东某报某部门微信工作群上的两则讨论：①

2013 年 8 月 12 日：按照往日惯例，周末广州城内报料不多，各家媒体周一见报的基本都已策划或以静态稿件为主。本报报料方面，公益救助版刚好出到了 100 期，但是今天的稿件显然有弱化，百期之后何去何从，继续只做病例求助，还是进行转型，值得进一步探讨。

2015 年 1 月 29 日：从这两天的版面情况看，已进入会议节奏（省市人大政协会议报道）。静态稿件已很难上版，除非是已有安排的。现在有竞争力的，一是事件硬新闻，二是鲜活的身边故事，三是年味十足的应节稿，请大家“看菜吃饭”。每天已有一个过年版，请大家有针对性地供稿，吃喝玩乐都可以。

上述讨论体现了软新闻对报道节奏的调整与把控。一般来说，因为软新闻事实节奏的可控性，对于软新闻报道一般严格控制时间节奏和工作流程，让软新闻报道在合适的时间呈现在版面上。当然，在突发新闻出现时，也会出现软新闻为硬新闻“让路”的情况，这些决策也都来自编前会和选题策划会。

现实中实体编前会、选题策划会，依然是有效选择新闻的组织方式。当下新媒体时代，手机带来移动化办公，报纸编前会有“网络迁移”趋势。例如广东某报启动假日微信编前会，每到周末或节假日，微信上就举行网上编前会，各位记者直接在微信工作群上报题，值班主任把值班主编、值班编辑的具体意见反馈给记者，实现采编线上沟通。

当然，微信上的虚拟编前会有利有弊。微信沟通具有移动化、即时性、熟人

① 广东某报某部门微信群的业务讨论，2013 年 8 月 12 日，2015 年 1 月 29 日。

社交的强关系连带等特点。其优点一是可以降低沟通成本，提高沟通效率；二是互联网还消解了人们原有的在血缘、亲缘等关系中建立的依赖感，使人与人之间的关系结构逐渐发生变化。不同于面对面，在网络空间中的讨论，人与人之间多了一份平等，平等发言有助于充分讨论。但微信的弊端在于，它模糊了生活空间与工作空间，让工作时间延长，增加了焦虑情绪。

3. 常规指引与临场指挥

无论是硬新闻还是软新闻，都具有某种发生形式，但是事件也具有其千奇百怪的特征，天下无“奇”不有，“奇”即新鲜性，也正是新闻追求的价值标准之一。但我们知道，新闻报道操作有其固定的框架，这些框架基于日常报道经验而建立。当一件充满“奇特”要素的事件或突发性事件发生后，记者们也总是把它纳入根据经验形成的报道框架之中，以不变应万变，确保规范推进新闻生产。那么这种常规框架又以何种形式建立呢？

（1）采编手册与常规指引。

采编手册，或称操作规范指引，这种小手册，在当下媒体中作为流程管理的重要方法被广泛应用。“采编手册，是新闻人的工作规范，也是一个媒体多年经验积累所在，承载着一个群体共同的价值观和梦想。它的存在使得媒体的文化传承不再依靠口口相传，使媒体对问题的应对避免无据可依的尴尬。”正如此采编手册所言，采编手册主要功能有两个：价值观的同化与沿袭，应急处理无据可依事件。

下面，笔者摘录了几家媒体的采编手册。

《21世纪经济报道》采编手册：

这是关于采访的小手册。我们努力让它做到实用，有助于记者完成自己的报道。但更重要的，它是提出问题，而不是给出所有的答案。在日常的报道中，快速的节奏如同切分音般把每天分开。哪一天该完成什么，成为记者心中暗藏的节奏。如果不能按时完成，就像一场踏错步点的舞蹈，一切全乱了。而打乱这些节奏的因素有很多，比如找不到采访对象，不能高质量地完成采访的工作。而这决定了一篇报道的品质。

《成都商报》采编手册（第三版）：

目标：《成都商报》致力于成为一张权威性、具公信力、市场份额最高的主流大报。理念：《成都商报》办报理念是创新、务实、理性、开朗。在采编手册中，该报纸还强调两大追求。专业化：《成都商报》倡导新闻专业主义，强调媒体的社会责任感，要求所有采编人员不断加强新闻价值判断能力，在真实准确地采集新闻、客观中立地报道新闻这一核心基础之上，持续探索新闻操作方式、提升新闻实践水准。

第四章“采访基础”第三节：尽快赶往现场。针对动态、突发性事件，《成都商报》鼓励记者在掌握了初步情况后，立即动身，尽快赶往事发现场。报料人不是记者，不要指望和要求对方能将全部情况在电话中说得清楚完整，到底发生了什么、怎么发生的、为什么会发生，回答这一系列问题正是记者应该完成的任务。是不是新闻、新闻价值多大、会不会扑空，只有到了现场，才能进一步作出判断。

第四节：寻找核心信息来源。信息来源包括人的信息来源（人证）、物的信息来源（物证）、网络信息来源（网络数据库）。记者在采访中，必须找到最有资格发言的人作为消息来源，包括：事件的目击者、参与者、知情人士，会议的发言人，活动组织者，官员，某个问题的权威专家等等。

只要有可能，尽力寻找与报道相关的物的信息来源，包括：各种文字记录、图像资料、文件内容、档案资料以及记者直接观察得来的信息等等。物证常常比人证更可靠。但对于物证的使用，采访中要听取采访对象的解释、说明。对于会议、演讲、活动中拿到的发言资料，记者更要注意发言人实际陈述的内容。

使用网络信息来源必须小心谨慎，多加核实，提防骗局和传言。

《佛山日报》都市新闻采编指引：

事件版上稿标准及版面规范：

A. 强调时鲜性、重大性、罕见性。上稿标准为重大性（影响力）第一、罕见性第二、故事性第三。

B. 事件新闻要体现记者的快速反应或与有关部门的快速联动。重大突发事件要体现采编策划与联动，具体参照《〈佛山日报〉重大突发事件报道应急预案》。

C. 追求“观察性事件新闻”报道视角，除了还原事件的发生发展过程，还应跳出事件表象，从事件中观察事件环境、事件发生的背景以及事件趋势，要从事件中观察事件发生的偶然与必然性。事故、灾难报道应侧重反映事件后果、影响以及预见性对策（包括次生事故或次生灾害），着力挖掘灾难现场的感人情节、不同寻常的救援行动等暖色调新闻细节。

采编手册在某种意义上属于“常规指引”。采编手册在流程管理中起到什么作用呢？笔者据以上内容进行分析。

①流程常规指引。一般采编手册都遵循一个逻辑框架：价值宣扬（目标、理

念等)、流程操作规范（新闻线索与选题来源—价值判断—采访基础或如何提问—写作基础—编辑基础—采编人员职业化规范—投诉、更正—几类报道的特别禁忌)。流程常规指引囊括一次常规报道的所有流程和注意事项。假如事件较为常规，一个新记者按部就班就可以完成一篇报道，无须另寻他师。对于一些较少见的突发事件，也以类型化方式提供了报道指引。

②采编价值同化。在采编手册中，笔者还注意到，各家媒体都特别在开篇讲明自家媒体所秉持的新闻观与理念追求。例如《纽约时报》采编手册指出其目标是：

> 尽可能不偏不倚地报道新闻——正像这张报纸的创办者阿道夫·奥克斯所说，“没有恐惧和偏爱”，公平、公开地对待读者、新闻提供者、广告客户和其他人，言出必行。《纽约时报》的声誉根植于这样的共识，员工的职业声誉也依托于此。因此，《纽约时报》和其新闻采编部门的员工，在避免利益冲突或者冲突的出现方面，共享此惠。

笔者查阅国内多家媒体的采编手册发现，在“目标、理念”一栏出现最为频繁的字眼为“民生与民本、为民鼓呼”“党性原则、桥梁、党的喉舌”以及“冷静、理性、客观、中立”“权威、公信力、社会责任感”等，这体现了报人传统价值的延续、“喉舌观”、西方新闻客观主义以及新闻专业主义之间的融合与纠结。

（2）复杂情形与临场指挥。

常规之外的新闻更多依赖基于经验的临场指挥。特别是在当前新媒体时代，微博、微信成为多元信息源，前线记者有时更需要后方提供多元消息背景，也需要新闻采编管理者给予临场指挥，果断作出报道计划。如突发事件是关注的重点，容易出新闻，属于新闻工作中的特殊情形。在开展突发事件报道时，富有经验的主任的临场指挥与判断显得尤为重要。一般情况下，突发新闻报道可能需要报社反应更加快速、调派更多人手、增加更多车辆或设备，最好现场直播或微博同步文字传送。如果事件波及范围广、影响面大，还需要值班主任临场指挥，指定临时报道小组负责人与制订报道方案，或者在每日编前会上进行充分讨论后，制订报道方案，交代现场记者推进。流程优化的难点永远是思想上的障碍，是习惯势力和传统做法。[①] 报道的创新也更多依赖现场记者和值班主任突破常规，进行创新式报道。

---

① 张国祥：《流程优化助力生产优质新闻》，《青年记者》2012 年第 4 期。

例如，广东粤剧名伶红线女于2013年12月8日20时40分在医院逝世。消息晚上9点开始流传，深夜23时“@广东粤剧院”官方微博最早确认。当时，广东某报夜编部门当天版面几乎制作完成，但粤剧名伶红线女逝世是不得不报的消息。当时，新闻一到，整个编辑部陷入忙碌状态。当晚该报某部门微信群成为采编临场指挥中心。笔者把发言记录如下：①

记者L：@广东粤剧院著名粤剧大师、我们尊敬的红线女老师12月8日20：40分在医院病逝。红老师，一路走好。(12月8日23时14分)

记者W：太突然了。

记者L：重磅消息噢，我们有人跟吧?

主任A：在跟了。部门谁有好的资源也提供一下。

报料专员：收到线索了，夜编在抽稿。

记者H：躺下前，看到这个消息，粤剧，一个时代的结束。人生无常，女姐走好。

记者X：心肌梗塞，下午还在喝茶。据说在省医。

记者U：心梗就没法了，天堂里开启粤剧时代。

记者T：今年见了她两次，一次是在各界人士迎春联谊会，她还上台献唱了一次，一次是10月份一个抗非典的粤剧研讨会，她也出席了。

记者S：本部门记者写个印象红线女，够做一个版了。

记者Q：天不冷，不过这灰霾……

记者X：她很少出门，灰霾因素应该不太大呀。

记者W：她长期在省医看病，我遇过两次她拿药。

主任A：H记者，看能不能找医院采到些东西。最好能联系上她的主治医生和今天接诊的医生。

记者H：我试一下。H和Z（应为医生）都关机了。T挂了我电话。

主任A：今晚争取吧，不行的话明天也要采到。

记者R：广府人大会上，她依然那么伶俐动人，一曲《荔枝颂》竟成绝唱。

主任E：不眠之夜。今晚先发个消息。明天文化、文联、医疗等各相关线同事要全速运转起来，动态消息先滚动。A主任统筹，我也会参与其中。

总编A：×××说接到暂不发声通知，我请他讲悼念之情即可，时间紧，尽快与他通电话。

主任A：主任H（另一部门主任）说已将×××的电话给了娱乐部，由娱乐

① 广东某报某部门微信业务群有关红线女逝世的讨论，2013年12月8日。

部的记者负责采访。

总编A：好。

主任D：那我们请记者Y采访文联，请C记者采访市委宣传部文艺处。只是现在太晚了，不知今天能否来得及。

总编A：@U记者，偷了你的话打题。改动了一半词，理念是你的。

记者W：猜一下，天堂唱响《荔枝颂》？

总编A：女姐走好，天堂里再续粤剧情缘。

总编H：请记者E加快《绝唱》一文。

记者E：女姐好，还是红姐好？

记者W：女姐，粤港澳都叫女姐。

记者E：好像不是哦，我查了下。她几天前还为粤剧团在原地再唱《荔枝颂》？

主任A：有个情况，据说11月30日广州粤剧团成立60周年晚会，红线女也登台唱了《荔枝颂》。

主任E：不是最后一次，那就是最后一批吧。今天我们要从多角度多侧面去采写，分成多个采写小组，凡被主任A点到的，都要全力以赴，其他采访为此让路。具体情况，醒来再定。

总编A：E记者，那天有多少观众？

记者E：等我推算下，世纪大会堂2 500座容纳量，满座，那天还有台前幕后很多工作人员站在过道上。

上述讨论中，报社总编辑、副总编辑、部门主任、记者都参与其中。微信很适合编辑部进行工作讨论，同时微信还有语音、视频链接功能，更为临场指挥提供了方便。笔者认为，新媒体环境下，报纸新闻生产更需要常规指引，以界定报道规则，做好把控。同时，新技术沟通方式，例如微信，也大大提升了临场指挥的效率。在当下，微信工作群成为新闻生产与管理的组织平台，为流程管理提供了便利。

（二）新闻产品质量管理

所谓质量控制，即通过研究、分析产品质量数据的分布，揭示质量差异的规律，找出影响质量差异的原因，采取技术组织措施，消除或控制产生次品或不合格品的因素，使产品在生产的全过程中每一个环节都能正常、理想地进行，最终使产品能够具有满足人们需要的自然属性和特性，即产品的适用性、可靠性及经济性。新闻产品的质量监控（Quality Control）贯穿新闻生产全过程，各报纸针对新闻采编的每个环节，都制定了需要达到的标准，规定了采编人员职责。

1. 新闻产品质量监测体系

“新闻工厂”的生产不同于工业流水线，工业流水线产品质量好坏有固定参考值。新闻产品质量如何判断？生产过程有何监测流程与手段确保新闻产品质量上乘呢？

（1）全流程监测。

在全流程监测中，主要有“自我检查”“编辑把关”和“校对检查”几个环节。记者“自我检查”是质量监测体系中的第一步。为了保证传送给编辑的是真实、完整、准确的稿件，记者已经将这种“自检行为”内化为一种“意识”，时刻体现在工作中的每一个细节里。可以说，报社记者已经将“自检意识”作为自我激励的一部分。

质量监控的主要实施者是编辑，他们是质量监控的第二位把关者。报社编辑与记者的职能完全分开。目前国内报纸大多未推行编辑中心制，一般操作中，编辑和记者相对分离，或更具记者中心制的特点。但是专职编辑的作用仍未被忽视，他们扮演“把关者”角色。早在1954年就出版《新闻编辑学》的陈石安则指出，编辑的任务有三：一是从众多的新闻来源中，作适当的选择，“在一片乱糟糟之中，提出合理的材料”；二是用适当的方法来处理新闻，把新闻原料处理和剪裁成完美的成品；三是用最容易为读者接受的方式报道新闻，在内容和形式上都要达到美学所要求的“全盘的快适”。[①]

编辑选稿首先是新闻价值的再判断，稿件的栏目以及版位，都是出于新闻价值的考量。其次是风险判定，该稿件是否平衡中立，有无叙述偏颇，编辑会初步判断稿件的法律纠纷风险和政治风险，进一步筛选稿件。再次是技术性把关，信源是否交代清楚，采访是否全面，有无触犯相关禁忌，如有问题可以向记者提出，进一步确认、核实，或对稿件进行修改完善。经过编辑审阅后，稿件应该达到的标准是：没有基本事实错误、拼写和语法错误以及法律纠纷，结构平衡，立场冷静中立，用词精确，而且生动、有可读性。

路透集团在网站上称：

> 路透新闻的运作以公司的信托原则为准绳，无时不以正直、独立、客观公正为依归；路透也为遵守这些原则立下严格的规范。我们追求确实、平衡的报道，遇有错误事实立即予以更正，并清楚报道；在报道战争或冲突时，报道将参与各方的立场及争点积极凸显出来；我们致力于报道事实，无论在什么情况下，都避免使用情绪化的字眼。唯一可见例外的情形，是当我们直接或是间接引用他人发

---

① 陈石安：《新闻编辑学》，台北：三民书局1981年版。

言的时候。我们的目的在于客观地报道行动、身份及背景，并在极度敏感的地区报道时，格外小心谨慎；我们不偏袒任何一方，并尝试用报道、图片及影片传达各方观点。我们不彰显任何一方，也不为其作片面宣传。路透的记者不会提出自己的意见或观点。①

这段话说明了路透社新闻质量监测体系的目标。

新媒体环境下，报纸把关变得更加复杂，主要面临几个方面的挑战：第一，信源结构改变，隐藏在网络环境下的利益诉求更加复杂，加剧了事件身上的“迷雾”。第二，受众需求多样化，对把关者的知识储备与生活经验提出了更高的要求。第三，双向互动传播要求把关者熟练掌握双向传播工具，并以开放的心态“拥抱受众提供的内容”。

这意味着传统的“把关人”正逐步演变为新媒体时代的“知识管理者”，中国人民大学新闻学院蔡雯教授以“知识管理”来诠释媒介融合给新闻编辑部带来的改变。“传统媒体的转型，对于新闻从业者个人而言，最大的改变不是强化发现和采集新闻的职能，而是强化加工新闻和信息的职能，也就是要通过对新闻和信息的整合，提升内容产品的品质和价值，使新闻和信息传播进一步延伸到知识与服务领域，并不断通过裂变与聚合，形成新的内容产品，从而促成媒介集团中产品链和价值链的生成。”②

笔者了解到，当下报纸生产中有校对员和审读员两个岗位设置。校对（Text-proofing），古代称之为“校勘”或“校雠”，是编辑出版过程中的一个必要工序，主要工作是按照原稿去审查订正排印或缮写的错误。审读虽然程序严格，但不是产品质量的事前控制，只是一种事后鉴定。

（2）制度性堵漏。

从内容特点到标题制作、版面设计，报社皆制定了详细的规定，这既是报纸生产的具体标准，也是质量检测的纲要。这些规定基本实现了让报纸这种精神产品的生产也像物质产品的生产那样，处于标准化和可控制之下，克服了由随意性造成的质量误差。

例如，《广州日报》1999 年 8 月制定《关于杜绝报纸重稿的规定》，其中表示，重稿情况影响报纸形象和声誉，为防止和杜绝重稿现象制定如下规定：①记者提交总编室的稿件，若要转投其他专版，须由采访部门主任向总编室夜班值班主任提出，并由指定的专人负责办理，落实撤销稿件手续。②夜编中心各版选用

---

① 申淼、黄梦阮、詹正茂：《路透社新闻生产流程管理体制研究》，《今传媒》（学术版）2008 年第 2 期。

② 蔡雯：《媒介融合带来新闻编辑部角色变化——从新闻采编到知识管理》，《新闻与写作》2007 年第 4 期。

新华社的稿件，要做好内部协调工作，并且定出操作细则（如取稿登记等），坚决杜绝重稿。③夜编中心检查组的职责之一，是每天审阅当天编辑的所有版面内容及标题，对各版稿件进行比较和把关，发现重稿及时通知有关部门等。

防止报纸差错，事关大局，事关报纸声誉。只有完善防止报纸差错的制度建设，明晰责任，才能杜绝差错。《广州日报》1999年11月制定《关于防止和处理差错的规定》，其中包含“差错登记”“差错处理”和“差错责任的认定”几个方面。笔者查询了多家报纸有关差错处理的规定，发现对于差错都实行分级处理。

例如国内某报纸把差错分为三级：

①一级差错：系指政治性、导向性差错；刊发国家及有关部门规定的禁载内容；法规政策性差错；报道严重失实；标题严重错误等。

②二级差错：系指漏报新华社国内、国际重大新闻稿；重要稿件版面安排严重不当；重要引文差错；图文不符；报头、报眉（日期、刊号、总期数、版名、版次、版数、拼音）差错；县级及以上领导同志姓名、职务差错；重稿；转版差错等。

③三级差错：系指文内文字性、技术性、知识性一般差错；一般引文差错；语法、逻辑严重错误；人名、地名、数字、计量单位、职务、职称、单位名称、编制称谓差错；错别字、多字、掉字、异体字、异型字、标点符号差错；排版不规范等。

同时，根据差错原因，差错责任的认定也分为不同情况：

①记者写错的，责任在记者；审稿过程改错了的，谁改错谁负责。记者提交的稿件上须有本人署名，编辑处理稿件或大样也须署上本人的姓名，检校员也须在其负责的大样上署名。

②见报差错，主错者负主要责任，各有关环节负次要责任。校对员扣罚限于文字差错和常识性差错；签付印值班老总扣罚只限于标题差错和政治性、政策性差错。记者、采访部主任除事实性差错外，对其他差错均负责任。

在新环境下，不少报社出台更为严厉的差错处理规定。2015年1月份，广东某报公布新的差错扣罚标准：

①一般差错：一般差错扣罚相关责任人各100～300元。

②标题差错：小三号字以上标题扣罚 150 元；初号字以上标题扣罚 300 元。标题差错出现在要闻 I 版的，加倍处罚。

③严重差错：属严重差错的，按照报社 EF 稿规定进行处罚。每年编委办将差错次数汇总，纳入年度考核评价指标。全年差错达 5 次以上（含 5 次）的，年度考核不得评为 A+。

2. 新闻产品分类体系

综合性报纸推出的产品以复合型见长，覆盖了新闻、资讯、评论等相关产品。目前，报纸的产品线已由原来单一的版面内容扩展为全媒体产品，形成了立体产品体系。媒体融合时代则彻底打破了先前的介质割裂，借助新媒体的力量，任何一家传统媒体机构都可以进行多介质运作，都可以生产视频、音频、文字、图画等各种形式的新闻产品。

产品分类对于提升流程管理水平有重要意义，有助于实现流程可控与管理。在对这些新闻产品进行分类时，首先要根据不同的要求设定不同的分类标准。对于传统报纸新闻产品，可以从终端渠道、媒介形态、报道题材、报道体裁等方面来进行分类。

按照终端渠道分类，当下报纸新闻产品可以发送到适合不同用户使用的终端，例如报纸纸张新闻、报纸电子版，以及重新整合后的 APP 客户端新闻、iPad 客户端新闻、网站新闻、微博新闻等。

根据媒介形态，可将新闻产品分为文字报道、图表、视频等形态的多媒体报道。

按照报道的题材，可以分为政治、经济、体育、娱乐等多个大类，下辖不同小众新闻、专业新闻。这些都是小众化路线的新闻产品，通过“小而美”的定制化、精致化运作实现自己的继续存活，属于专业新闻的序列。

按照报道的体裁，可以分为消息、特写、评论、报摘、新闻稿等。这种分类方式会在报道题目的最前端给出醒目的标识。

当下，新闻产品体系不断有新突破。不限于一些仅提供表层资讯的新闻品种，这些表层内容主要由一些即时媒体来提供，报纸新闻将转向重点提供有人文思想性、趋势观察性的报道产品。

（1）故事新闻。

在资讯泛滥的新媒体时代，报纸新闻应学会“讲故事”。当下，报纸在新闻资源挖掘方面，更加关注事件背后的故事与人，讲故事已经成为大势所趋。同时，在新媒体即时发布的压力下，报纸机构生产“为什么”也应像以往生产“是什么”一样快速，只有如此，报纸才能体现出自己胜于新媒体的价值。报纸新闻的作为空间有——故事，以及有故事的人。

如今，STORY 成为新闻的代称，普利策奖得主 Michael Vitez 曾说："我相信，讲故事是新闻业的救星。我们活在一个充斥着网站、频道、宣传家、资讯、新闻，甚至只是噪音的世界，读者没有可能消化所有信息。他们往往索性什么也不理。我发现，接触人、打动人的最佳方法，就是说故事。如果你能够透过有人情味的故事，阐明一个重要议题，我认为这就是最好的叙事新闻了。"

故事类新闻不仅是题材的故事化，也是一种写法和文本的转换。普利策特稿奖的故事化写作，代表新闻写作的最高水准，也引领新闻文本故事化风潮。故事化写作最为关注文本的可读性和悦读性。众所周知，故事有五个基本要素，即冲突、行动、情感、结局和展示。新闻故事的写作也应围绕这五要素展开，突出细节、现场感、虚实结合和文学技巧。冲突是一篇报道的灵魂，没有冲突的报道形同白水，但是一篇复杂报道必须要展示和处理好主要冲突与次要冲突的层次与逻辑，各种冲突相关事实之间，不是并列，而是交错与延伸。新闻写作应强调细节的作用，对于展露事件转折的关键瞬息点，透视人物灵魂特质的具体细节应浓墨重彩地表现。新闻在文本写作上要注重事件叙述技巧，利用倒叙、蒙太奇等修辞手法，制造时间与空间的位移，制造起伏，达到高潮迭起效果，从极小到极大，从极微观到极宏观，让读者沉浸其中，如临其境地感受事件的推演与发展。

（2）数据新闻。

"在未来的新闻行业，我们会充分利用数据来指导我们的工作。我们会通过网络分析工具来研究读者的诉求和兴趣，并有针对性地来采编新闻稿件，从而更好地为读者服务。"美国科技博客 Read Write 刊登题为"靠数据驱动的新闻未来"（*The Data - Driven Future of Journalism*）的评论文章称，新闻行业需要学会利用数据来改进自身的报道和产品。

数据新闻能够帮助新闻工作者通过信息图表来报道一个复杂的故事。比如说，汉斯·罗思令（Hans Rosling）通过 Gapminder 这款软件以可视化的方式讲述世界贫困问题，他这种打动人心的表现方式吸引了全球几十万人的关注。还有大卫·麦克坎德雷斯（David McCandless）从大数据中提炼关键的工作——如把公众消费、冰岛火山爆发所产生和防止的污染计入数据，这些关于清晰设计的重要性都在他的著作——*Information is Beautiful* 中展露无遗。网易新闻在 2010 年制作了一个春节策划报道《十分之一的中国人》，在一张铺开的中国地图上讲述了各省打工者的故事及相关数据。

当下，数据分析可以为我们呈现"故事的轮廓"（Sarah Cohen 语），或提供"新的视角"（David McCandless 语）。对数据的使用使得记者的工作核心由追求最先报道新闻向讲述某一事态变化发展背后的真正含义转变。通晓搜索、清理并呈现数据为专业信息搜集工作带来巨大变革。撰写新闻事实与洞察事件对于掌握这些技能的记者而言将会十分容易。不必费心推测，也不必四处引证，相反，记者能够在数据佐证的基础上写出一篇观点有力的文章，这深刻地影响了新闻业所扮演的角色。

此外，数据新闻实践也预示着未来。目前，随着新闻业的萎缩，大部分记者开始希望转战公共关系，而数据记者和数据研究者则成了一个越发吃香的团体。这种现象不仅存在于传媒业，全世界的公司和相关机构也都在寻求这种“（数据）意义建构者”和业内专家，因为这些人知道如何充分挖掘数据并把它们转变成有形的实体。

西方媒体在繁杂琐碎的非结构化数据背后，发现常规新闻中不能体现的逻辑，帮助读者对新闻事件进行深度解读。经过数据挖掘的新闻往往比传统新闻报道更有力度，当然这也对记者提出了更高的要求。哪些数据值得挖掘？正在或刚发生的、读者关注的重大新闻事件，通过用数据挖掘得出的不同视角，可以丰富读者对事件的认知。

（三）绩效考核奖惩体系

1. 稿分与好稿——量与质的两维尺度

报业作为新闻产品的生产工厂，也有其相应的考核机制和记者编辑评价体系。20 世纪 70 年代末以来，我国政府对新闻机构实行“事业性质，企业管理”，财政“断奶”后，新闻成为市场竞争产品，为提高新闻产品生产的质量和效率，绩效考核制度作为一种现代化企业管理制度，也被引入媒体行业。目前中国绝大多数新闻机构都成立了业务处、考评室等业务考评机构，通过打分或字数（字位数）等方式对采编人员进行考核和奖惩。

（1）传统考核方式——稿分与好稿。

报业最初的绩效考核制度不太成熟，偏重于数量。根据用稿总量和记者数量，首先规定每个记者需要完成的字数，即每月考核工作量。然后根据记者提供稿件的字数，或者将新闻图片占版空间的大小换算为字数来计算工作量。编辑则按照完成版面的数量和大小来计算工作量。字数（版数）和记者工资水平挂钩。

实施量化管理，主要是通过建立激励机制、竞争机制和约束机制，改革干部人事制度、工资分配制度，以达到调动新闻工作者积极性的目的。量化的方法是定岗、定编，规定编辑记者每月应完成的工作量，超额有奖，不足处罚。量化管理也带来一些问题，例如民工化，助长有偿新闻、虚假新闻等。

有研究者在考察了广东 Y 报的绩效考核方法后，认为日常新闻生产是绩效考核制度的微观呈现，例如疲于赚分：工分制下的新闻劳动，带来副效应——职业流动与职业焦虑。“应付”分数过程中也使得记者形成“偷懒”思维：例如利用生产组织里的非正式网络去完成任务、同行默契协同帮助赚分；采用稿件“包装”“注水”策略获得较大版面。①

因此，不少报社改进为数量和质量并重的考核方式，制定严格的评定标准和程序，稿子分A、B、C、D、E五个等级，前三等为好稿，最后一等是差稿，由专门的考评部门打分评定。除了按照稿件的等级和数量正常地发放工资奖金外，报社还对业绩突出、有重大贡献者给予重奖。从管理上激励员工的方法无非是“胡萝卜加大棒”，有奖有罚。对于差稿则实行处罚，对于连续多个月无法完成任务的记者也进行处罚，甚至实行末位淘汰制。在质量考核方面，记者编辑也有不少意见。因为质量考核多采用部门主任、考评组人员打分的形式，难免存在人为因素影响。

有研究者认为，绩效工资制深层次的问题在于易于诱导编辑记者的功利思想，使考核由报社的激励手段变成员工的工作目的。在绩效考核的驱动下，员工的心理天平更倾向于追求“经济效益”，他们很可能把完成任务作为直接的、唯一的目标，这会侵蚀员工作为新闻工作者的崇高责任感和职业精神，扭曲其价值观。绩效考核让员工感觉到新闻工作是个饭碗，而不是值得追求的事业。他们可能更少地考虑服务公众，为人民利益发声，甚至无视报社整体和长期的利益，不由自主地陷入个人利益的陷阱。②

除了作为员工收入的测算手段外，报社通常把绩效考核当作员工职称和职务晋升的依据之一。这会引发员工为晋升而进行内部竞争，竞争有助于提升绩效，也极有可能导致一些负向影响。例如，一方面，少数员工通过超标完成工作量获得了物质或非物质奖励，高标准完成工作对于员工参加评比也有加分，在这种优劣排名中，处于末尾的人难免产生负向抗争心理，对总效能没有增益。

（2）新媒体环境下的考核——一次利益再调整。

由于新媒体平台的崛起，报纸传统考核体系也遇到挑战：之前，传统采编部门记者和编辑的考核体系都是按照报纸既有流程来设计的，对传统报纸记者在新媒体发稿的考核存在一个管理空白。

面对新媒体发稿考核体系的缺陷，一线记者们是如何考虑的呢？笔者访谈了几位记者。

广东某报记者L：虽然报纸衰落了，广告一天不如一天，领导们也一直强调

① 冯强：《服膺或重构：绩效考核制度下的记者职业意识与应对策略——基于Y报调查的个案研究》，《新闻记者》2013年第5期。

② 禹建强：《报业绩效考核的弊病与对策》，《新闻记者》2005年第11期。

报纸是我们的衣食父母，我们的工资还是主要来自报纸利润，我们首先要做的是珍惜这张纸。报社上下都是这样的基调，报纸仍是我们采编人员的主战场，发新媒体稿始终有点像副业。目前，对于新媒体稿的强调主要在于遇到重大突发新闻时，要准确，要抢时效，不能在同城媒体竞争中落后。除了这种情况，其他时候，好像发多发少，写好写差，都差别不大。①

广东某报记者C：发新媒体稿好像更多是全媒体新闻部门的事情，对于我们来说，可能主要是突发新闻、线上重大消息第一时间的发布，至于大多全媒体平台的内容整合制作，我们很少参与。从操作中来看，现在新媒体稿件是我们报纸稿的复制版。对新媒体的考核也只是以按照条数、稿件质量为标准的阶段性奖励为主，并不是常规考核。②

广东某报记者Q：报纸领导层的态度也在调整，可能意识到了新媒体平台的传播威力。现在他们对于新媒体稿既要求速度快，又要求语言讲究网络味道，比如一种调侃口吻，这种新媒体用稿风格与报纸稿完全不一样了，等于一件新闻事件，要写两条稿，我觉得压力很大。现在部门把新媒体稿件发稿数纳入考核，完不成新媒体稿任务，就拿不到奖金。一是出于一种新闻人的使命感，二是为了饭碗，不得不多做这一份活。③

由此分析，笔者认为，对于新媒体发稿，记者编辑往往将其视为职责之内的附加劳动，并没有被单独计分计稿酬，记者对于这种“免费劳动”（副业劳动）处于一种应付状态，如此非常不利于新媒体平台内容的专业化生产，采编人员也缺乏为新媒体供稿的内在动力与外在压力。随着这些平台重要性增强，如何把新媒体发稿纳入考核体系，成为一个新课题。

在新媒体考核方面，不少报纸媒体作了探索。2013年9月，江西日报社制定了《江西日报社“一岗双责”实施办法》，提出纸媒记者在向各自纸质媒体发稿的同时，应积极采用适当形式，向各自媒体的法人微博微信、中国江西网、《江西手机报》发稿，同时制定了相应的考核办法。比如给江西日报社所属媒体法人微博发稿，发布原创的单条微博以及微直播、微话题、微访谈等微博专题，进入微博评分评级，评分评级的结果作为报社编辑记者微博工作考核和奖励的依据。其依据思想深度、语言活度、传播广度，将单条微博和微专题各分为三个等级。根据转发数量，将单条微博分为三个等级：三等微博，转发数超过百次，计50分值；二等微博，转发数超过200次，计100分值；一等微博，转发数超过500次，

① 对广东某报记者L的访谈，2014年12月10日，广州。
② 对广东某报记者C的访谈，2014年12月10日，广州。
③ 对广东某报记者Q的访谈，2014年12月10日，广州。

计300分值。以微专题所有微博转发数为统计数，将微专题分为三个等级：三等微专题，总转发数超过200次，计150分值；二等微专题，总转发数超过500次，计300分值；一等微专题，总转发数超过1 000次，计500分值。此考核办法的价值体现在以考核制度倒逼记者的全媒体意识。相关负责人称，通过考核加快记者编辑的跨媒体转型，通过培训和实践，不断提高他们的全媒体素养。让报纸记者不仅做到能写、能拍、能摄，还能对所获信息进行多层次、多样式、多手段的整合处理，在第一时间以更灵活的手段，推送到不同的媒介上。①

广东某报制定的新媒体考核方案更加细致：

（1）考核规则：因全媒体考核与采编人员现行常规考核挂钩，为保证任务量的准确统计、好稿的及时评议以及在此基础之上开展核算计发工资、奖金等程序。新媒体考核纳入原有考核体系，拿出基本工资的10%作考核，以月基本工资6 000元为例，如果评不上新媒体好稿，原则上每月要有40条新媒体稿的数量才能拿回600元；但是如果评上新媒体好稿，每条350元，则每月只需要2条好稿就可以超额完成任务。

（2）考核标准：

①数量维度：采访部门以个人为考核单位，编辑部门以部门为考核单位，规定所有采编部门每人每月需要完成的条数。在不同平台、根据不同格式内容设立级别差，例如在微博、微信和手机客户端（APP）等官方平台发布的新媒体稿件，在统计任务量时按1.5倍计算。在各部门平台上发稿1条按照1条计算。如出现同时通过上述官方平台和各部门自有平台发布的情况，以官方平台为准，不重复统计。

②质量维度：设立评审小组，每月根据部门推荐新媒体稿件的新闻性、时效性、点击量（扫码量）、评论量、制作难度和社会反响等因素，予以综合评定，并设定一月好稿总数量。

③奖惩机制：初期只奖励，不惩罚。后逐渐形成扣除一定工资作为新媒体考核任务指标，完不成新媒体任务则无法拿到扣除工资。

④流程确认：与传统业务处负责稿件统计考核不同，新媒体稿件考核更多由新媒体部门承担，对确认统计时间节点、不同平台任务量的统计事宜规范、报送签发流程、新媒体好稿评定细则都作了规定。

---

① 王晖：《推动媒体融合发展　打造新型主流媒体》，《中国记者》2014年第6期。

对此新媒体方案，某部门工作微信群展开了一场讨论：①

焦点1：新媒体考核的价值与意义。

部门副主任C：在新媒体发展日新月异的当下，报社出台此考核办法非常及时也十分必要。《考核办法》就是指挥棒，就是“法”器，将对所有利益攸关方产生巨大影响，甚至在相当大程度上影响今后一段时间报社新媒体甚至整个报业集团的发展。兹事体大。

焦点2：有关新媒体稿的质与量。

部门副主任C：规定“每月40条的微好稿奖励可并入新媒体考核薪酬”。每位采编人员每月的工作时间（除去法定节假日）为20天，即每天需要有2条微好稿才能刚好完成任务，这个量是否合适？如果这个量过高（个人认为过高），届时绝大多数采编人员都无法完成，将会失去其考核的意义。建议对此数量的规定予以重新慎重科学的考虑。

记者K：我们的新媒体以时效为主（不是深度），但自从宣传收缩后，区街新闻动态无法提供40+的稿量（笔者注：规定每位记者每月完成新媒体稿件40条），一个月有1单采访就不错了。平时做稿是做观察、独家，这些又不可能提前发全媒体，第二天见报再发又不算我们的新媒体稿子。这个考核机制和当下的生存环境不太适应。

记者Q：个人理解，希望多拼好稿是靠激励。而目前的制度是花很大精力才拼回自己原本应有的部分。这应该是扣罚，在做减法，并非激励。

记者D：新媒体不在量，而在质。

记者E：如果鼓励大家拼好稿，好稿评选是否有标准，是看内容，还是时效或者其他参考因素？报纸的好稿虽然也有争议，但大家基本认可拿版面发得大的头条出来选。

记者R：好稿是按阅读量还是行内影响力？

记者L：一个月40条真心完不成。

记者Q：新媒体稿绝对不能鼓励数量，应鼓励独家性、可读性、及时性。

部门主任A：还是要鼓励好稿！导向要明确。

部门副主任B：目前，记者们提交的新媒体稿件只要不涉及商业广告，质量不是太差，基本都能在APP采用。但下一步是否会严格用稿要求还未知。

---

① 广东某报微信群的讨论，2015年3月15日。

焦点3：支持系统（部门间）紊乱。

记者L：一件重要的新闻事件，不是说让我们到现场很快就发一则短讯，2个小时后再发一篇详细报道吗？我前几天报“×××受贿案”时就这么发过，第一条APP用了，谁知APP用第二条时又把我第一条删除了。这岂不是把我的工作量算少了？这该怎么办？

记者L：我们报社的平台基础数据查询非常不完善，我们普通记者上哪里去找数据说话？

记者C：还有个问题，有时候官方微信上用了记者当天交的全媒体稿，但是编辑把稿件和其他报社的内容或背景知识综合在一起，并且没有署记者名。这样算记者完成的量吗？

记者P：对，因为摸不准报纸编辑会不会发，独家稿经常不敢同步发全媒体。

部门主任A：单靠记者和编辑都很难制作出精致的新媒体作品，需要采编特别是美编配合。本来应该采编一起考核，得到好稿平分，但这个方案好像是分开考核，要求编辑自己也写稿。

部门副主任B：编辑不参与数量考核。好稿可能是要平分。好稿是否记者编辑平分的问题还没有确定，方案还在制订中。

记者T：这也是这个方案最大的弊病。应该鼓励美编、编辑一起深加工稿件，做出精品，而不是分别考核。

焦点4：新考核中的采编人员心态。

记者C：为了赚回工资里扣除的600元，势必要把交编辑部的稿件都发新媒体，若新媒体审核严格，那么每个记者很难发够40条，这分明是在做减法。若新媒体放宽标准，那么这与电子版又有何区别，新媒体是否徒有虚名？

记者H：我猜想最后可能会变成记者放弃完成40条的目标，专门一个月写2条能竞争上的好稿，以补回被扣除的收入。那这样，全媒体的稿量还是没有增加，谈不上激励。

记者L：个人建议不要直接扣钱，像之前那样设一条考核线，如果认为过去的标准定低了，可以把标准提高。到不了考核线的再扣钱，超出的部分再进行激励。

记者Y：是啊，这样避免了全媒体吸纳大批一般稿件的局面。应该重奖好的新媒体稿，平时按每月6条考核，不完成的扣就比较合适。

记者L：也可以只定一条好稿。为了这一条好稿，也要写好多条一般稿。这样既简单，又鼓励出好作品，业务处、人事处也好统计。这好像是最佳方案。

焦点5：新媒体考核流程的确认。

部门副主任C：对记者类专业人员分类，每一类涉及哪些部门没有完全罗列，建议对目前报社所有参与新媒体考核的部门和各类记者均明确罗列归类，以示严谨；有关“质量考核薪酬”中规定，“稿件由新媒体好稿评稿委员会评选”。评稿委员会的人员由哪些人组成？与现在的报纸版面评稿人员组成是否一样？这些都没有明确规定。评稿委员会成员的组成对稿件评定、导向和质量把握至关重要。

部门副主任C：发稿与否的最终决定权在哪一个环节？新媒体稿件发稿与否，记者的申诉救济通道是什么？这些都没有明确，即如果记者觉得好的新媒体稿件没有发，如何申诉和补救？“时效由各部门、新媒体编辑部考核”，语焉不详，是记者所在部门、新媒体编辑部分别单独考核均可，还是由记者所在部门、新媒体编辑部共同考核才行？

讨论说明，在考核奖惩体系方面，随着新媒体平台的日益重要，传统考核方案面临一定冲击，基于全媒体新闻生产流程，制定考核标准势在必行。然而，新考核方案的制订过程是一场博弈，涉及新旧媒体的平衡、新媒体对新闻价值标准的冲击。同时，笔者也注意到，由于对原有考核的信赖性心理，记者也对新媒体考核表现出一定的抵触与不适应。

2. 成名的想象——新闻奖、社会舆论评判

陆晔和潘忠党所写论文《成名的想象：中国社会转型过程中新闻从业者的专业主义话语建构》从新闻从业者如何期待及建构专业名望入手，以考察在改革中的专业主义话语实践。

在中国语境下的媒体事件总是处于多个旋涡之中，例如商业获利和服务公众，党的“喉舌”论与新闻专业主义精神，正是在这些旋涡作用下，新闻专业主义在中国的实践呈现出碎片化现象。在过去20多年的新闻改革中，建立新闻专业规范、伦理体系是重要内容，这些都属于新闻专业主义范畴。与西方国家不同，中国媒体的专业主义实践更多是一种解放力量，这种力量不是为了突破政治藩篱，而是为了获得经济回报，另外，专业精神已成为名记者、名编辑重塑新闻从业者群体结构的重要象征资源，具有“解放”的作用。“我们将这个角度称为‘成名的想象’。这里所谓的‘成名’，即成为著名的新闻从业者，或者是获取专业或职业的名望。这种名望包含了特定历史时期社会对新闻从业者的角色的期待，以及评判新闻从业者及其成就的标准和价值观念。”[①] 这里所说的“想象”，

① 刘勇：《问题意识·成名的想象·创新精神：新时期“名记者”诞生的内在动因剖析》，《西南民族大学学报》（人文社科版）2010年第1期。

就是通过话语和实践对这些理念的表述。

因此“成名的想象”是一种话语实践，即新闻从业者将专业理念沉淀于新闻实践，并通过社会实践加以阐述；它是理念与实践活动、个体与同行群体、个人与社会制度之间的一个结合点。从这个角度切入，我们可以考察新闻改革过程中理念与实践的勾连。同时，由于中国新闻从业者历来被认为是中国知识分子的一部分，因此，中国知识分子在社会转型中的角色转变就成为我们考察的一个重要背景；又由于“专业主义”的形成在西方社会也是知识分子社会角色变化的过程，因此，我们的考察也就具有了反映社会转型与知识分子角色转变这一更普遍的意义。

（1）体制内新闻奖。

“任何一个行业发展到一定阶段，都必然会产生一批标杆式的人物。从某种意义上说，当这些样板式的人物聚集成一个相对集中的群体时，也就彰显了这个职业的成熟度。在新闻业内，这样的标杆式人物就是‘名记者’——‘被相当数量的读者共同喜爱并容易对他们产生重大影响的记者’。”① 在中国，如范长江、邹韬奋等名记者，以及以他们的名字命名的新闻奖，也成为记者们努力的方向。

学者蔡尚伟、冯结兰在论文《制度设计视角下的中国新闻奖——兼论中国新闻评奖制度的改进》中认为，新闻奖项是新闻制度的一部分，体现的是制度制定者对于新闻事业的评价和期许。在中国新闻场域内，由中国记协组织评选的中国新闻奖和长江韬奋奖，常被新闻界称为“两奖”，是经中央批准常设的全国优秀新闻作品和优秀新闻工作者的最高奖。它们扮演着指挥棒的角色，它定义官方视野中的精品报道，发挥作品标杆、价值引导、创新示范、改革引领作用。

网络时代到来，网络平台上发表的新闻作品异军突起，力量不容忽视，在此背景下，新闻奖评价体系也发生了一些新变。主要体现在两个方面：首先，评选向网络新闻作品敞开大门。2006 年，中国记协首次在中国新闻奖中设立了网络评论和网络专题两个评选项目，同时把网络新闻专栏纳入专栏的评选范围。2008 年又增加了新闻访谈和新闻网页设计这两个形态较为成熟、有清晰界定和评价标准的评选项目，还把新闻网站首发的新闻摄影作品、新闻漫画作品纳入评选范围，使网络新闻作品可以参评的项目增加到了 7 个。

其次，改变“配给制”，扩大作品推荐渠道。2014 年，中国记协评奖办公室首次直接受理中国新闻奖自荐作品参评，探索自荐申报。同时，11 所新闻科研及教学单位被列为首批试点报送单位，探索他荐申报。这些措施改变了中国新闻奖

① 刘勇：《问题意识·成名的想象·创新精神：新时期“名记者”诞生的内在动因剖析》，《西南民族大学学报》（人文社科版）2010 年第 1 期。

以往的“配给制”的僵化制度设计。“配给制”即新闻奖由各省（区、市）新闻工作者协会根据本地媒体影响力、规模大小逐级分配申报作品名额，实行申报限额。中国记协相关负责人曾表示，以前，中国新闻奖参评作品都是通过组织渠道报送的，好处在于有机构作保障，有一整套程序，但同时层级化往往阻止了一些优秀作品冒出来。

（2）“在线行动者”意见领袖。

在中国，大量记者投入社交媒体，成为新兴的在线行动者。有研究者认为，“在中国的微博场域中，权力控制、组织利益、个人诱惑呈现出新和旧的交织。职业新闻人群体在这些复杂因素的共同作用下得以成为行动者。在记者实践和中国场景的互动中，‘职业抗争’成了极有效的话语策略，帮助记者跨越职业伦理约束，从记录者转变成行动者”①。

这种情形的出现主要是受微博技术的影响，微博舆论的生成机制与传统舆论的生成机制存在差异。学者喻国明认为，微博传播是以聚合为特征的信息传播模式：核心—边缘模式；微博传播是一种节点间的“弱连带”和信息“圈子化”传播。正是微博的这种技术优势，给微博舆论传播带来空前的活力。新媒介技术突出了舆论建构的本质和舆论在政治争论中的作用。尤其是争议性话题，容易激起舆论的亢奋，也易引起人们的围观。

微博舆论场中的意见领袖是暂时性的舆论定义者，有学者称之为“暂时的精英”，这是微博意见领袖不同于传统意见领袖之处。微博意见领袖的行动还有一个特征就是事件导向性。很多微博舆论事件生发的动因是公共事件。公共事件作为首发信源，必须有足够的刺激性，才能吸引海量、碎片化的注意力。意见领袖的出场，需要有公共事件热场。搭载公共事件的顺风车，意见领袖借风使力，展开微博行动。如果没有公共事件充当微博舆论的引线，仅凭意见领袖的个人努力，难度甚大。

三、流程管理变革方向：全媒体思维与流程管理官

在过去的媒介流程变革中，新媒体平台往往被视为传统媒体的依附者与服务者，只是把报纸内容搬到新媒体平台上，没有摆正新媒体平台的位置。同时，传统媒体要掌握传播主导权的思维成见也很常见，在流程重组过程中往往“选择性遗忘”受众的主动权。如今随着受众“网络化迁徙”、报纸广告模式失败、社会化媒体勃兴等结构性变化，媒体流程管理变革势在必行。

① 卞清：《从“职业新闻人”到“在线行动者”：记者微博的中国场景》，《现代传播》2012年第12期。

（一）全媒体思维：重新梳理全媒体新闻生产流程

学者郭全中指出，互联网带来了第三次工业革命和第四次传播革命，已经成为社会的底层架构和标配，任何东西都必须具备互联网思维，按照互联网规律来运作。传统媒体在进行媒介融合时，绝对不能仅仅把移动互联网当成工具和手段，依然采取传统媒体的运作方式，只是把内容搬到移动互联网上一放了之，这种“先内容后移动互联网”的方式必然会导致媒介融合的失败，而应该采取“先移动互联网后内容”的方式。①

依据道琼斯的“涟漪”信息管理理论，一个新闻事件发生，就像一块石头投到水里，会产生很多涟漪。一个涟漪一个涟漪地扩散开，影响面迅速扩大。相应地，应当按照媒体自身的反应灵敏度来决定新闻发布的先后次序，让影响随传播所需时间从短到长逐渐扩大。因此，对于道琼斯所获的新闻，第一个报道的总是道琼斯通讯社，然后是华尔街日报新闻网站，第三是 CNBC 电视台，第四是道琼斯广播，第五才是鼎鼎大名的《华尔街日报》纸质版，第六是 *Smart Money* 等系列刊物，最后是 Factiva 商业资讯数据库。②

无论是从理论上，还是从实践上来看，要实现新闻产品生产的集约化，必须从新闻生产层面再造流程，实现产业链条上各个环节的互相支撑、多个平台之间的畅通交换，进而实现传播价值的最大化。

2014 年 8 月 18 日习近平总书记在讲话中表示：“推动传统媒体和新兴媒体融合发展，要遵循新闻传播规律和新兴媒体发展规律，强化互联网思维，坚持传统媒体和新兴媒体优势互补、一体发展，坚持先进技术为支撑、内容建设为根本，推动传统媒体和新兴媒体在内容、渠道、平台、经营、管理等方面的深度融合，着力打造一批形态多样、手段先进、具有竞争力的新型主流媒体，建成几家拥有强大实力和传播力、公信力、影响力的新型媒体集团，形成立体多样、融合发展的现代传播体系。”讲话为主流媒体改革与生产流程改造指明了方向。主流媒体要“强化互联网思维”，不能再以报纸为唯一主战场，要重视新媒体平台，真正实现新旧媒体的融合。

在打造多媒体平台上，《广州日报》作出了有益探索，不仅精心经营传统媒体，更注重社交平台使用，强化《广州日报》的品牌影响力建设，打造“1 + N”的媒体平台矩阵。社交平台上的《广州日报》聚集了数百万年轻人，把《广州日报》的品牌进一步扩展到年轻群体。从微博微信的后台数据分析，《广州日报》

---

① 郭全中：《融合的主体应是互联网》，见南方报业传媒集团、南方传媒学院主编：《南方传媒研究（第 49 辑）：融合路径》，广州：南方日报出版社 2014 年版。

② 巢乃鹏，刘欣：《媒介融合时代采编业务流程重组研究：以南京某报媒人员的深度访谈来展开》，《新闻记者》2012 年第 5 期。

在社交媒体上的粉丝有几大特点：本地化，大约有一半是广东人，其中四成是广州人；年轻化，年龄集中在18岁至28岁之间，大学生群体和高中生粉丝非常活跃。①

《广州日报》的“1+N”媒体平台矩阵，着力点在社会化媒体。在微博上，截至2014年6月26日，《广州日报》在新浪、腾讯微博的粉丝总数超过700万，在十大党报新浪微博的粉丝数中排名仅次于《人民日报》。在微信上，《广州日报》官方微信粉丝数逼近20万大关，由“求学指南”“广州日报球迷基地”“广州日报微管家”等组成的《广州日报》微信集群总用户数已突破50万。在短视频社交方面，《广州日报》迅速在微视、秒拍和美拍上开设了账号。2013年《广州日报》推出的全新的移动新闻客户端，聚焦本地新闻与读者互动服务。iPad端的《广州日报》数字报纸版目前更稳居媒体数字报纸阅读量的前列。2013年，《广州日报》还上线“广码”家族采编平台，将视频、互动、资讯、服务等纸张无法表现的内容，通过二维码形式，让读者通过智能手机扫码体验，将报纸与互联网打通。

广州一位媒体管理者表示，“传统报社以前只生产供报纸使用的内容，网络版也只是将报纸内容转化为网页形式，而目前所推动的‘媒体融合’，是要求主流媒体必须在网络平台上有效传播内容并吸引更多新的读者”。“必须及时调整印刷版和网络版报纸的成本和投入比例。媒体融合，意味着阵地的转移与变化，没有果断的撤退和转移，就不可能有兵力占领新阵地。”②

梳理采编流程要注意报、网两个板块的衔接，建立协同运作机制。《南方都市报》总编任天阳在《南都再优化：更慢更优雅，更快更灵动》一文中表示，“改版后报纸和网络将设立两套发稿标准，设立相应机制，完成网络版和报纸版两套稿件的生产和发布”。“动态稿件第一时间在网络发布，低价值新闻不再见报印刷，选择在网络刊发。见报稿件必须与网络稿是不同的产品，开发延伸阅读。报网产品将有两套明确的标准。形成‘网络（微博、微信、APP、网站）+报纸’的传播形态，立体传播，互相推动。”③

全媒体还体现在新闻产品上。全媒体新闻产品应该突破传统媒体的单调形态，打造高效的音频、视频、图、文等多媒体融合的内容生产、分发及增值运营体系，全面实现技术、内容、渠道等方面的深度融合，构建起基于大数据、云计

---

① 黄蓉芳：《我们不仅是一份报纸 我们更是全媒体平台》，《广州日报》，2014年6月26日。

② 谢奕：《媒体融合要“守正出奇知止有定”》，传媒新动力，http://www.medianewpower.com/8829.html，2014年9月18日。

③ 任天阳：《南都再优化：更慢更优雅，更快更灵动》，见南方报业传媒集团、南方传媒学院主编：《南方传媒研究（第49辑）：融合路径》，广州：南方日报出版社2014年版。

算的内容存储、挖掘、检索、调用、推送平台。①

（二）开放思维：新闻生产流程向社会敞开

2013年2月21日，广州市荔湾区中六路一家超市发生电梯事故，笔者分析了该事件报道的新闻文本，发现其呈现出一种社会化写作趋势。在此电梯事故报道中，"@彎彎和溫大都愛的SoSo"与"@教授_DAVID"两位网友是该新闻的真正写作者，他们以图文并茂的形式，提供事件脉络、空间场景，呈现了一个有血有肉的第一现场，此时，记者扮演的更多是一种信息整合、梳理的角色，或被称为信息管理者：

> @广州日报：#突发#【中六乐购超市电梯事故　有人被夹伤】多位网友报料，今日下午四时许，中山六路乐购超市突发电梯夹人事故。"@彎彎和溫大都愛的SoSo"：有個人半個身夾住，只腳白晒！"@教授_DAVID"：好多人，甚至有警察；医护人员；消防，听说有电梯维修人员在维修电梯时不小心给夹住了……目前乐购已暂停营业。

其实，此类新闻文本的写作方式不仅呈现在报纸官方微博报道上，在报纸版面上，网友也获得更多机会进入新闻文本直接发言，分享他们的事实信息与观点信息。面对网友多路径介入新闻文本的努力，当下新闻文本也呈现出社会化写作的新趋势。笔者认为，这是以微博为平台的用户生产内容（UGC）模式对传统报纸闭合式新闻生产模式产生的直接影响。通过以上分析，可见新闻文本的写作是新闻事实与社会图景的再建构过程。因为记者对公众（公众利益）的"代言"作用，在过去，记者编辑是新闻文本建构的唯一"合法人"。而今日，由于网络大潮的冲击，普通网民更多地也更主动地介入文本，专业记者也逐步"让渡"新闻文本的部分写作权。

有学者分析，在Web2.0技术的冲击下，在媒介内容生产中，出现了三类参与者：传统媒体、自媒体和公民记者。而媒介内容生产似乎也呈现出三种类型：①中心化内容生产，此时媒介内容生产主要在传统媒体组织内部完成；②整合化内容生产，此时媒介内容生产由传统媒体的专业人员与"公民记者"合作完成；③自媒体"专业化分布式"内容生产，此时专业内容生产者从传统媒体内部溢出，成立自媒体，整合UGC生产和发布内容。② 在流程管理与改造中，报纸机构应该顺应这个趋势，不断开放流程，把社会化新闻生产力量汇聚到原有流程中。

---

① 任晓刚、付宏、杜智涛：《传统媒体流程再造的理念与战略重构》，《中国记者》2014年第6期。

② 邓建国：《"专业化分布式"新闻生产时代的到来？——自媒体的挑战与机遇》，《新闻记者》2013年第8期。

具体而言，对外敞开采编流程，在报网、APP等网络平台上搭建社会协作入口，让网友自主生产内容，使社会化机构生产内容汇入专业新闻机构，或者探索“专业记者+社会化力量（自媒体、公民记者）”模式生产共同体。

（三）角色定位：流程管理官、新闻产品经理

巴博尔写道：“编辑需要做更多的前期策划，用更聪明的方式整合数字与印刷版的资源。这需要编辑与记者在思维模式上进行转变，但这是数字时代绝对正确的道路。”笔者认为，未来将出现一种流程管理官，其中最重要的为“消息源管理官”，即选题管理官，是流程管理者角色之一，负责每条消息源的策划，决定新闻的体裁、产品形态、报道方向与效果等。同时，着眼于新闻产品质量、产品经理的新角色也将出现。

在传统的采编流程中，尤其是在编辑中心制的采编体系中，新闻策划得到了充分的重视，并在流程中得以重点体现。那么，在流程重组之后，如何保证传统媒体的策划能力在新媒体环境下得以施展呢？在美国，“多媒体任务分配编辑”（Multiple Assignment Editor）应运而生。他们的主要职责是协调各媒体作出融合报道策划，并对策划进行分工。因此，被动式的多媒体采编流程便转化为主动式的多媒体采编流程。

这意味着传统的“把关人”正逐步演变为新媒体时代的“知识管理者”，中国人民大学新闻学院蔡雯教授以“知识管理”来诠释媒介融合给新闻编辑部带来的改变。“传统媒体的转型，对于新闻从业者个人而言，最大的改变不是强化发现和采集新闻的职能，而是强化加工新闻和信息的职能，也就是要通过对新闻和信息的整合，提升内容产品的品质和价值，使新闻和信息传播进一步延伸到知识与服务领域，并不断通过裂变与聚合，形成新的内容产品，从而促成媒介集团中产品链和价值链的生成。”①

新闻产品经理是怎样的角色？笔者认为，新闻产品经理是以全媒体内容产品为核心，主要工作为根据用户需求设计新闻产品，跟踪产品内容质量的管理，把握用户体验与数据分析等方面。新闻产品经理设置有一个前提，即读者思维到用户思维的转变。在全媒体时代，受众不再是原本模糊的读者，现在受众变成了有反馈、有数据行为、真实而鲜活的用户。② 满足用户的信息需求，是媒介新闻生产目的所在。有学者认为，区域性传媒集团的转型出路是“向下生长”。开展何种新媒体业务完全基于“你到底要将你的什么服务送达什么样的用户”。浙江日报报业集团确立“新闻+服务”理念，正在探索建立互联网枢纽型传媒集团。换

① 蔡雯：《媒介融合带来新闻编辑部角色变化——从新闻采编到知识管理》，《新闻与写作》2007年第4期。
② 陈文武、汪震宇：《19楼产品经理的“心经”》，《中国记者》2014年第11期。

句话说，对本地资源的掌控以及本土化、社区化服务恰是区域性媒体集团融合发展的着力之基。[①] 对于媒体而言，打造社区综合服务平台，为用户提供增值服务，也是一个努力方向。

有学者认为，传统媒体只有拥有位于产业链高端且不断迭代的产品，把自己变成新媒体，才能在转型、融合中占据主动。产品经理，成为传统媒体转型新媒体的最核心资源。[②] 如何才能做好一个产品经理呢？笔者认为主要有几个方面。

首先，聆听用户和理解用户。用户的需求，是我们内容生产的第一法则。笔者认为，受众对于信息的需求呈现一种阶层化：安全需求（信息知晓、环境瞭望、困境解决策略）、情感与归属需求（情感唤醒、慰藉、宣泄，身份认同）、参与感与自我实现需求（观点表达、介入事件、寻求影响力）。这种划分基本贴合马斯洛需求层次学说。在内容生产中，我们应紧盯上述需求。例如安全需求——要发布最权威的信息，以个性化方式讲清某政策变动对市民的具象影响，不是笼统而谈，而是真正释疑解惑；情感与归属需求——我们要学会以不引起反感的话语疏导公众情绪，讲述不为人知的群体故事，给“同类人”身份认同，让社会理解并关注他们。在互联网媒介平台上，用户变得有迹可循，可以数据化，可以分析。作为产品经理，要学会用技术手段了解用户，认识用户，第一时间采集用户特征、行为轨迹、阅读习惯，为改进新闻产品提供参考。

其次，为用户生产最极致的内容。与其他服务业不同的是，新闻产品大部分是思想产品，这种产品不同于工业流水线上的产品，其中倾注了生产者的情怀与思考。一位纸媒负责人表示：“报纸、报社应该是最有知识、最具理性气质、最会用文字讲故事的媒体，适当超前于社会公众，未来永远如此。报纸应成为更有见识、更有知识水平的媒体。”[③] 之于社会责任、社会良知，新媒体时代仍需一批公共媒体贡献一些严肃话题，成为品质新闻业的标杆。

如何才能做出品质新闻？笔者认为，作为新闻生产者要恪守准确、中立、公正的新闻产品标准，要增加更精准、更有趣、更加个性、更可视化的表达，更会讲故事。更为重要的一点是，新闻生产者不仅要告知公众社会面貌如何，还要呈现出社会运行的背后逻辑。例如，城市中的流动民工，在城市化中面临的沟壑，人的城市化面临怎样的困难等话题。这就需要我们深入一线，作一些社会学样本式的深度调查。

在未来媒介新闻生产中，报纸不再属于纸张，PC 新闻端、移动新闻端将崛

---

① 张德君、周艳梅：《产品经理，媒体融合的“关键先生”》，《中国记者》2014 年第 11 期。

② 刘君：《媒体产品经理的成长土壤》，《中国记者》2014 年第 11 期。

③ 张宇：《纸媒高层领导关于转型的思考》，无限 135，http：//www.wx135.com/articles/20141129/5479d831 – 8a48 – 4dfb – ac34 – 764102734e20.html，2014 年 11 月 29 日。

起，甚至取代纸张。在这种情况下，新闻无印刷，也无截稿时间，全天候发布成为常态。新闻生产者将进一步分化，将更加专业，网络平台记者专注突发新闻，深度记者负责为热点新闻提供深度分析与报道，他们仍将忠实地追求具有原创性及调查性的新闻。一些低质量资讯的生产将会不断弱化，中央编辑部将聚焦高品质的内容生产，以适应不同读者群体的需求。

第三节 小结：全媒体机构与流程改造

本章从中观层面透视新媒体环境下报纸组织所发生的变革，主要从报社机构调整和新闻生产流程管理变革两个方面展开研究，力图发现变化，进而尝试寻找未来变革的方向。

本章第一节，立足于《广州日报》等媒体的实践，探讨自20世纪90年代末以来报业为应对新媒体挑战所展开的机构调整战略。研究发现，报社组织机构调整大致经历了两个阶段：报网互动时代，设置附属网站平台，主要为发布与反馈环节的机构调整；全媒体时代，搭建多元平台，机构调整贯穿采编全流程，最后探索建立中央编辑部统领多个平台，实现以“网”为核心的采编体系的建设。从《广州日报》的实践来看，报网互动仍没有脱离以“报”为主的窠臼，网络仅仅成为报纸采编的一个延展或附庸，报网至今“两张皮”。

本章第二节，主要立足《广州日报》的实践，探讨报纸的传统新闻生产流程管理模式及其在新媒体冲击下所发生的变化。研究发现，新媒体环境下，报纸新闻生产流程管理出现了诸多新变化：消息源管理方面，条线制度仍然是消息源输入的最有效组织方式，同时，伴随微博信源的扩张，采编部门负责人要求记者建立微博专业圈子，实现全天候信源监控；报纸编前会出现“网络迁移”趋势，微信成了新闻生产与管理的新型组织方式；新闻产品质量体系方面，不断拓展出故事新闻、数据新闻在内的众多新的新闻品种；在绩效考核奖惩体系方面，由于新媒体平台的崛起，传统考核方案面临一定冲击，新考核方案协商制订过程则出现了利益再分配的博弈。

在分析报社机构调整与新闻生产流程管理变革现状的基础上，研究者尝试探讨报业未来的发展方向：在机构调整方面，融合编辑部重构“以网为核”的采编体系。一是内部打破采编壁垒，外部搭建社会协作入口；二是破除“版面依恋”，“以网为核”重构新闻采编体系。在新闻生产流程管理方面，则应发生如下转变：树立全媒体思维，再造全媒体新闻生产流程。在全媒体流程管理中，强化流程管理官、新闻产品经理的角色。

第三章

常规修订：报纸新闻生产过程中的变革[①]

① 说明：本章作者肖桂来为课题组主要成员，其硕士学位论文根据导师主持的本项目立题，本章内容即在其硕士学位论文的基础上修改而成。详见：《报网互动情境下的报纸新闻生产过程研究》，广州大学硕士学位论文，2012年。

“新闻是人们了解世界的窗口。通过这个窗框，我们美国人了解自己，也了解他人，了解美国的制度、美国的领袖人物以及美国的生活方式，同时也了解别的国家和民族的各种情况。”“但是跟任何用以描述世界的框架一样，新闻这个框架本身也有自己的问题。窗口展示的视野取决于窗口的大小、窗格的多少、窗玻璃的明暗以及窗户的朝向是迎着界面还是对着后院。”① 社会学家盖伊·塔奇曼（Gaye Tuchman）以此“窗框”式比喻道出了新闻生产的秘密：新闻是被生产出来的，受制于既有“框架”，“媒介图景”是由媒体“制造”的。吉伯（Gieber）在一项研究中提到“建构新闻”“制造新闻”“社会建构的现实”“新闻是媒体人制造的东西”。

“新闻生产”英文为“newsmaking”“newsproducting”，意在表明新闻其实是一种有组织、有计划的社会活动过程的产物。简单地说，新闻生产包括新闻从采集、制作到传播的全过程，是传者对新闻事实进行选择、加工和发布的过程，其生产的主体包括消息来源提供者、媒介组织、新从业者等。② 新闻生产研究连接传播理论与新闻实践，探讨制约新闻生产全流程的各因素及作用路径，并注重新闻生产过程的工作常规嬗变。

正如舒德森所言，在西方的新闻生产研究中，有三种研究视角被学者普遍采用：第一种是政治经济学的取向，侧重将新闻加工的结果和国家结构、经济结构联系起来，和新闻机构的经济基础联系起来，分析文化产品的生产及流通与国家政治、经济和文化等体系的关系，这一取向主要出自英国的媒介研究。第二种是新闻生产社会学的取向，这一取向相对中观，侧重将媒介作为社会组织来分析，试图了解新闻记者在工作中所做的种种努力是如何受制于组织和行业的要求，并如何影响最终的新闻产品的。这以布里德、塔奇曼、甘斯、费什曼、休梅克等人的研究为代表。第三种是文化研究的取向，强调广泛的文化传统和符号系统的约束力，不考虑经济组织的结构或者行业惯性的特征。

关于新闻生产的研究，一般认为正式开始于对“新闻选择”的研究，而关于新闻选择的研究则可追溯到20世纪50年代的“把关人”研究。其实“把关人”只是新闻生产过程的一个组成部分，这个过程包含许多影响因素，如来自媒介组织内部的影响（内部组织结构、权力制度、记者个人的思想）、外部社会的影响（政府、广告客户、社会公众）等。“把关人”理论之后，20世纪50年代起西方一批学者开始真正从媒介社会学角度探索媒体新闻生产领域的秘密，并形成了不同的研究传统。

---

① ［美］盖伊·塔奇曼著，麻争旗、刘笑盈、徐扬译：《做新闻》，北京：华夏出版社2008年版，第30页。

② 张志安：《编辑部场域中的新闻生产》，复旦大学博士学位论文，2006年。

芝加哥大学社会学家默顿（Robert King Merton）的学生沃伦·布里德（Warren Breed）对新闻编辑部中的社会化因素作了深入考察，试图理解新闻价值和记者的实际工作以及实际编辑方针之间的明显矛盾。他将记者在缺乏公开压力的情形下的遵从行为，解释为受到其他群体成员以及群体身份影响的“社会化过程”。1978年，盖伊·塔奇曼出版了《做新闻》（*Making News: A Study of Social Construction of Reality*）一书。他花了10年时间在新闻编辑部进行亲身观察，并对新闻从业者进行调查，将新闻的专业主义、新闻组织及公司资本主义的出现联系在一起，认为新闻是对真实的社会的建构。塔奇曼认为，“制造新闻的行为就是建构事实（constructing reality itself）本身的行为，而不仅是建构事实后图景的行为”①。他认为新闻不可能是对客观世界的直接反映，新闻生产活动不是一个脱离由人的主观制约的社会实践的过程。

1979年，社会学家赫伯特·甘斯（Herbert J. Gans）出版了自己的研究成果——《什么在决定新闻》（*Deciding What's News: A Study of CBS Evening News, NBC Nightly News, Newsweek and Time*）一书。他认为：“新闻从业者总试图保持客观，但无论是他们还是任何其他人，最终都不可能离开价值行事。此外，现实判断永远不可能完全摆脱价值。”② 1980年，马克·费什曼（Mark Fishman）出版了《制造新闻》（*Manufacturing the News*）一书，他关注和考察地方性新闻媒体，通过调研和采访来研究州政府的新闻从业者与消息源的关系及其在媒介组织中受到的压力。1994年，美国学者麦克马纳斯（MacManus J.）出版了《市场驱动新闻学》（*Market-Driven Journalism*）一书，对市场机制在媒介生产中的作用进行了细致研究。

国内有关新闻生产的研究起于20世纪90年代，目前处于起步阶段，主要研究成果有：陆晔从宣传管理、媒介组织和消息来源三个方面，对当代中国新闻生产过程中的权力实践展开了细致分析；芮必峰从宏观的视野探讨了制约新闻生产的各种社会权力；洪兵对《南方周末》的新闻生产作了个案研究；张志安从编辑部组织的层面对《南方都市报》的新闻生产进行了考察；马锋依照休梅克的分析框架，从传者个体特征、新闻工作常规、消息来源以及意识形态四个角度对现代风险报道生产偏向展开了研究；陈阳从个体新闻工作者的特征和意识、新闻组织的职业常规及新闻生成的社会体制情境三个层面对我国的妇女新闻生产展开了研究；田秋生从市场逻辑如何改变党报新闻生产的角度对《广州日报》展开个案研究。

---

① ［美］盖伊·塔奇曼著，麻争旗、刘笑盈、徐扬译：《做新闻》，北京：华夏出版社2008年版，第38页。

② ［美］赫伯特·甘斯著，石琳、李红涛译：《什么在决定新闻》，北京：北京大学出版社2009年版，第49页。

令人关注的是，台湾的一些新闻传播学者也较早地进行了一些新闻生产的研究。如台湾政治大学罗文辉通过研究记者的新闻选择过程发现，消息来源的偏向是记者为迎合截稿时间、提高工作效率、维持新闻可信度以及与消息来源互动的结果。“如果新闻机构的工作常规（routines）及新闻价值体系无法改变，我们将很难期望新闻记者会改变他们选择消息来源的习惯与标准。”① 陈顺孝利用参与观察法对台湾报社编辑的把关行为进行了研究，康永钦对记者如何规避风险处理新闻策略进行了研究，吴筱玫则通过对两个案例的研究来探讨网络媒体如何影响新闻生产等。

第一节　新闻工作常规

有人说，记者是栖身于新闻工厂（媒介机构）的生产工人，他们的产品呈现出一种特殊化文本形态——新闻报道。他们的生产流程则表现为信源（原料）的获取与选择、新闻采访、新闻写作、新闻编辑，到最后的新闻呈现。记者并非新闻生产的“决定者”，他们必须按照新闻工厂的章程与标准进行流水线生产，这些章程是生产新闻的依据和准绳。对于新闻记者而言，他们所遵循的生产规则与惯习，便被称为新闻工作常规。

常规（routine）又译作惯习，对于这一概念的追溯，我们将回到组织理论中去发现它的源头，以便更深入地理解这一概念。常规这一概念是 1940 年由 Stene 提出的，常规被认为是组织的重要特征和企业完成任务的主要手段，对组织行为有重要的影响。传统文献对常规的介绍大体有三个类比：首先，常规被比作个人习惯，此时组织成员无须思考，其行为是对输入程序的自动反应；其次，常规被比作执行程序（performance procedure），程序包含了选择、决策、行动等活动，这一类比认为，由于主要决策已事先制定，日常工作也就不需要深思熟虑；第三个比喻将常规比作组织的基因，认为组织常规起着类似于生物进化论中基因遗传的作用，它们是组织持久稳固的来源，并决定着组织可能的行为。《美国英语语言遗产词典》把常规定义为：“有规律可遵循的一个描述性的、详细的行动路线，一个标准的过程。”这个定义简洁清晰地强调了常规的三方面内涵：常规是循规蹈矩，它是一个详尽的行动路线图，也是一种标准化的生产过程。正是因为常规的存在，组织机构才能确保在不确定的环境中高效运行。

休梅克认为，新闻工作常规是新闻组织为完成任务而发展出来的模式化的、

---

① 罗文辉：《新闻记者选择消息来源的偏向》，http：//yingyu. 100 xuexi. com/view/specdata/20101102/45A67ACF-A27C-41D6-BB34-0CFA990732E1. html，2010 年 11 月 2 日。

可重复使用的工作程序，传媒工作者运用这些工作程序从事日常工作。[①] 作为肩负生产新闻责任的工人，新闻工作者必须以某种可复制甚至标准化的方式在截稿期限的压力下生产出工厂需要的产品。换言之，新闻从业人员需要一种相对稳定、可资标准化其工作的新闻生产方式来应对各种非常规的事件。当报社成为一种组织，当新闻工作成为一种职业时，从业人员正是运用新闻常规来进行日常工作，将那些原始素材转变成所谓的新闻稿。此时，新闻工作成为一项可以依规则操作、可预见、可复制的模式化工作。

新闻工作常规有多重内涵。有学者认为，第一重为以倒金字塔文本结构为主体的文本结构常规，以及新闻网、新闻路线分配、人力资源分配等组织结构常规，同时还包括截稿期限、版面时段等信息资源的时间和空间分配等工作常规。第二重是作为质量控制标准的新闻选择标准常规（比如新闻价值、事件取向、故事模式等）。第三重为“媒介间”关系的工作常规，即记者之间是相互参考的，无论就议题还是内容而言。所有以上这些工作常规都是为了应对不确定性对媒介正常生产秩序的挑战，进而言之，媒介为了满足日夜滚动的生产方式，为了满足公众对新闻无休止的寻求（这自然是一种假设），从而发展出新闻工作常规来进行新闻的生产和装配。[②]

新闻工作常规缘何产生，存在又有何价值呢？笔者认为，凭借工作常规，媒介机构可发展自我的生产规则，以此来控制新闻报道的节奏，确保新闻报道的质与量。另外，工作常规的运用也确保了新闻机构运转的平稳性。由于报纸出版的特殊性，媒体记者经常面对各种突发情形，在突发情况下如何排除媒介运转的各种可能干扰尤为重要。有新闻学者提出：新闻组织在处理一些突发新闻时，便是借由常规来处理这种不确定性，如采取类型化（typification）、依赖例行的消息来源、在新闻最可能发生的地方配置人员以及坚持组织的政策[③]。由此可见，新闻工作常规既是一种新闻生产的质量控制方法，也是一种人力资源优化配置的方法，更是一种降低组织运作不确定性的策略。

第二节 常规报道：新媒体因素渗透报纸新闻生产流程

对于报纸常规新闻生产而言，深度报道与动态新闻几乎构筑起其全部报道形

---

① Shoemaker, Pamela J., *Mediating the Message: Theories of Influences on Mass*, N. Y.: Longman Publishing Group, 1991, p. 85.

② 马锋：《现代风险报道生产偏向研究》，复旦大学博士学位论文，2008 年。

③ Ettema, J. S., Whitney, D. C. & Wacklnan, D. B., Professional Mass Communicators, In C. R. Berger & S. H. Chafee (eds.), *Handbook of Communication Science*, Newbury Park: Sage, 1987, pp. 747–780.

态。笔者对新媒体环境渗透下的报纸新闻生产流程的考察，也将以“深度报道”和“动态新闻”为两个切入维度，分别选取代表性个案，以期全面透视新媒体环境下报纸常规报道新闻生产流程的嬗变。

一、常规报道与个案选择

从20世纪80年代末到90年代中，中国新一轮报业市场化改革推进。报纸财政“断奶”被推入市场，“自主经营、自负盈亏”的报纸市场化生存模式肇始。一批有实力的党报创办了一批子报子刊，组建报业集团进军市场。此外，传播领域另一趋势也风生水起——网络媒体急剧发展，仿佛一夜之间报纸新闻业被推入更加多元、更趋互动的Web2.0时代。

在当下新媒体步步进逼的情况下，传统报纸开始思考自己的救赎之路。传统报纸在新媒体进逼下发生了哪些变化呢？笔者认为主要有四个趋势：一为更趋于新闻资源的深度开掘，深度报道成为常规报道品种；二为本地动态新闻的介入更主动，地方版新闻成为核心竞争领域；三是报纸更乐于奉献观点与思想，评论版精彩纷呈；四为报纸更加关注实用性资讯的提供，更贴心，更具服务性。

本章研究的核心议题为报网互动情境下的报纸新闻生产过程，即关注报纸内容生产中属于“新闻”的部分，即深度报道与本地动态新闻两个方面。另外，鉴于本章的研究对象为报纸常规新闻的生产过程，如从新闻品种角度分析，主要包括“快新闻（浅新闻）”与“慢新闻（深新闻）”。为确保对报纸常规新闻报道品种的全貌覆盖，本书对常规报道作出了“深度报道”和“本地动态新闻”的两维划分，以确保分析的全面性及逻辑思路的清晰。

在本地动态新闻这一维度，笔者选择《南方日报》本地动态新闻版《广州观察》为个案。《南方日报》定位于高端政经大报，对于省府所在地广州，《南方日报》也尤为关注，创建了专属版面《广州观察》。《广州观察》版聚焦广州本地新闻，并以“快、准、全”为操作策略，权威呈现广州发生的、正在发生的新闻故事，在广州多家报纸的广州版中具有一定代表性。

在深度报道这一维度，笔者选择《广州日报》深度报道版《新闻蓝页》为分析个案。作为广州市党委机关报的《广州日报》1996年组建了国内首家报业集团，作为集团主打报纸，《广州日报》目前也是市场化运作最为成功的党报之一。《新闻蓝页》版是国内市场化报纸较早涉足深度报道的专属版面，现已形成一定品牌。选择该报深度报道版作为分析对象既是因为它的承载平台——《广州日报》在中国报业市场上的典型性，也是因为作为较早独立设置的深度版面的开创性探索——《新闻蓝页》的实践代表着报纸新闻生产的未来路径。

二、个案：《南方日报》版面《广州观察》新闻生产过程

《南方日报》在2003年年底第三次改版时期，推出了《珠三角新闻》，每天以4个到8个版的报道覆盖珠三角，开辟《广州》《深圳》《佛山》《东莞》4个地方专版，随后在改版中分别更名为《广州观察》《深圳观察》《佛山观察》和《东莞观察》，并逐步扩大——逢周二到周五，每天各出4个至12个版。《南方日报》的《广州观察》是以广州本地为聚焦点的地方性版面，报道内容基本锁定在广州政经、文化以及各类民生大事小事。主要栏目有《广州观察·视点》《广州观察·政情》《广州观察·社区》《广州观察·城事》《广州观察·商业》《广州观察·民生》等常规版面，主要聚焦广州这座国家中心城市土地上所发生的新闻故事，时刻关注广州民生，通过做必读的民生动态新闻来打造报纸核心竞争力。

笔者曾在2011年9月至11月到《南方日报》机动记者部实习，该部门主要以《广州观察》版突发性新闻、民生类策划为重点。笔者参与了其中动态突发新闻的全流程制作，经过长期观察与交流，也充分了解了作为一个突发跑料记者对于生产流程的思考与看法。

（一）消息源与选题

众所周知，在中国传统报纸新闻实践中主要有几大新闻源：本地记者采写、公共资源（新华社电稿和网络信息）、媒体通联共享、通讯员供稿。其中，通讯员供稿是中国报纸新闻的一个重要来源，有人更是把通讯员比作报纸不可或缺的眼睛和耳朵，视其为记者获得新闻线索的稳定来源，也是报纸对某组织持续动态关注的重要维系者。

报纸（记者）与通讯员之间的关系因潜在利益交换关联而变得微妙。他们分属于新闻采写链条的下游与上游，共同完成采写。记者需要通讯员提供线索和素材，当自己的"耳目"；通讯员则需要记者对材料加工提炼并输送到报社。问题在于，记者往往容易走入两个误区——要么过于迁就通讯员，以求得与通讯员及所在单位搞好关系；要么惯于把通讯员提供的线索和素材攫为已有，增加自己发稿的机会。[①] 两者存在一种"喂"与"被喂"的依存关系。

当下，由于微博、论坛等社会性媒体的发展，记者所依存的消息源供给链条——通讯员制度，以及两者之间关系有何变化呢？笔者通过对《广州观察》版的长期监测，也注意到该版面当下很多报道来源于各条线通讯员供稿，同时也发生了另外一个鲜明的转变：新闻来源更加多元化，网络信源日益崛起。例如，各政府机构（事业单位、文化单位、企业等）的官方微博就成为通讯员的一种代替

① 高向军：《从编辑角度谈报纸对通讯员的要求》，《青年记者》2009年第35期。

形式。报纸记者也越来越习惯于从这些机构的官方微博发布中获得消息，而非仅仅从通讯员口中“掏”出料。此外，各种城市社区微博、生活服务圈微博、市民个人微博关于各类机构的报料也更鲜活，成为记者“捕食”的一个重要渠道。这些微博成为记者监控的一个重点，因为它们总是报出猛料。

下面笔者对当下《南方日报》的《广州观察》本地动态新闻版的消息源进行了一个简要的随机统计，选取该版面中《广州观察·视点》《广州观察·社区》和《广州观察·城事》三个版面在过去一周（2012年4月9日至13日）的消息源进行统计（具体见本章附录附表1 2012年《南方日报》的《广州观察》版一周样本消息源对比统计），对附表1进行分析后得出以下数据：

表3.1 《南方日报》的《广州观察》版一周样本传统与网络消息源对比

日期	传统消息源	网络消息源
4月9日	社区/民生（通讯员3；报料人1；无明确消息源1）	0
4月10日	视点（通讯员1；市发改委1；学术会议1） 社区/政情（通讯员5；记者采访1） 城事（通讯员4；报料人4）	视点（网络热议1） 社区/政情（中国文明网1）
4月11日	视点（通讯员1；记者调查1） 社区（通讯员1；记者调查1） 城事（通讯员2；报料人3；新闻追踪1）	社区（微博报料1） 城事（微博报料1）
4月12日	视点（通讯员2；记者调查1） 社区（通讯员2；记者采访3） 城事（通讯员6；报料人2；记者采访3；新闻追踪1；家长投诉1）	社区（市规划局网站2） 城事（微博报料2）
4月13日	视点（记者采访3；新闻追踪1） 社区（通讯员1；记者采访1） 城事（通讯员8；报料人3；记者采访3）	视点（微博网络调查1） 社区（政府网站1） 城事（微博报料1）
统计	传统报料73个	网络报料11个
比例	占总数86.9%（通讯员36，占消息源总数42.9%）	占总数13.1%（微博报料5，占消息源总数5.95%）

据以上表格分析，我们可以看出总体上而言，《南方日报》的《广州观察》版的消息源结构呈现一种以传统消息源（通讯员、报料人）为主，网络报料（微博报料、政府相关网站）为辅的格局。其中传统消息源占绝大比重，约86.9%；

网络报料仅占13.1%。对此，《南方日报》机动记者部一位记者表示，网络消息源是这几年才刚刚冒出来的，以往的新闻报道几乎都来自于传统报料，例如书信、通讯员供稿等方式，现在读者投信报料的方式基本绝迹，网络报料开始慢慢地多了起来，而且呈现一定上升趋势。此外，还有一些是通过QQ群、论坛等方式完成报料的，例如一些社区论坛、社区QQ群等。①

笔者对来源于网络报料的新闻文本进行分析发现：网络报料大多内容鲜活，不像通讯员供稿那样内容干瘪，因此来自网络报料的一些稿件也占据了版面之中的优势位置，且大多是援引"微博截图"作为报道内容的一部分，版面语言生动，一般对较有价值的报料也会尽力去做大，并且尽量注重与网友建立较好的互动。而通讯员供稿大多被大幅删减，一般只占据豆腐块大小的空间，稿件内容以呈现关键信息点、与民生热点相关的问题为主。

笔者在长期的参与式观察中注意到，因为网络报料的风生水起，跑线记者（民生记者等）对于报料线索的监控习惯也发生了变化：记者更加注重对自己所属条线的微博以及网络社区进行监控与关注。下面，笔者对经常在《南方日报》的《广州观察》版面发稿的两位记者的新浪微博关注对象进行了统计：

表3.2　《南方日报》跑线记者微博关注情况统计

账号	关注数	与条线相关的加V好友
@奇遇仔（公安线、军事版记者）	624	@南国狱警、@广东政法、@Combine 論壇（香港社区）、@阳光下之家（国内最专业的为服刑、劳教、在逃、社区矫正人员和刑释解教人员及其亲属提供社会帮教服务的NGO）、@军迷俱乐部、@微博军事论坛、@空军世界网站、@飞扬军事（非营利民间军事分享与科普网站）、@南粤消防在线、@广州消防、@广州交警、@中国消防在线、@平安汕头、@广州公安、@平安南粤 （注：条线相关的共15人，其他对象为媒体同行记者个人）
@南方de雷雨（教育线记者）	668	@中山大学珠海校区学生会、@中山大学南校区学生会、@中山大学学生会、@华师头条、@广东工业大学食堂监委会、@高考快讯（新浪高考频道）、@南粤希望工程、@广州大学GZHU、@与大师同行2012（李嘉诚基金会支持学子与大师交流项目）、@汕头大学新闻中心、@广东政法、@iDream助学基金、@广东大学生福彩公益奖、@广东学联、@广东志愿者西部和山区计划、@大学城新闻、@中山大学逸仙时空BBS、@华农红满堂、@华南师大报、@华南理工大学新闻中心、

① 笔者对《南方日报》记者蒋哲的访谈资料，2011年10月20日，广州。

（续上表）

账号	关注数	与条线相关的加 V 好友
@南方de雷雨（教育线记者）	668	@广东共青团、@中山大学中大青年、@华南理工大学招生办、@中山大学招生办 、@中山大学、@暨大图书馆、@广外新闻网、@暨南大学、@天地人大－TDRD（中国人民大学论坛）、@CCTV 开学第一课 、@广东稻草人－少年儿童守护计划、@香港城市大学本科招生、@香港浸会大学、@香港科技大学本科招生、@香港大学官方微博、@香港中文大學入學處 CUHK、@南方青年创新创业大赛、@中国人民大学校友会 （注：与教育线相关的共 38 人，其他多为媒体记者个人）

注：统计截至 2012 年 4 月 14 日下午 3 点 30 分。

据上表统计，笔者发现新媒体环境下跑线记者的消息源获取方式的一个显著变化：微博监控成为一个常规渠道。在统计过程中，笔者注意到跑线记者关注对象主要分为三个方面：一为私人好友；二为媒体同行记者编辑；三为跑线专业领域涉及的政府部门、相关专家、社区论坛的官方微博等。

综上，笔者认为在媒体操作层面上，本地动态新闻版的消息来源中通讯员与报料人仍占了绝大部分，微博等网络报料开始呈现不断上升趋势。首先，相对于前几年而言，网络报料所占比例有了较大幅度提升，并且成为鲜活新闻的主要源头，也成为报纸与基层新闻现场建立直接联系的通道。其次，传统通讯员报料新闻所占版面空间也逐渐为鲜活网络报料所渐渐“蚕食”，网络报料新闻获得更多上版机会。当下网友日渐成为报纸新闻生产中的节点，报纸也借助网友感知社会表情，将网友作为直接耳目记录每一个新闻现场，打破报纸专业记者人员的人数限制，可以最大限度地网罗街头最新鲜的新闻故事。基于新闻选择的市场化原则，网络报料鲜活、生猛，往往又含有人情味浓郁的新闻故事，深得受众喜爱，所以在新闻筛选中往往战胜通讯员稿件，成为上版稿件。

基于以上变化，在新闻来源与新闻选择环节，记者对微博报料的依赖程度也越来越高，很多记者已把从自己条线相关领域的官方微博获取消息源视为常规工作方式，在微博上也试图建立起自己的专业圈子，这也成为新媒体环境下记者的常规“找料”方式。

（二）新闻采写

笔者对《南方日报》本地动态新闻版《广州新闻》新闻采写的分析，希望通过一个突发新闻事件报道的具体操作来呈现。在笔者参与调查期间，一个新闻事件令笔者印象深刻，即发生在 2011 年 11 月 24 日下午的“广州番禺化工厂爆炸事件”。

事件经过大致如此：11月24日下午2时30分，广州市番禺区南村镇坑头东线路福田化工厂发生爆炸，警方在化工厂周围500米处拉起了警戒线，工业区内工人已经全部疏散。随后证明无人员伤亡，原因疑为操作失误，涉事工厂主任被刑拘。接下来，当地群众也发起静坐要求化工厂搬离，番禺区政府承诺制定一系列措施改进工作。下面笔者以图表呈现该事件报道中“@南方日报广州观察”与报纸版面《广州观察》的互动。

表3.3　“@南方日报广州观察”微博与版面互动

日期	@南方日报广州观察	《广州观察》版
11月24日	@南方日报广州观察：今日14时30分左右，广州番禺一家工厂疑发生爆炸，现场升起巨大烟云。（2011－11－24　14:45） @南方日报广州观察：【番禺工业区一工厂疑爆炸　幼儿园已疏散】今日14时30分许，番禺东线工业区一工厂疑发生爆炸。周先生回忆“爆炸声一直持续了两分钟，地都颤抖了”。事发地散发出刺鼻的味道，工业区内全部工人疏散，附近幼儿园的小孩都已经疏散。http：//t. cn/SyuUfc（2011－11－24　15:20） @南方日报广州观察：#番禺化工厂爆炸#最新消息：截至16点20分许，番禺东线工业区福田化工厂的灭火仍在继续，《南方日报》记者在现场仍能听到类似放鞭炮的声音。据公开资料，福田化工厂属化学制品制造业，生产涂料、油墨、颜料及类似产品。番禺市桥等地网友表示闻到刺鼻气味。（2011－11－24　16:21） @南方日报广州观察：【番禺化工厂爆炸续：危险品有害!】番禺化工厂爆炸，场内储存物质主要是硝酸钠、氯酸钠、钾肥、过硫酸钠。@广州消防连发三条微博提醒爆炸番禺化工厂危险品性质及处理方法。包括迅速脱离现场至空气新鲜处、输氧、如接触后用清水冲洗等。（2011－11－24　18:43） …… （包含突发事件进展、视频报道、各类背景资料以及便民防护提醒，共计25条微博）	空档期

（续上表）

日期	@南方日报广州观察	《广州观察》版
11月25日	@整蠱專家SUE：//@南方日报广州观察：【番禺一化工厂爆炸案：疑工人操作不当引发爆炸】昨日下午2时35分许，广州番禺福田化工厂一仓库发生爆炸……番禺安监局局长周大福表示，事发原因疑似相关工人操作不当……（2011－11－25　22:03） @2到不行了：//@南方日报广州观察：对皮肤、黏膜有刺激性，如有接触，须用大量流动清水冲洗。 …… （以网友转发昨日“@南方日报广州观察”所发布微博为主，仅有少量后续跟进，该突发事件传播渐落幕）	●《番禺一化工厂爆炸　紧急疏散6 000人》 ●危险品燃烧产生有毒气体，消防救援及时无伤亡 ●工厂有关责任人已被警方控制 （昨日事件脉络梳理与整合）

事件发生后，机动记者部接到市民电话报料，也通过微博检测到网友所发布的爆炸消息，随后立即派出“@南方日报全媒体报道小组”前往事件现场。在接料与赶往现场之间，部门记者通过电话完成第一次远程采访。下午2时45分，距事发短短10分钟，“@南方日报”发出“第一声”：“今日14时30分左右，广州番禺一家工厂疑发生爆炸，现场升起巨大烟云。”

借力微博提升报纸新闻生产速率。回顾事件报道过程，第一条微博发布后，“@南方日报”又以“广州番禺一家工厂发生爆炸”作为事件标签，启动前后方联动报道，不断更新各类相关消息。下午3时18分，全媒体报道小组就在南方网发布第一条报道《广州番禺东线工业区一工厂疑发生爆炸》，以多种形式采访了前方群众，以文字、图片呈现了爆炸发生之时的情景。

在前方全媒体报道小组的强力支持下，更多信息被及时发到了网上，“爆炸发生后，幼儿园已疏散”“广州番禺工厂事故续：暂无人员伤亡报告”“番禺疑发生爆炸，工厂为福田化工厂”“爆炸番禺化工厂危险品性质——硝酸钠”，不断引起网友们的评论转发。主要内容涵盖事件最新进展、视频整合报道、各类背景资料以及便民防护提醒等。在此事件的报道中，“@南方日报”成了全城媒体报道平台中最完备、最快捷的资讯发布台。

第二日，即11月25日，《南方日报》版面《广州观察》发布稿件《番禺一化工厂爆炸　紧急疏散6 000人》，该报道不仅对事件作了更加立体的现场还原（重复昨日微博信息＋现场目击者的采访＋事件深度延展）。同时，报道点出了事件影响力，还包含市民如何采取防护措施等深度内容。在此稿件中，记者多次引用网友对事发现场的描述，并贴出广州消防所发的“提醒街坊防毒气”的微博信息作为稿件内容的链接，更加强调报道的实用服务性价值。此外，在该报道中，记者也有意识地开始向“社会公共话题”方向延伸，并设定更为深度的话题讨论：触及事件背后故事、事发深层次原因，以及公共消防安全的讨论。

于新闻功能角度分析，“@南方日报广州观察”更多在于提供最快资讯，《广州观察》版面则重在记录与信息延伸整合。如果把“@南方日报广州观察”视为《广州观察》版的网络平台延伸，我们则可以说，微博等新媒体的使用压缩了传统报纸的新闻生产周期，打破了“一天式”的常规出版方式，特别是遇到突发事件时，报纸借力微博等新媒体平台提升了新闻生产速率，这是对传统报纸新闻生产周期短板的一种及时修补。

给予网友生产内容以“官方认证”。笔者注意到事发后网络上特别是番禺地区的网友给予高度关注，网友纷纷发布自己的所见所闻，微博网友所提供的现场碎片化信息，在某种程度上还原了一个粗糙的现场，但广州以及其他地区的网友则处于一种“等待详尽信息、官方发布”的状态。在转发中，全国各地网友也纷纷表示“等待求证”，甚至持质疑的态度，微博上仍处于一种权威信息缺位的真空状态。直到“@南方日报”“@南方日报广州观察”发布官方消息，转发网友帖子确认后，他地网友才以一种信任的眼光去观察“番禺化工厂爆炸事件”。

在自媒体时代，网友往往比记者更先接近现场，网友单方面发出的消息虽然快，但往往不够准确，可信度不高，得不到有效传播，这时就需要媒体官方微博给予草根信息以“官方认证”。跟进网友报料、转发网友信息、跟帖评论等方式都成了传统报纸（含报纸官方微博）对网友自主生产内容给予“加冕认证”的方式。在上述事件中，《南方日报》官方微博以最快的速度聚集网友信息，成为网友获取突发事件信息的最早官方来源，最先贴出的现场照片，也突破纸媒发稿的时间限制，传统媒体也及时对网友所提供的部分内容作出回应，授予其传播渠道，犹如给网友自主生产内容一道“加冕礼”。

（三）新闻呈现

作为一个动态消息版面，《南方日报》的《广州观察》版面在呈现方面有哪些特征呢？笔者经过观察分析发现，主要有两方面特征：新闻版面的“两极化”操作、新闻模块化组版成新趋势。

下面笔者以上文所分析的“番禺化工厂爆炸事件”报道当天的两个版面（《南方日报》，2011 年 11 月 25 日）为案例来透视以上两方面的版面编排特点。

图 3.1　《南方日报》的《广州观察》版版面布局特点

(1) 版面强调"做大做小"两极化趋势。

对于本地动态新闻版面而言，每天新闻事件接连上场，如何有效配置新闻版面资源呢？笔者经观察发现，《南方日报》本地动态新闻呈现一种"做大做小"的两极化趋势。例如发生在 2011 年 11 月 24 日的"番禺化工厂爆炸事件"在当日微博上引发高度关注，同时鉴于公共环境安全事件的冲击力与影响面，当日版面将其做了"极大化"处理，将其作为主打新闻，基本占据了一整个版面，并注重突出视觉效果，在做深做透事件核心外，还对该事件的新闻环境和背景作了深刻解读，进行全方位报道。同时，对影响面较小的常规新闻进行弱化处理，杜绝版面选题上的均衡发力和中庸模式。主打照片选择力求新闻性和构图的统一，力求更加凸显新闻事件的冲击力。

(2) 新闻布局呈现出模块化组版格局。

新闻版面的布局更趋板块化，形成相关新闻主题性贯穿，并以某公共议题串联起整个版面。例如图 3.1 右侧的一个新闻版面（2011 年 11 月 25 日，《广州观察》首版）。上方是本叠重点新闻的导读模块，"穗近半数老人活在'空巢'里""城市'单女'受侵案增多"两则导读新闻都涉及"城市人生存状态"这一公共议题。下方一则主打新闻《发展商若要改规划　须全体业主书面同意》更是以四个板块穿起新闻主题，分拆为四个关注焦点（焦点 1：购房"货不对板"有望杜绝；焦点 2：调整配套公建位置或可"先斩后奏"；焦点 3：不按规划建配套开发商将被曝光；焦点4：普通临建两年期满后不能延期），以模块式结构提炼公众关心的问题，直击事件焦点与热点。这是网络时代新闻版面设置的一个新动向。

（四）报道模式

在对《南方日报》本地动态消息版《广州观察》的分析中，我们发现了另外一个有趣的趋势：新闻话题的公共性延伸与社会讨论的议题设置增多。其中《广州观察·视点》是这一趋向的最佳注脚。下面笔者选取了2012年4月9日至13日《广州观察·视点》版一周样本中的选题摘录如下：

表3.4　《广州观察·视点》版选题与公共话题设定

日期	标题	议题
4月10日	1.《“烧气”公交逐步改用LNG》	城市交通话题
	2.《李坑垃圾焚烧发电　二厂年底建成》	垃圾焚烧公共话题
	3.《餐馆PM 2.5高出一般地区十倍》	PM 2.5议题
	4.《环保专家再撑垃圾焚烧》	垃圾焚烧议题
4月11日	1.《PM 2.5总体下降　灰霾仍令人担忧》	PM 2.5议题
	2.《遍地“梦工场”何时能圆梦》	城市创新话题
4月12日	1.《本月新增20条夜班和节假日专线》	城市交通民生话题
	2.《规划新增20条公交线路设置情况表》	城市交通民生话题
	3.《75路车14日起开进郭村小区总站》	城市交通民生话题
4月13日	1.《今年气象灾害可能甚于去年》	极端气候话题
	2.《汛前紧急清疏管渠414公里》	城市治涝话题
	3.《LPG、LNG互不“通气”愁煞市交委》	城市交通话题
	4.《一个上午查了1 800宗超速》	城市交通管理话题
备注	4月9日无《广州观察·视点》版	

据以上对文本标题的统计，我们便可以清晰地看到：《广州观察·视点》并非聚焦一事一人，而是聚焦公共议题的探讨，主要涉及城市管理、城市交通、城市环卫、城市创新等公共话题。稿件也都作了很好的深度延展，主要以问题—困境—对策的思路引发社会讨论，希望借助于报道为问题解决、社会与城市进步作出舆论引导和政策解释方面的贡献。

笔者把此类报道称为公共话题报道，这也代表了新媒体环境下未来报纸本地新闻的一个报道方向：不局限于一人一事，而聚焦公共话题，充当公共发言互动平台。随着社会媒体互动性的特点更加凸显，传统报纸选题也日益关注公共话题的互动报道，网友投票与网络议事厅成为此类报道的辅助手段。

三、个案:《广州日报》版面《新闻蓝页》新闻生产过程

《广州日报》的《新闻蓝页》是于2006年4月推出的深度报道版面。以“用理性的眼光剖析事理,用客观的态度报道事件”为版训,现在每周四期,由报社精干记者组成机动部,采编一体化。至2011年5月,《新闻蓝页》刊发报道共1 000篇,其中一些报道在社会舆论上引发轰动,《新闻蓝页》成为《广州日报》重点建设品牌版面,深耕中高端读者群体,具有一定影响力与引领力。

笔者于2011年4月至7月以实习生身份进入《广州日报》机动记者部进行参与式观察与深度访谈。在此期间,笔者参与了编前会、选题确定、新闻采写编等新闻生产流程,参与了部门正式、非正式活动,也对部门几位记者进行了深度访谈。下面笔者从消息源及选题、新闻采写、新闻呈现和报道模式四个方面进行分析,以期发现新媒体逻辑是基于怎样的规则与惯习去塑造报纸深度报道生产流程的。

(一)消息源及选题

消息来源是新闻生产过程的起点,也是报道的基石。舒德森认为,信源是媒体权力的秘密。[①] 选题趋向也反映了媒体的报道理念等深层内涵,选题过程折射了重重因素的交织与互动。编前会是观察消息源与选题的绝佳样本,借此也让我们更加清晰地看到新媒体环境对报纸深度新闻生产消息源及选题环节施加影响的脉络。下面笔者摘录了该部门编前会的片段。

编前会 No. 1[②],2011年5月9日,星期一

部门主任D:这周主要是汶川吧,温家宝也过去了。汶川重建,地震造成了7 000多个残疾人,写写人的重建、家园的重建、家庭的重建,工业的重建……以之为主题,这样角度不错,也不至于太吹水。省委市委宣传部也都带队去,特别是市委宣传部要求我们关注汶川援建工作,现在再带着记者到处走,援建也将是一个主题。我们也派了两个记者,他们一人写两篇就可以,这个题目总要去做。建党90周年也要开始做了。

记者RX:还有贺州那个灭门案件,悬赏增加到了20万。可以去写个故事,在凶手没有落网之前就写一下这一家人的故事,如果抓到就写一下这个人为什么要做这个案子。主要是两个方面,一方是被害一家,一方是害人的人。

部门主任D:这个可以去做一下,去了先摸清情况,先不要和公安联系,他

① [美]迈克尔·舒德森著,徐桂权译:《新闻社会学》,北京:华夏出版社2010年版,第158页。

② 笔者对于广州日报机动部编前会的记录,2011年5月9日,广州。

们也可能会时不时开一些新闻发布会。走到的时候，两个人分头行动，不要一起。还有那个东海县（笔者注：过去与部门有一些交往）在深圳有个招商会，13号下午，星期五。当时我们答应他，在大洋网、《信息时报》以及我们《广州日报》（发稿）。要做的话就要下周发稿，东海的最大特色是水晶，全国水晶产地，与我们广州最大的联系就是荔湾广场，也有不少水晶出售。

记者 XH：网上刚公布快讯，南方科大现在没有获得国家教育招生资格，有些学生说不在乎，有些还是有些遗憾。过去×××说争取招生资格，这个是没有结果的，他还是没有拿到招生资格。最近深圳组织部在招南科大副校长，还定为局级，有人说“去行政化”没开始就失败了。这件事引起了很大风波。×××对现代大学的追求、探索，现在有点搁浅的味道。

部门主任 D：南科大这个怎样去做？约×××是否好约？

记者 RX：一流大学梦碎，模仿香港科大，失败。这个稿子如果采访不到×××是一点价值都没有的。去年开了次新闻发布会，当时×××的一个心态就是让媒体来要挟教育部，所以很快禁令就来了。估计目前这个舆论再发展下去，禁令也会很快就来。是不是要帮他翻案？现在已经判了“死刑”，还有用吗？这个要慎重考虑网上舆论发展态势的。

……

编前会 No. 2①，2011 年 7 月 4 日，星期一

部门主任 D：还有青岛的海湾大桥，微博上有人说它离真正竣工还早着呢，但为了献礼建党 90 周年就早早地抛了出来。6 月 30 日就举行完通车仪式，但现在一些行人发现已通车的大桥上很多螺栓还没有拧紧，甚至有些地方还没有安装隔离护栏，一些照明设施也没安装到位。让北京站记者过去看看，不知道真假，也不知道网络舆论会不会延伸（笔者注：此时众记者纷纷报料网络线索，“邵阳弃儿”“山东某政府书记”炒得好热啊。主任则对记者们的一些网络报料的真实性表示怀疑，网络事件真假难以确定，一旦事件为假将承担重大风险）。

部门主任 D：在郭美美这个事件上，人家 N（笔者注：同城一家都市报，主要竞争对象）做得很好，十几天了，每天都有新的料被挖出来。我们最大的问题还是没有网闻，现在技术还没到这一步。连这个平台都没有，你还谈什么其他的。现在看网友的料很猛，网络舆论让人措手不及。这个还有没有其他角度去做一下啊？等事情尘埃落定之后，我们看一下能不能去做一个郭美美的专访（笔者注：此时众记者或低头看微博，或调侃“本报这次没做好”）。

① 笔者对于广州日报机动部编前会的记录，2011 年 7 月 4 日，广州。

记者RX：我想看一下泰国他信的妹妹当选总理这个是不是可以做一下？她的当选对这个国家的政治发展会产生深刻影响，趋势如何？

部门主任D：你应该上周去，看一下投票现场。英拉是代表农民。现在正在组阁，你现在看一下能不能联系到高层，如果联系不到就不做了。

记者DY：你可以上twitter或者facebook和她联系一下，说不定她就回复了。

……

编前会（也称“报题会”）是一个选题决策者、报题记者之间互动的过程。在同一空间内，选题决策者——部门主任，以及部门所有记者坐在一起对下一周版面选题进行讨论、过滤，并敲定选题。《新闻蓝页》版编前会每周一次，周一中午开始，一般延续四五个小时。一般为主任先发言并布置下周必要选题（含热点选题、宣传任务型选题、其他选题），并分配到记者个人。随后各记者进行报题，并进行讨论，主任拍板敲定选题。

从以上编前会记录，笔者发现选题过程受到多种因素的制约，例如行政主导的宣传因素在党报新闻生产中仍发挥着刚性制约作用，硬性宣传任务选题仍是常规性动作，并呈现“季候性”，具有一定时间规律。一般由上级宣传主管部门硬性下达，党报以统一步调、统一口径进行宣传，意在营造舆论氛围。如编前会所提及的汶川援建3周年、建党90周年宣传。此外，宣传因素的另一种呈现形态是“宣传通知”，它是一种“规定不能做什么”的禁止性制约方式，也具有刚性特征。

此外，我们也看到了微博等新媒体环境对深度选题的某种能动作用。“周年式”宣传任务类选题相对压缩了常规选题的空间（包括当下网络热点事件），引起了记者的不满，同时也引发了他们的能动性思考。例如所记录的两次选题会举行时，网络上有很多热点选题，例如“郭美美事件”等引发网络舆情汹涌，记者也大多想关注这些选题，但是因为正值汶川地震3周年、建党90周年等规定选题节点，部门主任以规避敏感时间节点而放弃网络选题。据笔者观察，此时多数记者往往表示无奈，他们基于网络舆论压力、独立专业精神认为，“仅做口水稿一味歌功颂德，迟早会被网友唾弃的”。当然，除此类“情绪化抗争”外，记者另有一种较为谨慎的“防御性自卫心态”：在选题前他们首先会较慎重地考虑某个选题“能不能做，会不会来禁令”，并提醒自己即使“打擦边球”也很危险。

作为一份高度市场化的报纸，《广州日报》版面《新闻蓝页》的报道还受到市场因素的制约与策动，这种制约与新媒体技术逻辑有着几乎一样的“旨趣”——顺应网络舆论的好看的故事。例如在讨论选题时，他们也始终保持一种具有人情味的报道基调，即使面对宣传任务（汶川援建报题）选题时也尝试从

“人”及“人性”的角度去设置报道的框架，并希望在深入采访中发现故事，以赢得读者与网络舆论的好感。当然，市场因素对报道选题的负向影响作用偶尔也会出现，例如东海招商会的“关系选题”。

面对记者报题大多来源于网络，该部门主任在事后接受访谈时举例表示，“在郭美美事件中，商业系统红会、中红博爱、王军与王鼎公司……很多网友都在微博上报料，过去是没有这些线索的。在十几年前，报料来自信件，报社都有专门负责拆信的人；后来就是热线电话，那时候热线是宝贝，现在接热线的人都转向论坛、微博去盯线索了，为此报社还酝酿给这些人加工资，网上找一条料加50块。对于网络上这些报料人，我们还专门做了一期深度报道《郭美美背后的‘挖掘机’》”①。

笔者对该报记者进行调查后也发现，目前报纸记者获取消息线索除知情人报料外，已越来越依赖网络载体，除浏览BBS论坛（门户网站社区、天涯、猫扑等）、使用QQ群（小刀、蓝衣、深度报道联盟等）外，浏览微博正成为多数深度报道记者的习惯。在日常新闻操作中，微博报料、BBS帖文，访问门户网站、行业网站，以及使用搜索引擎也已成为他们工作中获取新闻选题线索最主要的渠道，这也大大拓宽了记者获取工作信息的来源。

在多次报题会上，该部门记者也坦承网络报料的鱼龙混杂给选题过滤带来了难题，部门主任对于记者报网络选题也更为慎重，更加强调网络帖子的真假难辨以及提升专业调查能力。比如，在上述报题会上，记者们所报的网题“邵阳弃儿”“山东某政府书记”等，部门主任只是表示让记者保持跟进，并表示网络上的消息难以确定真假，需要慎重考虑。

其实，部门主任的“谨慎”姿态并非“无胆识”“怕惹事”。举一个例子，即《新闻蓝页》在2011年2月刊登的一篇来源于网帖的稿件《安徽爆出山寨电视台　靠色情内容获利》。稿件据网帖报料“安徽的皖北和皖中地区有近千家私人违法建设的电视台”，并指出此私人电视台只需数万元的成本，通过播放暴力、色情等低俗内容拉拢药品广告获利，根源在于“主管部门放纵不管”。事后该稿件引起了安徽广电部门的强烈不满，最后不得不跟进一篇该省相关部门加大措施打击非法电视台的后续报道，记者们称此类稿件为“擦鞋稿”。而该部门记者另一篇曝光某地方官不良行为的报道，被该地方领导投诉到报社，并公开指责报道是“以辟谣方式传谣”。

广州日报机动部的一位深度报道记者在访谈中的一席话也证明了上述记者的担忧并非空穴来风：在网络时代，无论是什么信息，无论是真是假，传播力都被

① 笔者对广州日报机动部主任窦丰昌的访谈资料，2011年8月4日，广州。

大力增强。市场竞争的压力促使媒体对所有信息都不敢怠慢，急剧扩张的信息爆炸量却不期然地降低了传统媒体对信息来源的判断力和鉴别力。从事深度报道的记者，人多关注的是跨地域的特别重人选题，时效的紧迫、竞争的压力和甄别的难度往往都增加了出击的风险。①

据以上对选题会的分析，笔者认为开放式新媒体环境对报纸深度报道的消息源获取与选择带来正反两方面影响。

首先，网络报料已成为记者获取线索的常规渠道，“网络舆论态势”也成为记者权衡选题时的重要考量。网络世界的开放性，让各类报料纷纷登场，记者选题时会对各类网络事件作出预判，该事件会不会持续发酵为社会热点成为部门负责人以及记者对选题决策的重要参考，网络消息源的“喂食”已成为影响报纸深度新闻的一种主动性因素。

其次，网络消息源“补位”非常时段报纸选题的暂时匮乏。在报纸行政宣传思维制约下，很多选题无法触碰，很多选题干瘪无味。而网络平台的鲜活报料则逆势成为报纸，特别是党报的消息源“富藏区”，“补位”报纸信源的暂时匮乏。当报道进入“敏感时段周期”（政治性会议召开期间等），或者偶遇报道选题资源紧张时，部分网络报料（更多的是含某些正面价值的新闻故事、涉及面教小的负面选题）也成为消息源的“补位”资源。

再次，网络信源的真假难辨给选题过滤带来了极大的难度与报道风险。因为深度报道往往涉及监督性选题，特别是源于网络上的监督报料。记者在过滤选题时会面临多重复杂因素，往往会涉及报道的政策暗礁，例如计划生育问题等。同时，网络报料的鱼龙混杂也带有极大风险。网络信息的碎片化、时有谣言传播的不健全机制也使得深度新闻的核实调查变得难上加难。

最后，网络报料更多招致行政等其他因素的制约，成为“烂尾报道”。记者在网络报料支持下进入某事件的报道，并且开始触及公权力利益时，虽然暂时冲破宣传因素的藩篱，可新媒体因素也会因此“树大招风”，成为一种制约因素，过猛的网络舆论往往会招致行政力量的干涉，引来宣传通知，重设报道禁区。这样会形成如此一种转变：网络媒体的开放与宽口径，以及对公权力的监督本色招致宣传逻辑的“反制”——舆论环境收紧，记者主动调查受限，报道最终出现一种只有开篇、没有续章的“烂尾报道”。

（二）新闻采写

新媒体环境下报纸深度新闻的采写流程发生了怎样的变化呢？在其中新媒体环境又扮演着怎样的角色？笔者曾参与“广西贺州地税局局长灭门案”报道，下

---

① 笔者对广州日报机动部记者邱瑞贤的访谈资料，2011 年 4 月 18 日，广州。

面把这一事件调查采访过程记录如下：

2011 年 5 月 9 日中午的编务会，部门主任 D 提及一个发生在广西贺州的“地税局局长灭门案”。当时指示说，听说当地警方悬赏已经达到了 20 万，这个可以去做一个故事。事件发生在 5 月 2 日下午，当地警方接居民报警，广西贺州地税局贺街分局局长周子雄一家四口 5 月 2 日在家中被杀。次日笔者与该报一位记者一起前往事发现场。

5 月 10 日下午，笔者与记者抵达事发现场，整个下午的现场走访一无所获。正无思路时，笔者在当地论坛上浏览，看到一条关键信息：网友发帖称地税局局长妻子周晓娟的老家在水岩坝，且周晓娟离奇的身世也众说纷纭，传言有多个版本。11 日上午，笔者在事发现场附近一家修理店老板那里确认了这条消息的真实性，并得知水岩坝是距事发地点 10 多公里的一个小山村。记者最终找到了周晓娟的一个堂兄了解了她的成长故事，并得知事发后其母“一直哭”、其姐“闷不作声地不停拖地板”的异常举动。案后证明这位姐姐便是凶手，至此一场亲人之间丧尽天良的灭门惨案便有了答案。

正因为有了网友所报料的这一线索，我们更加快速地抓住了一条主线，也揭开了事件内幕，最终写出了一个比较扎实的深度稿件。此次采访的成功也更多得益于网络平台的应用，特别是当地论坛（贺州论坛、红豆社区等）成为我们了解当地说法的主要渠道。网友的报料成为专业记者找到采访突破口、进入事件核心的关键。

众所周知，新闻事件的采访有一个捷径就是突破各种障碍，迅速找到“核心现场”。之所以称之为“核心”是因为它集纳了事件脉络的关键点，主要包括核心人物、核心事件、核心场所等几方面。在上述采访中，“局长夫人的父母与姐姐”便是核心现场，因为其包含了灭门凶案的“制造者”与“知情人”。此次采访，我们之所以能够迅速走进事件的核心现场，得益于网友的报料与启发。

其实在整个采访过程中，当地贺州论坛成为各类信息的集散地，当地网友们不断提供的各类消息成为案件消息的“预警器”。5 月 18 日下午，有网友在论坛上报料称，据最新内部消息，“广西贺州地税局局长灭门案”告破！19 日 20 时 15 分，网友“小小树叶”发帖称：“警方内部朋友告知，案犯三人，凶手是周的小姨及其妻子姐姐的儿子、姐姐女儿的男友。已经全部抓获。敬请关注警方正式公告。”但官方消息直到 20 日上午才正式登出。随后，凶手陆续被抓回，凶手指认现场的网友版图文信息陆续发在当地论坛上。在此事件报道中，记者成为论坛消息的“跟进者”，而非“消息灵通人士”。新媒体技术——网络论坛、微博发帖已经成为专业新闻生产中的一个不可或缺的直接入口。

而这些网络报料的呈现有一个显著特点，即碎片化。碎片化传播体现在两个层面：事实性信息传播的碎片化、意见性信息传播的碎片化。① 同样在此次事件中，网友所贡献的网络信息也主要分为事实性信息碎片、观点性信息碎片两个层面。对此，记者在写作过程中的取舍策略也不尽相同：一般对事实性信息碎片进行慎重求证，证明为真后采用，或存疑弃用；对于观点性信息碎片则以比较开放的方式大胆引用。在该事件写作报道过程中记者对网友所提供的碎片化信息的取舍情况，笔者统计如下：

表 3.5　记者对网络碎片信息的处理策略

类型	网帖内容（网友，发表时间）	记者采写取舍策略
事实性信息碎片（贺州论坛）	再探贺州特大“灭门案”现场　尸体已于今日早上10点多运走（堕天使的吻痕，2011 - 05 - 03　19：31）	求证后采用
	听说家里有 20 万现金，杀人的竟然没拿（匿名网友，2011 - 05 - 09　18：14）	因无法求证而存疑
	我认为，可能那局长太有钱了，听人说他有 3 栋房 2 辆小车……（附有车辆图片）（丽港，2011 - 05 - 03　14：23）	2 辆小车因实地调查为真而采用
	最新内部消息：“广西贺州地税局局长灭门案”告破！警方内部朋友告知，案犯三人，凶手是周的小姨及其妻子姐姐的儿子、姐姐女儿的男友。已经全部抓获。（小小树叶，2011 - 05 - 19　20：15）	因官方证实而采用
	一个乡镇地税分局长能拥有这么大的房子，听说还有二十几处房产，持有几家公司的股份，其家产有多少大家应该知道。（我是你爹的爹，2011 - 05 - 05　21：20） ……	因网友猜测难以求证而舍弃

① 彭兰：《碎片化社会背景下的碎片化传播及其价值实现》，《今传媒》2011 年第 10 期。

（续上表）

类型	网帖内容（网友，发表时间）	记者采写取舍策略
观点性信息碎片（贺州论坛）	狗官夫妇可杀！但小孩是无辜的。（云中飞马，2011-05-03 13：46）	表达人们的震惊，被部分引用
	一家四口被杀害，罪犯非常残忍。读完新闻我却没有任何同情感，想了很久原因只有一个，被害人“局长”是官！（hyc6129293，2011-05-03 22：14）	表达社会的仇官情绪，被引用
	太残忍了，没有人性，连畜生都不如，为了钱亲人间都相互残杀，连自己的亲妹妹和外甥都杀掉。毒如蛇蝎的女人，可恶！（gwyuan123，2011-05-19 23：37）……	表达人们对杀害手足的痛斥，被引用

记者在采写新闻时是如何处理此类碎片化网络信息的呢？笔者经过上表的简单梳理得出以下两个操作原则：

第一，对争议性事实信息质疑前置、调查为准。网络信源在呈现多渠道、多视角等优点的同时，也存在难以避免的劣势。例如，对于争议性事实的无端猜测，各种坊间传言、杜撰说法等，甚至故意性失实错误信息也掺杂其中。首先，面对争议性事件时，由于事件本身具有复杂性、遮蔽性，网友亲眼所见之事未必完全真实，也不排除因为网友观察角度、自身立场而出现的各种细节纰漏。其次，当下中国社会处于转型中，利益格局不断分化，网友所持有的迥异价值观也影响其对事实的判断与说法。加之网友一般不具有专业记者所具备的客观立场和冷静心态，对于争议性事件的判断难免出现差池。

正如上文所提及的案例，记者在面对网友的报料时，一般采取“质疑前置、调查为准”的原则。笔者多次观察新闻事件的操作发现，在争议性事件的深度新闻采写中，专业记者一般视网友所报料内容为“待证信息”，严格区别于官方发布、记者专业调查所得的“已证事实”。即使某些网友提交图片等证据以自证是正确的报料，记者也会对真实性进行谨慎考察，向当事方求证后再决定是否取信于该网友。对于各类“待证信息”，记者会进一步区分出“可证信息”，舍弃一些无法通过专业调查、官方求证等渠道证明的“不可证信息”。对于部分网友报料（“可证信息”），记者一般会以专业调查等方式进行“证真去伪”，把部分“可证信息”转化为“已证事实”。

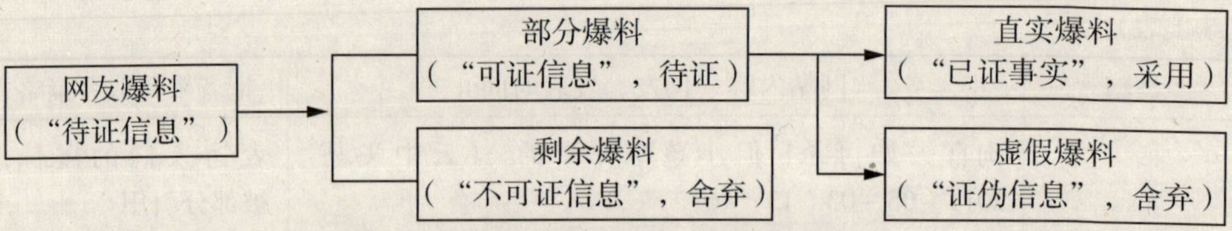

图 3.2　记者对网友报料信息的处置过程

据上图，我们也可看到记者对网友报料的处置遵循“待证信息”—“可证信息”—“已证事实”的程序。在转化过程中，记者的专业调查为必要条件，即记者对网友报料在质疑前提下进行专业证伪存真，并有选择地将其融入新闻文本。

第二，选择性整合意见性碎片信息折射社会评判。微博、网络论坛既是一个信息报料平台，也是一个公众意见舆论场。当一个事件发生之后，网友会众说纷纭，抛去事实不论，网友七嘴八舌的评说也折射了社会舆论的情势，反映了当下的社会心理状态。记者在新闻采写过程中，一般会采取“中立审读”“客观解读”的策略，有选择性地整合部分网友的意见作为稿件的“事件背景”和“坊间传言”部分的烘托式描述。

在上文所提及的“广西贺州地税局局长灭门案”的采写中，笔者首先到当地论坛上对网友各类帖文进行浏览，了解到该事件对当地社会舆论的冲击程度，大家众说纷纭，坊间猜测也满天飞。例如灭门原因当时就有“官员婚外恋情谋杀论”“生意经济纠纷谋杀论”“官场得罪人黑杀论”等多个坊间版本。记者在了解帖文的过程中也大体上读懂了当下社会“仇富仇官”的社会心理，也了解了流言产生的社会土壤，并在文本中引入网友评论，点解社会心理。这从另外一个角度折射了当地社会心态及舆论情势。

以上对新闻采写过程的剖析也让我们洞悉了新媒体环境在报纸深度新闻生产中所扮演的角色：片段性融入新闻采写，但无法代替专业调查。对于记者而言，网友信息具有不可信赖性，网络仅是一种采访手段，一个突破的路径，新闻采写仍是一项专业活动。微博、网络论坛上活跃的报料群体，即公民记者纵然被视为一支不可忽略的力量，但是由其所报道的新闻仍未被专业媒体认可，网友曝光仍无法取代记者的专业调查。

（三）新闻呈现

在《广州日报》版面《新闻蓝页》诸位记者眼中，如何调动各种元素呈现一个好看的故事是记者编辑的重要任务。

该部门主任在一本业务总结书籍中如此表示：《新闻蓝页》作品之一——《27 岁广州人重写明史传奇》的主角“当年明月”表达过一个观点，在网络上写作，300 字以内必须要有一个情节上的高潮，否则读者就不看了，因此，他每天只写 2 000 字左右，2 000 字以内一般要有五六个高潮，这也是他的作品在网络上得到持久热捧的一个最重要原因。

网络写作是这样，深度报道的写作何尝不是这样呢？要让读者把5 000字的文章读下去，就必须强调写法，强调小说化、戏剧化的表达方式，写新闻就是写故事，就是讲故事，这也是在英文中深度报道一般叫作“STORY”而不是“NEWS”的原因吧。[①]

记者邱敏在其文章《党报深度报道五年探索小记》中写道：篇幅适度的特点是指一般《新闻蓝页》最长的报道是一整版，大约 6 000 ~ 7 000 字。最短的报道半个版 3 000 字，这与国内许多媒体的深度报道相比在篇幅上是偏小的。这一方面与本报的版面规划情况有关，一方面也与本报“专题 + 浅阅读”的编辑思路相关。近年来，《广州日报》针对新媒体时代的读者阅读习惯和需求进行了改版，提出了“专题 + 浅阅读”的编辑思路，强调标题、图片、提要、导言等，让读者对报纸上的信息一目了然。当然这种浅阅读与深度报道的结合要到什么样的程度，甚至是否应当结合，仍然在探索之中。[②]

笔者在参与调查中发现，HT 作为一个有十几年工作经验的记者编辑，他所负责编排的版面总是能够比较轻松地拿到“C 稿”（笔者注：好编辑稿件的一个评价等级）。记者分析了此编辑的几份稿件的版面编排，由此发现，他十分注重图文的和谐配置，把版面做得“抢眼”。喜欢用大图，标题简短有力，抓人眼球。正如此，“冲击力”“生猛儿”和“抓人眼球”是《新闻蓝页》新闻呈现中的“核心点”，也是该版面记者编辑强调得最多的。

通过对所选文本的观察，笔者也发现，《新闻蓝页》深度版在新闻呈现方面也体现出“网络化”特点，彰显了更多新媒体烙印。首先，故事化表达是网络日志的特质，一个人物的悲喜命运与其性格的关联，一个事件的跌宕起伏、起承转合能勾起网友的阅读兴致，既有新闻冲击力，又彰显了故事冲突性。其次，网络小说的戏剧化表达，思维的跳跃性成为表达特点，语言透露着网络时代的特质，文本充满故事与人物转折起伏的张力。再次，编排上模块化分拆也是一种网络板块的模式再造。稿件根据事件发展节点、事件因果关联进行分块，并对小标题、模拟制图进行精心打造；此外，在版面编排上，《新闻蓝页》也注重吸纳各种网络资料链接、知名网友“微评论”、“事件脉络图”等网络形式，调动各种丰富的版面元素，在深度价值与网络的阅读快意体验间寻找最佳结合点。

在新闻文本结构方面，《新闻蓝页》是对“华尔街日报体”的继承与延续。

---

① 窦丰昌主编：《深蓝——广州日报“新闻蓝页”深度报道实战 40 例》，广州：广州出版社 2007 年版，第 5 页。

② 选摘于广州日报机动部记者邱敏文章《党报深度报道五年探索小记》，广州日报“新闻蓝页”五周年研讨会会议资料，2011 年 5 月。

它往往以一个具体的事例（小故事、小人物）为开头进入新闻主体，继而自然过渡到新闻主体部分，并将所要传递的新闻大主题、大背景和盘托出，集中力量深化主题，结尾再呼应开头，回归到开头的人物身上进行主题升华。[①] 这种写法从细节落笔、向外扩展，情理相融、笔端生花，符合网络时代读者从具体到抽象、由浅及深的认知过程，颇受读者青睐。

据此个案分析，我们可以看到新媒体环境对报纸深度报道所带来的冲击。新媒体环境对于报纸深度新闻生产过程而言也非真空，新媒体因素已渗透到报纸深度新闻生产过程的每一个环节，改变了其生产过程、报道形态、工作常规以及话语结构。

（四）报道模式

笔者以参与考察时间（2011 年 1—8 月每月首期版面）为基准选取了《广州日报》八个版的《新闻蓝页》，将所刊发稿件标题记录如下：

表 3.6 《新闻蓝页》版面刊发稿件统计

日期	版面	标题
1 月 4 日	A7	①“金山”之争 ②山区医院为何能破“医改困局”？
2 月 1 日	A9	“我就是 523 个孩子的妈妈”
3 月 1 日	A8	东京 30 年治堵启示录：疏优于限，规划胜于命令
4 月 1 日	B7	①“50 作家 VS 百度文库”事件全记录——一场版权与数字化时代的利益博弈 ②《论语》很多内容是教如何幸福
5 月 3 日	B3	武汉餐饮从业人员“涨薪”记
6 月 1 日	A8	抗癌女教师于娟遗作发表
7 月 1 日	AⅡ8	①“罢免村官第一人”：谋利为谁？ ②北京花 4 万元可摇中车牌
8 月 2 日	AⅡ6	①古画搭鹊桥——两岸文物双向交流谋破局 ②“中国式碑剧”是“以德报怨”

① 韩晨：《从符号与意义角度分析新闻故事化》，《青年记者》2011 年第 5 期。

据上表分析，《广州日报》的《新闻蓝页》深度报道版往往聚焦转型中的中国的深度话题与各种矛盾事件。例如“土地产权改革”“社会各阶层生存状态”“民生医疗”“城市治堵”“网络版权争论”“传统文化与文物保护”等在中国转型期中无法回避的问题，它们本身极具矛盾性和冲突性。另外，不少网络热点选题也折射了《新闻蓝页》在网络时代的灵敏嗅觉。

（1）故事模式是网络与市场的契合。

舒德森在其著作《发掘新闻：美国报业的社会史》中分析了西方报纸的“故事模式”与“信息模式”两种报道类型。“对报纸上大多数新闻而言，‘欣赏性’和‘消费价值’更为重要。新闻的首要任务是为读者带来令人满意的审美体验，帮助读者诠释自己的人生，使其融入所属的国家、城镇或阶层。米德认为这才是报纸的最佳实际功能，证据是‘记者一般是被派出去采集故事，而不是收集事实’。”[①] 据笔者观察，《新闻蓝页》版的记者们便是“讲故事”能手，文本的故事化模式也成为报道特色。《新闻蓝页》与以往通讯报道不同，其更多地着眼于挖掘事件中所蕴含的“人性”与“人情”，话题类稿件的操作也往往借助“一个故事”或“一个悲欢离合的人物”去牵出对社会问题的思考与讨论，而不是仅仅陷身于泛泛而论。

网络时代信息呈现出海量与碎片化，报纸如何才能抓住网友的眼球呢？笔者认为只有具备富有张力的故事与人物，读者才会深度阅读。如此只有创造出一个好看的文本才会赢得读者青睐，具体到每一位记者，新闻写作对他们而言不仅仅是把事件报道出来，更要有一种强烈的作品意识。但此种“人情味”报道特色以及“故事化”模式也导致了某种价值偏差，甚至导致新闻细节的失实。例如2011年6月1日《新闻蓝页》所刊的《争议肖传国：名利于我如浮云》。笔者摘录一段如下：

> ……
>
> 出狱后的肖传国一直很忙碌。按他的话说，两个月来，请他吃饭的人排成长队，如今的闲暇也给他和家人团聚提供了时机。这究竟是肺腑之言还是无奈的叹息，只有肖传国能体味。在很多人看来，这位身败名裂的“准院士”应该心情沮丧，满怀仇恨，但令人惊奇的是经历五个半月铁窗生涯的肖传国却显得分外淡定。
>
> 在协和医院门诊9楼，出狱两个月的肖传国一身休闲西装，端坐在堆满书籍

---

① ［美］迈克尔·舒德森著，陈昌凤、常江译：《发掘新闻：美国报业的社会史》，北京：北京大学出版社2009年版，第79页。

的逼仄办公室里，尽管身形消瘦了不少，但丝毫看不出经历牢狱之灾的颓靡。告别了宽敞的、带老板椅的办公室，他只能用一台不时发出噪音的旧台式电脑查资料。

此文章刊登后也先后收到来自新闻当事双方肖传国与方舟子两方面的质疑，肖传国更是指出“我并没有换办公室，还在原来办公室”的细节错误。据此分析，在记者文本写作中，“细腻表达”和“可读性、吸引力”也时常会引发某种事实偏差——对于细节事实的主观合理想象、人物性格的刻板化认知、语言表达渗入作者情感……这些都可能造成新闻文本的“细节失实”，甚至会让文本出现硬伤——“事实错误”。故事化模式是网络时代报纸应对市场与新媒体双重压力而作出的策略性转向，也代表了一种精致化、人情味的新闻方向。

(2）网络事件全景式报道是融网之道。

在《新闻蓝页》深度版的选题中，我们注意到另外一类选题，即网络热点事件的全景调查报道。如“50 作家 VS 百度文库”“复旦女教师抗癌记录”“‘中国式碑剧’是‘以德报怨’”等都是深度开发网络热点、延伸议题讨论。在过去几年中，“郭美美与红会公信力事件”“卢美美与华商协会敛财事件”“官员性丑闻事件”……各类网络公共事件层出不穷，切中社会弊病，同时也为党报新闻报道提供了故事素材。

作为市场化党报，融接网络热点话题，回应百姓疑问是理所应当的。在网络事件急速演变为公共事件后，《新闻蓝页》在其深度专版提供事件背景、还原事件脉络，并展开大视角的分析与反思、延伸调查，呼吁变革与工作改进，并与网友形成良性互动，以此来引导网络舆论的走向。对于此类网络公共事件的报道，《新闻蓝页》在报道方面呈现出“全景式深度挖掘”的特点，具有示范意义。

首先，报道视角更广阔。《新闻蓝页》不是拘于事件动态，而是更多地提供事件背景、解析事件脉络，并从制度建设、文化根源等深层级去挖掘；其次，报道立场也更趋冷静、客观、理性，不同于网络媒体的喧嚣，而是服膺于理性思考。报道从草根网民立场、新闻专业主义立场（独立第三方）、平民视角等多个角度去解读、剖析，最终以专业权威的高质量报道引导网络舆论的走向，体现了与网络热点话题的融合。

四、作用机制：新环境对常规报道的“边缘渗透”

通过对《南方日报》的《广州观察》版面与《广州日报》的《新闻蓝页》版面两个个案分析，我们可以清晰地看到新媒体因素作用于报纸新闻生产的消息源及选题、新闻采写、新闻呈现和报道模式四个环节中，并带来巨大冲击。笔者认为新媒体环境作用于报纸常规新闻生产尚属于一种“边缘渗透”。据以上个案分析，笔者简要梳理出了当下新媒体环境作用于报纸常规新闻生产的几种路径：

（1）网络消息源的“补位”。新媒体因素以消息源“补位”的方式打开了报纸新闻生产的大门，并渗透到各个环节之中。对于报纸新闻生产而言，必然要有足够的新闻事件“素材库”。当一件新闻报道完毕之后，必须有另外的事件去填补下一周期的报纸版面，以此形成报道的持续性与节奏感。由于受到宣传逻辑的制约，很多选题被划入“敏感地带”，而网络报料已成为报纸选题的“后备库”。当媒体报道进入“敏感时期”（例如重大政治会议召开）时，或者偶遇报道选题资源紧张时，部分网络报料（更多的是含某些正面价值的新闻故事、涉及面较小的负面选题）就成为消息源的“补位”资源，对于“媒体之胃”而言，亦称为“补胃”。

网络报料也成为传统媒体记者获取消息源的常规方式，网络舆论态势也成为传统媒体选题时需要考虑的一个指标。从另一角度来说，基于用户生产内容的新媒体报道在压缩纸媒动态报道生存空间的同时，也以消息源“喂食”的方式为报纸媒体提供了“补偿”：打开更大的新闻资源深度开发空间。

（2）网络采写技术的辅助。这是新媒体环境影响报纸常规新闻生产技术层面的表现。由于中国媒体所具有的独特属性，彻底实现网友参与式新闻生产（例如新闻生产实现彻底开放，最大化地吸纳网友的主张表达）仍是一个遥远的目标。在此情势下，新媒体因素对报纸常规新闻生产的介入呈现出更多的随机性与偶发性，此则表现为网络采写技术的辅助。

以网友对新闻采访过程的影响为例，一方面，我们首先看到记者对于网络信息的某种急切需求，在信息闭塞的情形下，网友在社会感知方面的多触角成为专业记者了解事件的一个捷径。另一方面，专业记者对网友信息的某种不信任也是显而易见的。由于各种原因，专业记者面对各种事实性的碎片信息采取一种谨慎的专业态度，把网友信息视作“待证信息”，以专业调查为手段实现“已证事实”的转化后，才会进一步采用。

对于专业记者而言，新媒体应用仅是一个辅助性的手段，专业调查才是王道。新媒体环境对报纸常规新闻生产的影响更多呈现在技术层面，例如采访手段上借用网友调查与报料；贴近网络热点全景展现新闻故事的报道模式；新闻呈现上更符合板块化、网格化和个性化的视觉要求。

（3）压缩了新闻生产的周期。此主要针对报纸的动态新闻生产而言，新媒体环境，特别是微博的勃兴让动态新闻成为一种即时性生产过程。传统报纸“一天出版”的生产周期在报纸官方微博上被大大压缩。在这种情况下，报纸成为一种记录事件脉络的工具，重点在于延伸思考与补充背景的“集装箱式”表达，意义不在发布，而在于追问与信息整合。在对《南方日报》本地动态消息《广州观察》版的考察中，我们也看到传统媒体借助微博提升新闻生产的速率，压缩了传统新闻生产的周期，完成了对传统新闻常规的修补。

对于报纸新闻生产而言，“一天出版”的周期律是铁定的，过去只有在特殊重大事件发生时才会打破这种周期，破例出版号外。但是微博这种社会性媒体新形态的出现让报纸“连续式发布与出版”成为一种可能，我们看到当下几乎所有的报纸都注册了微博账号，一旦突发性事件发生，报纸官方微博便可以滚动式刊发事件进展，这大大压缩了传统新闻生产的周期，提升了生产速率。在此情况下，报纸的内容生产也更加偏向于深度挖掘——不仅仅是立体还原现场，更多的是去追踪事件背后的故事、事件深层次原因、事件引发的连锁冲击等，并发起话题式的讨论，以设定社会公共议题。

（4）对网友内容生产“加冕”。特别是在突发性新闻事件的报道中，网友扮演了重要角色，他们才是处于事件现场的第一人。网友的碎片化信息经过记者的专业求证后，转化为官方信息发布。在“番禺化工厂爆炸事件”中，“@南方日报广州观察”筛选并发布网友报料信息，使之获得一种“官方认证”，网友也参与了事件建构，成为新闻报道的第二作者。

网友发布信息具有鲜活、快速、贴近性强等特点，我们也发现，这虽然快但往往不够准确。由于网友个体表达能力、媒介素养的参差不齐，网络的碎片化表达可信度不高，往往得不到有效传播，常被淹没在网络信息大漠之中。在网友信息的传播中，意见领袖与媒体官方微博往往扮演“官方认证”角色。特别是在一些重大突发事件中，传统媒体官方微博也及时对网友提供的内容作出回应，给予其传播渠道，给网友自主生产的部分内容一道“加冕礼”。

另外，新媒体环境也给报纸记者带来一些负面冲击。这一点我们可以从以上个案的分析中看出。笔者总结如下：

第一，新媒体环境并不是新闻资源的支配性因素，相对于政府的新闻宣传管理及市场因素，网络舆论对记者选题的影响相对有限。例如在《广州日报》的《新闻蓝页》深度报道版的个案中，记者对于网络选题不仅仅要考量网友的舆论态势，也会考虑上级宣传部门是否会下达“禁令”，以及此选题的市场认可度如何。而且相对于网络舆论态势，宣传部的态度以及市场态度显得更为重要。笔者也注意到记者对于这种无奈现实所产生的“情绪化抗争”态度。一位记者更是把“禁令”贴到了网上，引来一阵喧哗。笔者观察到很多记者隐姓埋名地在匿名空间指责“萱萱（指宣传部门）管得太多”。此外，有时编辑也会借助某些版面语言进行愤怒情绪的委婉表达。但纵然如此，“宣传因素”和“市场导向”对报道选题的绝对权威是不容置疑的，因为它们决定了报纸的生存与市场空间。

第二，新媒体环境下网友表达的碎片化、网络谣言产生的网络传播机制也让记者的专业调查更具难度，使记者背负了更大的报道风险。网络时空作为一种虚拟的存在，同时由于网友的匿名化表达，网友发言更具碎片化，难免有不负责的言论。同时，隐藏在虚拟身份背后的各种复杂目的，让记者对信源的辨别更具难度，也使得专业调查无所适从，寻找突破的难度增加。笔者在参与“广西贺州地税局局长灭门案”采访过程中就发现，当地论坛上流言众多，在一定程度上影响了记者的独立思考与判断。假如不加求证地采用网络谣言将造成严重后果，因此记者也背负了更大的报道风险。在这种情况下，记者要更加强调专业调查的重要性，对于网友提供的一切线索应进行独立调查，被证实的才可以采用，否则应视之为不可信任的线索报料。

综上分析，笔者认为对于报纸常规报道的生产过程而言，新媒体因素仅是一种在成长中的“边缘性”因素。新媒体因素对新闻生产过程的“边缘渗透”丰富了信源的渠道，辅助了新闻采写技术，增强了新闻产品的赏阅性，压缩了新闻生产的周期，也给予草根信息以“官方认证”。但对新闻生产的核心支配力（宣传力量、市场逻辑等）、消息源蕴含的权力结构、专业记者对报纸新闻生产过程的主导性，以及报纸生产流程的颠覆改变作用不大。

第三节　新型报道：报纸报网互动栏目的新闻产制

2011 年中，“郭美美炫富事件”、江苏溧阳某局长“微博开房门”、湖北贫困县“天价巡视账单”……随着论坛、微博等社会性媒体的勃兴，桩桩新闻蹿红网络，成为社会舆论核心议题，备受网民与读者关注。此类事件有不少共同点，即发轫于网端，且生猛辛辣、鲜活有力，直击当下社会的弊病，是传统报纸的绝佳新闻故事素材。但以往报纸媒体对此类事件缺少聚焦，往往反应迟滞，错失了首发先机，甚至出现漏稿，后果严重的则导致部分年轻读者流失。另据中国传媒大学网络舆情研究所研究报告显示，微博及各论坛已跃居中国媒体最大新闻发源地，成为社会舆情的驱动源。

报纸媒体与网络实现“融接”，创办报网互动栏目，进行互动新闻生产也是报纸应对网络冲击的一条新路。以广东主要报纸媒体为例，《南方日报》创办了《在线》版，《广州日报》办有《网闻》版，《羊城晚报》有《网事博览》版，《南方都市报》亦有《网眼》版，《新快报》有《热辣网事》版，《信息时报》则设有《网事聚焦》版等。

本节以《南方都市报》的《网眼》版为例进行新媒体环境下报纸报网互动栏目新闻生产过程的分析。之所以选择该栏目作为分析样本，一是因为《网眼》版创立较早，目前已经走过了近十年时间，其在成长过程中也已探索出较为成熟的运作模式，即关注网络热点新闻事件，以此延伸发起对公共议题的讨论。例如，它对“重庆最牛钉子户事件”“华南虎照事件”“郭美美事件”等的报道已成范本。二是因为作为高度市场化的都市类媒体，《南方都市报》较好地坚持了新闻专业主义，与其他报网互动栏目相比，《网眼》作品基本为原创，操作扎实，具有极高的分析价值。

据介绍，《网眼》栏目于2006年10月《南方都市报》改版时创立，由编辑和记者共同制定选题，固定的报道小组完成采写。其出版时间及在A叠的位置相对固定，基本为每周一至五的A32版，法定节假日停版。它沿袭南方报系的舆论监督传统、专业主义的操作手法。在某种意义上，《网眼》是一盏网络世界的“探照灯”。它以探觅网络新闻事件、呈现公众评判意见、专业调查事件内幕为报道内核，并以此设定社会公共议题，影响舆论走向，充当各种议题由网络到社会现实的“链接器”。

一、“新闻事实网”：报网互动栏目勃兴的根由

盖伊·塔奇曼在其著作《做新闻》中如此描述了“新闻网”：事实上，我们可以把通讯社想象成一个蜘蛛网，它从一个中心办公室展开，把各个采访区连接起来，并把不同的新闻媒体连接到一个中心位置……所有的网络一起“覆盖着世界”，以满足人们对于新闻的渴求……旧闻只是历史，所以新闻媒介必须持续不断地搜索新闻以填充新闻故事。媒介搜集新闻的方式不是新闻毯，而是新闻网，但是网络有网孔，捕捉能力取决于网络的密度与网线的强度。网格越密，其覆盖能力越强，捕获量也越大……媒体机构会雇用通讯员。结果，星罗棋布的网点（通讯员）、强大的捕捉能力（专职记者）和高效的电讯手段互相链接织出一张新闻网，保证了所有潜在的新闻能被发现。新闻网的原始宗旨是在集中化的场所采集合适的新闻事件以迎合读者的兴趣。①

在塔奇曼的理解中，新闻网络通过特约通讯员的细化、专职记者的强化加上电讯手段的高效连接，形成新闻覆盖，以确保任何可能的新闻事件都不会漏掉。新闻网的构建结合了对读者的三种假设：假定读者对特定地点的新闻感兴趣，假定读者对特定组织的活动感兴趣，假定读者对特定主题感兴趣。新闻媒体用以下三种主要方式完成新闻网的完整覆盖：一是地理边界化。即新闻媒体把世界划分成不同的地理边界责任区。而由具体的新闻组织进行的划分又反映了该组织对新闻活动的观念——认为特定的读者想知道什么以及在经济条件范围内能给读者提供什么。二是组织专门化。记者分布的第二个原则是在那些能够提供新闻而且信

---

① ［美］盖伊·塔奇曼著，麻争旗、刘笑盈、徐扬译：《做新闻》，北京：华夏出版社2008年版，第45～47页。

息采集集中的组织设立采访区和记者站。比如纽约的日报中有的专门负责在特定组织采写新闻，这些组织包括联合国总部、市议会、警察局、惩戒委员会以及州政府。三是部门分工化。各分工部门的编辑绕开按照边界责任划分的编辑区，直接对管理编辑或执行编辑负责。按此分工的地方部门一般包括财经、体育、家庭（或者叫妇女部）以及文化和教育。①

在时间维度方面，新闻媒体也通过新闻生产的节奏进行"新闻网"的布局。例如工作日期间，上午10点以前跟下午7点以后，记者的采访活动较少，周末则更罕见，此时的新闻记者一般处于准备阶段。假日版面资源少，只有少量记者值班待命，夜间也仅有机动部记者值班，且一般版面只留给重大突发事件。同时，新闻网络的时空定位本身也必然使记者和新闻组织处于一种过饱和状态，这就是填充新闻产品的事件原料的过饱和状态。②

基于塔奇曼有关"新闻网"的分析，我们简要剖析中国报网互动栏目（版面）兴起的缘由。

（1）空间布局。众所周知，以往新闻事件的发生地（新闻现场）往往在现实空间，但是随着网络虚拟空间的繁荣，我们知道不少新闻事件的"第一现场"在"网端"。例如《网眼》版报道的"郭美美事件"，便发生在微博上。此类事件到底是文化记者负责，还是公益记者负责？是归属于国内新闻部，还是归属于区域新闻部呢？或者说，发轫于"网端"的新闻故事到底应该有怎样的地理边界化责任？"网端"是否属于一个常设记者进驻的站点？"网端"新闻又由哪个部门去具体负责？面对这个问题，我们发现传统新闻机构单元的空间设置出现了漏洞："网端故事"缺少准确的采写责任归属。

一方面，网络已经成为新闻事件发生的"集中化的场所"。发生在"网端"的新闻故事的种类也繁多，不是某行业记者所能应对的。另一方面，因没有确切责任划分，"网端事件"漏报、抢稿也时有发生。为遵循新闻采集的集中化布局原则，报社便集纳综合素质较高的精英记者设立了新媒体部门（报道组），并开辟专门的新版面以回应各类"网端事件"。这便是众多报纸纷纷设立报网互动栏目（版面）的一个缘由。

（2）时间布控。对于传统媒体多数固定跑线的记者而言，新闻也许只有一定的时间发生范围，除此以外的时间则归属于各类值班记者或机动记者。上文我们也提及报社一般对处于新闻冷淡期的夜间所发生的突发事件有着特别的安排——以机动突发记者为主。但是对于"网端新闻"而言，我们发现这样的时间布局已

---

① ［美］盖伊·塔奇曼著，麻争旗、刘笑盈、徐扬译：《做新闻》，北京：华夏出版社2008年版，第48～51页。
② ［美］盖伊·塔奇曼著，麻争旗、刘笑盈、徐扬译：《做新闻》，北京：华夏出版社2008年版，第63页。

经不合时宜，因为“网端新闻”永远有着24小时的“生命”。如此，传统新闻生产的时间布局则出现了“空档期”。因此，为了避免空档期间热点事件的错失，24小时全息监控便成为报网互动栏目记者的应对策略。

根据网友上网的时间规律，除节假日外的工作日，一天中的早晚休息时间一般成为网事报料的高峰时段。有研究报告显示，一般工作时间微博发布与互动效果不强，18：00—23：00是微博报料互动的高峰期，这也是该栏目记者重点盯梢的时间。以论坛为例，网友发帖报料后由于各种原因可能沉帖，记者应采取分段搜查的方式，对网络平台开展24小时监控，这也基本成为新媒体部门（报网互动栏目）记者的“家常饭”。

相对于版面与部门设置的布局，24小时布控也是报网互动栏目应对传统新闻操作中时间“空档期”而采取的应对策略。据笔者观察所得，基于24小时布控的需求，《网眼》版以及其他报网互动栏目的记者编辑一般分时段对天涯、猫扑等主要论坛，以及新浪、腾讯等微博平台进行全天候监控。24小时的线索监控也成为报网互动栏目捕捉网络新闻大鱼的必要策略。

二、个案：《南方都市报》版面《网眼》新闻生产过程

《南方都市报》的《网眼》版作为一个新兴的报网互动栏目，其新闻生产机制与普通版面的新闻生产有何不同呢？从新闻生产流程而言，我们设问：怎样的“网事”可以纳入《网眼》版的“法眼”？在《网眼》版操作常规中消息来源有何固定渠道？连接“网络舆论”与“现实舆论”的新闻操作是否遵循某种规则与模式？它描绘出的社会图景与它的描绘方式又有何关联？

基于以上问题，笔者以《南方都市报》版面《网眼》为分析样本，从消息源、选题倾向、新闻采访、新闻写作、新闻呈现几个层面进行新闻生产流程的分析，尝试解读《网眼》在织就“新闻事实网”时所遵循的规则与惯习。

（一）消息源

对于2011年的网络世界而言，“郭美美事件”震动全国。2011年6月20日，“@郭美美Baby”在微博上公然炫富，并称自己是“中国红十字会商业总经理”，从而引起轩然大波。随后众网友辗转在微博、论坛、SNS社区等多个网络平台大量报料，在一场网络人肉搜索大战中，红十字会与商红会、中红博爱等机构的利益关联也逐渐浮出水面。事件最终酿成中国红十字会的信任危机，让中国官办慈善事业蒙羞。同时，寻求慈善体制改革成为社会的共同议题。迫于压力，红十字会公布捐款信息并承诺进一步改革。

此事件报道正是《南方都市报》版面《网眼》2011年最为精彩的路演作品。自6月22日发出第一篇报道《“玛莎拉蒂女孩”不是“红十字会”的》开始，陆

续展开了长达一个多月的“郭美美事件”聚焦，共发稿件27篇，引发了强烈的社会关注。为透析报网互动栏目的消息源状况，笔者以《网眼》版对“郭美美事件”的全部报道为样本（见本章附录附表2 2011年《南方都市报》的《网眼》版“郭美美事件”报道与消息源统计）进行分析。对以上报道进行统计分析后发现：“郭美美事件”的报道中消息源为“网络信源”的占到79.2%，对推进报道起到不可忽视的作用。具体数据简要统计见表3.7：

表3.7　《网眼》版“郭美美事件”报道援引消息源统计

消息源获取渠道	类别	频次	比重	说明
微博（新浪等平台）报料	网络消息源	52	30.9%	作为消息由头出现，并贯穿报道始终
论坛（天涯、猫扑等）报料		32	19.0%	论坛与微博上网友充当消息源“搬运工”现象显著
“微博+博客链接”及“微博+论坛帖”		31	18.5%	“微博+长文链接”组合弥补微博140字的限制
意见领袖（微博意见领袖等）		9	5.4%	掌握较强网络话语权、社会地位较高者
QQ群等聊天工具		4	2.4%	专业报料QQ群
相关机构官方网站		5	3.0%	相关机构的官方回应
电话采访、背景数据挖掘、援引其他媒体报道等渠道	传统消息源	35	20.8%	基本依赖电话、内部关系等进行调查
统计		168	100%	—

《南方都市报》的《网眼》版面所援引消息源呈现出鲜明特征，下面笔者作简要分析：

（1）新闻源彻底网络化。

据上表分析，我们看到报网互动栏目的消息源已彻底“网络化”。其主要报料形式为微博报料、论坛报料、网络组合报料（“微博+博客链接”“微博+论坛帖”）、QQ群报料等，比重大约占到80%。网络化的新闻源主要来自普通网友、事件当事人、意见领袖、第三方独立机构等。与传统新闻版面相比，该栏目的新闻报料来源已经彻底实现了“网络化”，成为取材于“网”的新闻版面。

具体而言，网络报料包含普通网友报料、事件当事人报料、意见领袖及第三方独立机构报料。普通网友报料不仅包括网友在日常生活中得来的线索，也包括一些资深网络高手人肉所得，他们长期泡在天涯、猫扑等论坛，职业较为自由，常常扮演“网上侦探”“报料搬运工”的角色。事件当事人主要指与事件直接或间接产生联系的人、机构组织等，他们有意或无意间卷入事件旋涡，一般以个人身份或某官方机构身份在微博上发帖作出事态回应，抑或通过微博私信等方式接受记者采访。微博上的意见领袖多由知名媒体人、公共知识分子等组成。作为社会各界精英，他们手中往往掌握比一般人更为丰富的人脉、行政等资源，在涉及一些公权力腐败、经济黑幕等公共事件的网络讨论中也常会爆出一些有价值的新线索。第三方独立机构如民间独立调查团等。

在记者对消息源的取舍的传统操作中，占有较高社会地位、拥有较多社会资源的成功人士往往成为首选。当下在消息源结构方面，我们看到消息源为“意见领袖”的占比仅为5.4%，与之形成对比的是高比例的普通网友报料。网络报料在抹平社会各阶层社会财富沟壑的情况下呈现出一种相对的平均化趋势，它体现的是网络时代信息核心资源的均衡化。

（2）信源诉求的复杂化。

在消息来源和记者共同的舞台上，双方展开的是一场有关背后利益与权力的博弈。消息来源可能会为了自身利益控制记者、增加正面事实、隐瞒负面事实；记者则可能因为采访工作的便利性、新闻工作室的组织规范和价值规范而选择合适的消息来源。[①] 所以，新闻背后隐藏着信源的利益诉求，而网络报料的“匿名化”操作则加剧了这种诉求表达的隐蔽性与复杂化。以往记者与报料人“Face to Face”（面对面）的交流更多地被一种“Back to Back”（背对背）的交流所取代，看不到报料人表情的报料方式也让信源沟通过程充满了更为复杂的利益诉求。

在笔者所操作的报网互动版选题中，一则题为“中石化天价水单曝光 168万采购茅台和洋酒”的新闻让人记忆深刻。2011年4月初，一则网帖报料称中石化广东石油分公司购买天价酒，报料人提供的四张发票显示了账目细节，总消费金额约168万元。该帖引起人们对国有垄断公司的质疑。随后多渠道证实此次“天价酒”事件曝光源于中石化内部权力斗争。报料人为中石化广东石油分公司某高层领导。由此我们可管窥网络报料背后难免会有一只“看不见的手”，这也给报网互动栏目的平衡选题带来一定难度。

近期社会上出现了“灌水公司”“删帖公司”等网络公关机构，从事歪曲捏造事实、通过话题炒作制造虚假网络民意等活动，这也成为制约信源以及公正报道的毒瘤。“某品牌奶粉致女婴性早熟事件”和“母亲跪行求捐款救女事件”便是水军（网友）策划的新闻事件。在网络水军策划报料的一些案例中，记者往往在不知不觉间充当了某股商业利益的“帮手”，妨碍了正常的社会秩序。

① 王芳：《当前我国大众化报纸消息来源偏向研究》，武汉大学博士学位论文，2007年。

此外，在一些情况下，很多报料人由于自身利益需要，故意夸张一些细节，或制造一些“标签化”帖文（例如帖文标题“村长县委上访被殴致死抛尸”等）来吸引网友的关注，以聚集人气。当然在实际操作中，并不是所有选题都有强烈的私利性价值取向，例如“郭美美事件”中政府工作人员“@温迪洛”等网友是出于维护公义的目的加入调查的。基于消息源“信度”的考虑，笔者透过参与式调查发现，记者一般会首先依靠其注册信息，或联系网站后台人员对报料人的可靠性进行鉴定。一般具有清晰证据、注明各方当事人具体信息、留有联系方式的帖文会更容易赢得记者的信任，进而可能成为正式选题。

（二）选题倾向

随着论坛、微博等社会性媒体公共性价值的不断彰显，各类网络公共事件不断跃于人们眼前，并延伸为社会公共话题。从2007年的“重庆最牛钉子户事件”“厦门PX事件”“华南虎照事件”，到“郭美美事件”“卢美美与华商协会敛财事件”“独立候选人事件”等等，中国网络空间的“公共性”日益成长。

作为链接现实世界与网络世界的报网互动栏目的选题有何特色？是否有与其网络特质一样的倾向？下面笔者选取了《网眼》在2011年12个月中每月首期与末期版面（共24个版面，48篇文章，本章附录附表3 《南方都市报》的《网眼》版2011年选题抽样）进行统计分析。

（1）公共性价值。《网眼》是在南方舆论监督传统熏染中成长起来的。作为网络公共议题的延伸，笔者认为它的选题具有显著的公共性特点。据上述所选取样本（共48篇稿件），笔者统计发现该版面涉及重大公共议题的报道有39篇，占全部报道的81%。这些报道涉及的议题见表3.8：

表3.8 《网眼》版面报道议题分类情况

议题类型	议题内容（报道数量）	报道总量
日常议题	电商新闻（2），微博直播事件（5），教科书议题（2）	9篇
公共性议题	公权腐败（6），慈善公益事件（4），官员素养与丑闻事件（6），城管事件与警务失范（6），国企丑闻事件（2），公共医疗事件（2），食品安全（1），文物“失窃门”（2），网络政务（3），信访制度与恶性截访事件（1），不当政绩观（1），独立候选人参选事件（1），政府效能（3），“五道杠”与青少年教育（1）	39篇
总计	—	48篇

按照 Heath 对议题属性的定义，议题具有公共性、争议性和周期性等特征。其中“公共性”指议题不仅受到少部分人、个别企业关注，而且受到广泛的社会关注，与公共事务的处理和公共政策的出台密切相关。[①] 可以说，《网眼》所报道的大部分议题都具有这一特征，它负责从浩瀚无际、“失焦”的网络信息当中打捞具有公共性的议题，并将其扩散传递给广大民众。由于公众的广泛关注，此类议题也更容易推动公共舆论的形成。公共性的选题特色也构筑了《网眼》捍卫公共利益的价值立场与栏目精神。

（2）失范性议题。《网眼》在选题上的另一个特点是失范性。如果一个人经年累月地关注那些在新闻中占据主导地位的行动者与活动，就有可能将多数出现在电视或新闻杂志中的新闻故事特别是硬新闻分成两种类型。一类可以叫作失序新闻，它们报道对于种种秩序的威胁，以及用以重建秩序的措施。另一类则关注主要官员的常规性活动：日常的决定、政策提议、反复出现的政治辩论，以及借助选举或任命推进的官员周期性遴选。[②] 莫罗奇（Molotch）和莱斯特（Lester）发展出一种比较相似的新闻类型，他们将其分成三类：常规、意外事件，以及丑闻。[③] 就此新闻类型的分类，我们可以看到新闻故事类型的两个不同价值侧重点，即对社会好秩序的“维护与向往”，对社会坏秩序的“揭露与离心”。在这个意义上，失序新闻更加倾向于对社会不良秩序的批判，呼吁重建良好秩序。在对《网眼》新闻选题的统计分析中，笔者发现失范性是其选题的倾向之一。

《网眼》报道所聚焦新闻事件的失序性主要表现在社会失序与道德失序两个方面。社会失序是指扰乱公共秩序以及可能将民众卷入针对生命或财产的暴力或暴力威胁的活动。[④] 在这方面的例子如社会公益机构的运行不透明、国有企业的腐败行为、文化机构的失窃新闻、政府不良政绩观造成的社会笑话、医患关系紧张案例等等。道德失序的新闻主要指那些触犯法律与背离道德良知的新闻事件，例如层出不穷的官员性丑闻事件、不法商家生产假冒产品威胁人们生命安全事件、国家公务人员暴力执法事件等等。

为何失序新闻会成为报网互动栏目的关注点呢？笔者经分析认为，首先，这与转型期的中国社会现状有关。各种制度不甚完善，政府行政、事业机构等各类组织运行的透明度较低，各类失范事件大量存在。其次，这与新媒体技术的开放性有关。大多数失范性事件因有丑陋内幕而被当事人有意遮掩，但网络时代人们

---

① Robert L. Heath, *Strategic Issues Management*: *Organizations and Public Policy Challenges*, Newbury Park: Sage, 1997.

② ［美］赫伯特·甘斯著，石琳、李红涛译：《什么在决定新闻》，北京：北京大学出版社 2009 年版，第 65 页。

③ Harvey L. Molotch & Marilyn J. Lester, News as Purposive Behavior: On the Strategic Use of Routine Events, Accidents, and Scandals, *American Sociological Review*, 1974, 39 (1), pp. 101 – 112.

④ ［美］赫伯特·甘斯著，石琳、李红涛译：《什么在决定新闻》，北京：北京大学出版社 2009 年版，第 66 页。

的生活空间处于开放状态，各角落的无数网友成为每个事件的直接目击者，加之智能手机录音、录像功能的普及，以及上传网络空间的便捷性，很多失范性事件被无数网友“盯梢”。网络时代，任何事件都在玻璃箱中演进，所以大部分失范事件都被网络挖掘出来，并暴露在阳光之下。

（三）新闻采访

新闻采访是新闻工作人员出于大众传播的目的，代表公众行使采访权，通过观察和访谈手段，对可能受到广泛关注且鲜为人知的信息的采集活动。《网眼》作为新兴报网互动栏目，与传统新闻的采访方式有何不同之处呢？笔者通过参与式调查与文本分析简要总结如下：

（1）以电话为主要采访手段。在占多数的《网眼》选题操作中，一般有三种采访方式，即搜网、电话采访和实地调查。“搜网”主要目的为核实报料人价值倾向，关注事件的背景信息。对于网帖（视频）所报料的事件背景而言，记者在搜网过程中特别注意事件的首发地和首发时间，查找事件所涉及当事人（机构）的背景与网络活动痕迹，主要依赖搜索引擎、微博检索、论坛检索等方式进行求证。

对于事件的证实而言，最常用的采访方式为电话采访。一般记者会考虑三方当事人：一为发帖人，二为官方回应（官方机构或身为官员的当事人），三为第三方说法（接近当事人的独立人士、媒体以往报道）等等。多角度采访是平衡、客观的专业主义的要求，但由于时间仓促或官方回避等原因，很多关键信源的采访往往并未很好执行，此时记者会较多地转引其他媒体的采访。

对于少数较为重大，或较为复杂的事件，记者一般会采取实地调查采访的方式，或者转给其他外地驻站记者完成实地采访，但该采访手段碍于成本及出版周期的考虑一般很少采用。这也是电话采访成为《网眼》最主要采访方式的原因，一般“网事”的事实较为简单，另外也是出于成本与出版周期的考虑，只有如此才能保证人数较少的团队贡献更多的版面。

（2）“第一现场”内涵拓展。何为“新闻现场”？在传统报纸新闻生产领域，新闻现场总是发生在现实空间。但对于报网互动栏目新闻而言，新闻事件的“新闻现场”的内涵则有了新拓展。它不再仅指与事件相关的现实时空，也指发生了新闻故事的网络空间——网上“事件窗”、网上“评论墙”。

以王功权“微博私奔门”为例，其“第一现场”就是微博这一网络时空，因为该事件是以微博直播的方式发生在网络上的，此时的微博就是新闻的“发生地”。其实，《网眼》所操作的很多微博直播事件，例如“癌症男子微博记录抗癌全程”“卫生部发起随手拍支持控烟”等发生地（“第一现场”）都在微博上。此外，在网上事件发生后的跟帖与转发信息也迅速组成了事件的“评论墙”，其中有加 V 的意见领袖，也有普通网友的评论。他们既是事件过程最直接的“目击证人”，也是事件最恰当的评说者。

(3) 网友成为采访的协作者。对于传统新闻生产而言，新闻采访活动大多是由专业记者完成的。但对于报网互动栏目的新闻报道而言，新闻采访活动也有了活跃网友的参与，他们与专业记者一道编织新闻事实网，成为采访活动的“协作者”，众多网友是“无编制”的公民记者。

回归《网眼》版报道的采访分析，“郭美美事件”是记者与网友一同编制的一条引发全社会关注的重磅新闻。就该事件而言，微博上的采访“协作者”主要有三。其一为被称为“轮椅哥”的周亚武，他共有三个报料微博 ID，分别为“@新闻挖掘机”“@真相挖掘机”“@猛料集中营”，在事件中他最早把“郭美美是谁”的天涯帖转发到微博。另一个报料人为北京网友姜朋勇，他率先爆出了“6 月 27 日凌晨郭美美将乘飞机抵达北京首都机场”的消息，引发网上网下“围观郭美美”。还有一位网名为“@温迪洛”的政府工作人员，她率先爆出商业系统红十字会与王鼎公司关联的核心内幕，推动了记者调查的开展。

跟进此事件的《网眼》记者“@王星 WX”也一直在微博上与这些“协作者”进行有效的互动，形成了网友“爆内幕”，记者进行专业求证的采访分工。笔者多次网络调查性新闻采写经历也证明，普通网友利用“人肉搜索”这一独门调查方式在收集、报道、分析和传播信息资讯时扮演了越来越主动的角色，这也使得很多专业媒体记者开始利用社交媒体去挖掘新闻资源，这一行为又促进了社交型媒体与传统媒体在信息渠道上的高度互补，进一步促成了信息形态的变化与融合。对此，许多报网互动栏目记者认为网上新闻故事是由网友与记者共同编制出的“辫子新闻”，既呈现了原生态的网友表达，又融入了记者的专业求证。

(四) 新闻写作

新闻写作是呈现新闻事实脉络，并以适合的文本语言告知读者事件背景、意义、发展趋向的表达过程。从新闻生产社会学角度而言，新闻写作的过程又是一个创造与构建的过程，在其中会渗入作者以及其他参与者的利益表达。新闻写作是一种把新闻事件转化为权力话语表达的过程。报网互动栏目《网眼》版新闻写作的过程与传统版面新闻写作有着不同之处，笔者通过参与式调查与文本统计发现其有如下几个特点：

(1) 网友匿名化表达与“直接引语”。“在互联网上，没有人知道你是一个人还是一条狗。”此言说明了在互联网上匿名身份带来的表达便利。虽然网络的匿名化也并非完全“隐身”，你的 IP 地址等其他网络痕迹都会使“你”变得可以追踪与被发现，但无论如何，“匿名化”的确使网友的表达更加直率与真实，也为网友在新闻故事中直陈主张提供了一定的“去身份”的便利性。下面笔者对一个新闻案例作简要分析：

“只有大拆迁才有大发展”

版次：AA24　版名：网眼　稿源：南方都市报　2011－03－31　作者：张书舟

@卧虫虫123：“只有拆迁才能发展，只有大拆迁才有大发展。”

这位网友告诉南都记者，这张照片是他从青城山骑车至成都路过温江时发现的，这条雷人标语位于成都市温江区花园镇的灌温路上。这位网友说：“这是一个最能代表我们所生活的这个时代社会特征的词汇，其实不管是什么时候，任何形式的拆迁对于社会来说，只要建筑物的使用寿命还没有终止，哪怕是只提前一天拆除，那也是一种资源浪费，是发展成本！而绝不是发展的‘机会’！”

仔细分析上述稿件，我们发现此稿是在网友“@卧虫虫123”一则见闻记叙的基础上完成的稿件。该网友以自己所见的一条政府宣传条幅来表达对不良政绩观的批评。首先稿件是以网名“@卧虫虫123”完成新闻陈述，是网友个人以匿名身份跳至新闻文本之上来发表自己的见闻。记者准许该报料人进行匿名化表达有两个原因：一为新闻事实简单，有图片具有可证性，记者也信任该网友的报料。二则取决于记者与网友的利益关系，记者履行维护公义之责，也为保护报料人的自身安全。

在上述稿件中，笔者注意到文本以直接引语式表达为主体。笔者统计上文标题12字符，正文198字符。其中属于记者表述的为64字符，属于网友表达的（直接引语部分）为127字符。就该文本而言，我们可以说“@卧虫虫123”是报料人，更是新闻文本的“写作者”。其中除了事实以微博供图形式进行表达外，该网友也充分表达了自己的观点，即对不良政绩观主导下政府无视发展成本、肆意浪费公共资源的批评。

笔者对《网眼》版新闻文本进行全盘考察后发现，网友参与新闻文本构建的方式主要有以下几种：①标题以“网友”字眼表明。如“网友投诉……”“网友质疑……”“……引发网友热议”等；②网友微博截图的完整呈现，以示真实性；③网友通过微博论坛等方式实现新闻供图；④直接引语截取部分网友对事件的陈述与看法。

（2）以网友名义赋权“最”字噱头。回顾《网眼》版自创办以来的新闻文本，笔者发现一个显著特点，即“最”字噱头与“标签化”表达。例如“××最牛钉子户”（重庆最牛钉子户）、“×美美”（郭美美、卢美美等）、“史上最××长”（四川地方志会会长因裸聊被称为史上最寂寞会长）等等。下面笔者截取了两段新闻文本分析如下：

史上最短任命：当日提拔，次日退休

版次：AA22　版名：网眼　稿源：南方都市报　2011－03－26　作者：张书舟　任珏

“@是非不明”：【厦门爆史上最短人事任命：主任科员任命1天退休】2月28日，思明区一司法助理员获提拔为主任科员，但令人感到蹊跷的是，一天之后，即3月1日其就因退休被免职。据了解，庄某某在司法系统任职长达29年，工作兢兢业业。退休前一天，即2月28日，思明区职能部门破例提拔其为主任科员，退休后享受正科级福利。

这条微博昨日流传甚广，网友们议论纷纷。网友“@zhouyipeng”评论说：“都是为了以后几十年的退休金啊。”网友“@漫步人生”说：“老黄牛在中国都是这种结局。在当今官场靠勤奋、苦干、实干是升迁不了的。”网友“@Renaissancee”则说：“工作期间未获提升，说明能力有限，退休之前突击提拔，图的就是退休待遇。组织部门为解决我党干部老有所养贡献了创造性的新思路。”

史上最低调警车　奔驰伪装成本田

版次：AA32　版名：网眼　稿源：南方都市报　2011－07－07　作者：张书舟　刘文苑

近日，有网友在广西“红豆社区”发帖说，一辆挂广西防城港牌照的本田CR－V警车竟然是奔驰ML350伪装而成，网友一片哗然。广西防城港警方向南都记者证实，该车在防城港下辖的县级市东兴市公安局，根据防城港市公安局收到的情况说明，该车为被查扣的无主车，后“为了工作”被东兴市公安局交管大队喷涂为警车，但“没有改装，也没有使用过”。

基于以上两个文本分析，我们看到此类“最”字噱头的制造一般出现在标题之中。其大多是记者以网友名义进行“赋权”而命名的。笔者仔细浏览其他文本也发现，一般以“被网友冠以……”“被网友称为……”“网友封其为……”“被网友指是……”等字眼引出“最”字噱头的命名。此外，还有一种是记者和编辑未经网友授权进行的自主“最”字噱头命题。例如上述第二则稿件《史上最低调警车　奔驰伪装成本田》，笔者仔细浏览稿件文本只在标题中发现“史上最低调警车”几个字，正文中却未提及该字眼，此应是记者或编辑为了标题关注度的需要，而进行的一种渲染式标题命名。

为何网络时代偏爱噱头与标签化呢？一方面，是出于在浩瀚的网络信息中突出某类新闻事件的需要，噱头制作中多采用夸张、渲染手法，突出新闻事件的荒诞性与标本意义。另一方面，赋予标签的新闻操作也是为了更便利地自主设置公共热点话题，比如《网眼》报道“彭宇案”后，各地出现了“彭宇案”的地方版。此集中化、标签化命题让“该不该扶老人”顿时成了社会公共议题。同时，记者为了传播效果与议题设定的需要，有时也会撇开网友而擅自赋权进行标签命名。

（3）新闻操作过程中的类型化问题。在传统的新闻操作中，我们经常发现记者会随时提及某一新闻事件可以做成何种类型的稿件，例如有的会议新闻只做一个简单小消息，有的则要求深挖内容做一个话题深度稿，或者就该话题策划出一个系列的专题报道，这就是新闻类型化问题。有学者表示，任何新闻事件都具有其独特的发生方式。“结果，记者和编辑‘在无意之中’知道有必要以不同的方式区别对待。……‘类型化’指的是依照对解决实际问题来说处于中心地位的相关特征进行分类……新闻工作者利用类型化的手段，把日常生活中具有个性特质的事件转化成可以进行常规性加工和发布的原料……新闻类型化已经成为记者现成的职业性知识储备的一部分。也就是说，处理有个性特质的事件是记者的职业技能，这个技能具体表现为能够利用类型化来调动适当的报道技术。”① 盖伊·塔奇曼在其著作《做新闻》中就将传统新闻领域的新闻通过类型化划分为软新闻、硬新闻、突发性新闻、发展性新闻和连续性新闻。

网络新闻故事是一种新兴事物，报网互动栏目是一种新型的新闻品种。面对网络上众多新闻素材——特征各异的事件时，新闻故事如何依赖于事件的个性特征进行类型化是记者编辑应当认真考虑的。笔者在参与调查期间发现《网眼》版记者也探索出了自己的网端新闻类型化方式。笔者简要总结如下（见表3.9）：

---

① ［美］盖伊·塔奇曼著，麻争旗、刘笑盈、徐扬译：《做新闻》，北京：华夏出版社2008年版，第67～68页。

表 3.9　报网互动栏目的新闻类型化处理策略

类型化划分	内涵与适用事件类型	例证
围观稿	网友爆出的比较有趣、有公共价值的亲历性见闻事件。一般要求证据清晰，例如有图有真相，且图片经证实为真	《“只有大拆迁才有大发展”》
热议稿	此类事件为网上新闻热点的延伸，但因事实已证为真，或已经被其他媒体报道证实，而在网络上形成热议话题。此类事件以网友意见或观点的原生态呈现为表现形式	《74 人的县政府》
疑问对峙类	此类事件主要为网络争议性事件，双方对于事件的事实细节各有说法，但证据尚未清晰。稿件一般就事件疑点对双方进行采访，并呈现双方说法、摆出双方事实	《穿奢侈品牌皮鞋副县长遭质疑》
调查类报道	此类事件多为真相模糊并有待证明的新闻故事，一般事件内幕尚未被揭露，选题意义较为重大。类似于网络大型舆论监督事件，此类事件一般采取实地调查的方式完成采写	“郭美美事件”调查的部分稿件

（五）新闻呈现

碎片化呈现、信息泛滥的网络时代，报纸新闻版面呈现出怎样的变化呢？笔者认为《网眼》版面体现出一种立体式的“链接式新闻”特征。根据“5W + 1H”新闻要素理论可知，一个新闻事件包含了多重事实的圈层关系：事件地点、人物、时间、原因、轨迹等等。以此作一个延伸：一个核心事件也包含多重关系圈层，即以事件本身为轴心，延伸到社会环境、利益相关方、深层根源、历史脉络等等。新闻事件发生后，会以事件本身为核心，形成涟漪般向外扩张的圈层状态，核心事件与周边信息组合成事件的全貌。

在传统报纸时代，由于版面制约和时效性的限制，报纸新闻版面往往以事件为报道核心，无暇全面照顾到外围信息，造成“独立性事件”的假象，缺乏相关背景资料，社会挖掘度不够，历史纵深感不强，内容层次较浅、没有触碰到核心社会根源等。在网络平台（新闻网站）上，这些弱点却被克服了，以快捷的新闻专题、多重链接的形式让新闻事件呈现出一种立体化的特征。这取决于网络平台所具有的庞大信息资源储存、版面无限延伸的优势。在报纸等平面媒体上，如何汲取这些优势呢？笔者认为《网眼》版的版面设计在向网络学习方面进行了有益的探索，下面笔者以近期《网眼》版的版面为对象进行简要分析。

笔者翻阅《网眼》版发现，“链接”成了该版的常规板块。一般而言，编辑会根据事件特征提炼关键词，再据此进行事件档案回顾，以此扩充新闻的内涵与历史厚度，也全方位地满足读者知识需求。“超链接是加强网上信息之间联系的一种手段。网络新闻就是通过超链接使与新闻相关的信息之间产生联系，使得网络新闻文本不再是传统新闻文本的线性平面的结构而是网状多维立体结构。”①借鉴网络超链接，“新闻背景”和“新闻链接”板块提供深度背景，成为《网眼》版操作中最显著的特点。

在传统新闻写作中，背景材料一般融于文章之中，常常被放在导语与正文之间，且仅作简短提示，并不作深度展开。在网络新闻的链接模式启发下，《网眼》版把背景材料单独提出，以“新闻链接”“新闻背景”“关键词”等样式出现，既适应了人们的超链接思维，又增强了报道的历史纵深感和层次感。

A32　网眼

市民向长沙市政府
送“截访先进单位”锦旗

赠送者称，意在“鞭策政府工作朝良性方面改变”

网眼　A19

送“截访先进单位”锦旗
长沙两市民被拘9天

处罚因“扰乱办公场所正常工作秩序”，两人将提起行政诉讼

图 3.3　《南方都市报》的《网眼》版面呈现特点

① 许向东：《浅谈网络新闻的超文本结构的写作》，《新闻知识》2001 年第 7 期。

从图3.3A32版式设计我们可以看到，《市民向长沙市政府送“截访先进单位”锦旗》这一报道旁边的“链接”一栏，回顾了以往类似的“公民表达事件”。例如“‘不作为’锦旗”“‘年度办事最差奖’奖状”两个相关事件。A19是该事件的后续报道，但版面把之前的报道版面做了一个“图示链接”，时空上有了一个很好的对接，并对新闻主题进行了很好的延展，事件的多重罗列也彰显出一种讽刺意味，让版面的语言表达更加活泼。

这是报纸媒体借鉴了网络特点——链接式新闻表达。报纸版面的链接式表达很好地融汇了速度与深度，在一个平面上，围绕一个核心事件将相关历史档案、相关事件、相关新闻作一个深度梳理，在梳理过程中，试图理出或者暗示事件频发的根源，以引发读者注意，并尝试为该类型事件建立起纸上新闻数据库。

同时，笔者在对《网眼》版新闻文本结构进行分析时也发现了一种“网友—官方（当事人）—记者调查”模块化文本结构，即以网友陈述事件、当事人说法、官方回应、记者调查证实作为稿件的几个固定部分，或者以其中一个或几个部分构成上述类型化报道模式。这与传统新闻写作中的“倒金字塔”“华尔街日报体”完全不同，是一种新型的文本结构，笔者称之为“网端模块式”文本结构。在写作中，记者会以“网友：……”“当事人：……”“官方回应：……”“记者调查：……”等为小标题标注各模块内容，这能清晰还原网络事件的脉络，体现网络时代的板块化、清晰化趋向。同时，“网友：……”模块几乎成为《网眼》每篇稿件的首要部分，以网友口吻，用直接引语让网友讲述新闻事件。

三、模式探析：报网互动情境下的参与式新闻生产

透过我们对《南方都市报》报网互动栏目《网眼》版的分析，我们清晰地看到了报网互动栏目新闻生产的整个操作流程，从新闻生产的起点——消息来源，到议题的判定——新闻选题，再到新闻生产管道中的其他流程——新闻采访、新闻写作，以及最终的文本呈现。在这个过程中，笔者发现网络价值（开放性、公共意义、平等性等）与网络主体（曾经的读者，当下的网友）的身影不时地“介入”新闻生产过程。笔者把报网互动栏目《网眼》新闻生产的“网络介入”以图的形式描绘如下：

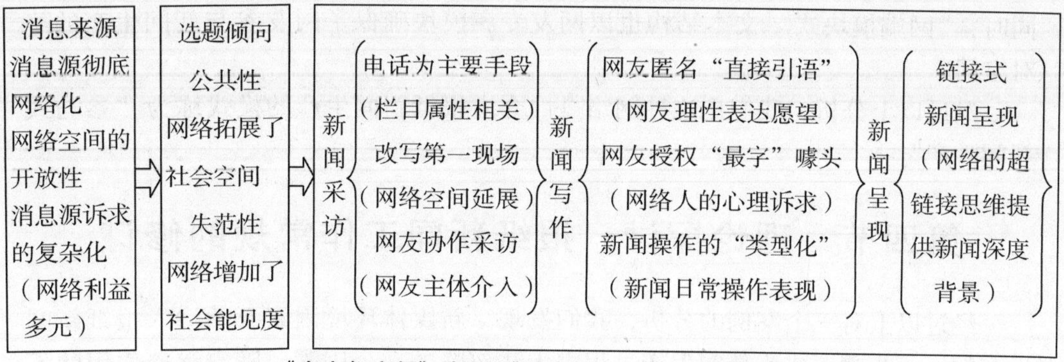

图 3.4　《南方都市报》版面《网眼》新闻生产的网络介入示意图

通过上图可知，《网眼》版的新闻生产集中体现了新媒体环境在报纸生产流程留下的深刻烙印，以及这些烙印上的网络气息。笔者简要总结如下：

首先，网络空间平台的开放性、公共性，以及网络社会的利益分化与多元、高社会透明度也融入了网络化新闻生产的流程中，让消息源呈现出彻底网络化的趋势，彰显了更多复杂化的价值诉求。网络报料的诉求复杂化背后也有另外一个社会基础——转型期社会的利益分化加剧，这也导致了各种网友在网络空间的表达上更趋于“立场化”，甚至立场背后有更多复杂的利益驱动。

其次，在选题上更加注重关注公共议题，更加关注失范性事件。笔者认为这是一种网络精神的渗透，也是转型期中国社会状况的折射。网络更加凸显出一种透明、平等精神，而在现实社会中各种暗箱操作、不符合法定程序的事件层出不穷。当网友在现实中找不到合理表达渠道时，网络必然成为他们发表意见、宣泄不满的空间。此时，各类事件也就被此类报网互动栏目锁定、挖掘，并且以刨根问底的精神不断掘进事实内核。

再次，新闻的采编流程中出现了直接的“网友介入”：成为专业记者的采访“协作者”、以“直接引语”方式直接进行文本发言和授权记者进行“最”字噱头的制造。笔者认为这种参与式作业已成为报网互动栏目最显著的特点，网友始终以一种事实贡献者、意见辩论者的身份隐藏在新闻生产的采编流程之中，同时会不时地跃于纸张之上，进行直接的意见表达。报纸媒体的专业记者也以积极的姿态去回应网友的表达，改变新闻报道的工作常规，通过多种方式为网友创造参与生产、分享与表达的机会。

最后，文本更是集中体现了网络化的特点，链接让报道内容最大限度地扩容，“网端模块式”文本结构确保了网友的表达空间。这是一种启发于网络的表达特点，在网络新闻上我们经常看到各类新闻背景、同类新闻等形式的链接，既适应了网络时代人们的超链接思维，也增强了报道的历史纵深感以及主题意识；

同时，“网端模块式”文本结构也以网友专属模块确保了网友参与新闻生产的绝对空间。

经过以上分析，我们把这种网络全面介入报纸新闻生产的模式称为“参与式新闻生产”。

第四节　理论探讨：报纸新闻工作常规的修订

经过以上对三个案例的分析，我们发现，新媒体环境因素开始渗入报纸新闻生产的每一步骤，成为新闻生产过程中无法忽略的一个因素，随着渗透作用的不断加强与深入，报纸新闻生产的工作常规也被修订了。同时，由于新闻常规涉及多重内涵，且渗透于个体新闻工作者的日常新闻采编实践中，需要极高观察力才可捕捉到。笔者在把握新闻常规概念的基础上，立足上述对三个案例的考察，对报纸新闻生产流程的嬗变作一些归纳。

一、新媒体环境下新闻工作常规的修订

基于个案分析，我们对于新闻工作常规主要聚焦以下维度：网络信源的扩张与记者选题惯习的改变，网友介入新闻文本建构与记者改变采编规则，新闻生产周期的压缩与新闻深度化开掘，网端新闻网搭设与报道类型化趋势四个方面。

（一）网络信源的扩张与记者选题惯习的改变

我国互联网的发展历史可以划分成以 E-mail、QQ、BBS、博客和微博等网络形式为代表的几个梯度发展阶段。网络受众在发送邮件、传收简讯、粘贴主题和表达主张的同时，经历了从免于责任的灌水到自由取得话语权的阶段。① 至今日微博时代，移动终端多形式的报料随处可见。这是网络信源融入新闻生产过程的深度扩张。

消息来源之于新闻记者是“信息的原始守门人”（the primary gatekeepers of information）。② 信源是记者所依赖的新闻故事源头，是新闻活动的起点与开端。与传统的新闻报料方式相比，当下网络信源的扩张让报料方式更加多元、更加立体。同时，网络报料的匿名化、即时性、便利性也让其成为新宠。原有的投信报料、电话报料越来越多地让位于网络信源的报料而成为备选项。

---

① 郑达威：《信源扩张与网络公共领域现状》，《当代传播》2005 年第 3 期。

② Chibnall, S., The Production of Knowledge by Crime Reporters, In Cohen S. & Young J. (eds.), *The Manufacture of News: Social Problems, Deviance and the Mass Media*, Newbury Park: Sage, 1981, pp. 75 - 97.

开放性、公共性和平等化是网络的三个本质特征，新媒体环境对报纸新闻生产过程影响的第一个步骤便是消息源“喂食”，部分版面的消息源彻底网络化，这首先是一种消息源供给方式的改变。在对《南方日报》的《广州观察》版的消息来源统计中，微博与政府相关网站的报料已经占到一定比重，该版面跑线记者也更多对自己所涉及领域的相关微博进行有意识的监控；《广州日报》的《新闻蓝页》版因为网络消息源“补位”被禁选题而确保了新闻素材资源的充足；《南方都市报》的《网眼》版是依赖于网络报料这条新闻线索富矿而设立的版面，在对《网眼》版消息源的分析中，我们也看到了网络时代报纸消息源所呈现的更多新趋向。

在传统媒体主导的时代，以通讯员为基础构建起的报料系统中，媒体记者往往占据着较为主动的地位，消息源则居于一种相对从属的地位，新闻场以义务和责任的形式规定了新闻源无偿提供信息的游戏规则，例如记者对官方信源视以为常的依赖习惯。基于《网眼》的分析，随着网络时代的到来，公众个体意识逐渐觉醒，网络报料体系中出现更多匿名化运作，网络报料的消息源主体更具主动性。当然主动性的提升也反映了消息源报料平台——网络（论坛、微博等）日益开放的结构，以及当下社会舆论不断开化的趋势。

甘斯把消息源定义为：记者所观察或访问的行动者，包括在最终的新闻中被引用的受访人以及仅仅提供背景信息和报道建议的人。[①] 一旦成为消息源，则实质等同于拥有了进入媒介的权力，他们常常借这一机会筛选、宣扬利己性信息，从而对新闻产品施加影响。新闻报道是消息源与记者共舞的过程，两者虽然随时都能领舞，但“两个人跳探戈……由消息源来主导步伐”[②]。基于对《网眼》版消息源的分析，我们看到了信源利益的复杂化、多元化趋势，消息源主体更多有自己的利益诉求，这种消息源利益复杂化趋势的根源在于转型期社会结构的利益分化。面对信源复杂化趋势，报纸记者对于网络消息源也表现出了一种不信任的情绪，并以专业调查方式去求证，以实现网友报料由“待证信息”到“已证事实”的转化，从而最大程度开采网络信源。

在记者取舍消息源习惯方面，以往研究证明总体上记者偏向于选用社会地位或身份较高的群体作为消息源，但笔者在考察以上两个个案时发现，网络时代精英化消息源结构开始松动，普通市民、草根网民作为消息源角色的机会在增加，这是一种消息源结构的平民化趋势。网络消息源已经越来越多地成为记者所选取

---

① Shoemaker, Pamela J., *Mediating the Message: Theories of Influences on Mass*, N. Y.: Longman Publishing Group, 1991, p. 150.

② ［澳］西蒙·科特主编，李兆丰、石琳译：《新闻、公共关系与权力》，上海：复旦大学出版社2007年版，第65页。

的对象。这种网络消息源利用概率的提升为网民“介入”新闻文本建构进行自我表达提供了机会，下面我们将进行这方面的分析。

（二）网友介入新闻文本建构与记者改变采编规则

新闻文本的生产过程，其实是新闻事实与社会图景的再建构过程。因为记者对公众（公众利益）有“代言”作用，在过去记者和编辑是新闻文本建构的唯一“合法人”。而今日，由于网络大潮的冲击，普通网民更多也更主动地介入文本建构，专业记者也逐步“让渡”新闻文本的部分写作权。据上文对三个案例的分析，网友建构新闻文本的主要路径有以下几个方面：

其一，辅助采访调查融入新闻采编流程。出于维护自身合法权益，以及维护公共利益的目的，很多网友成了“新闻调查专员”，为专业记者的调查提供基础素材，或尝试去揭露事实真相，为解开权力者隐藏的事件内幕贡献自己的力量。在对《广州日报》的《新闻蓝页》版的分析中，我们也看到了网友为记者提供采访线索，成为记者突破的关键点，这是网民介入新闻文本建构的一种初步表现。

其二，在文本上赢得“直接引语”的机会。首先，他们积极地在网络空间上报料自己所经历的涉及政府行政、垄断企业，甚至公益组织的各种新闻故事。其次，他们对各类社会事务积极发表自己的观点与看法，期望以理性的言论与具有真知灼见的表达引起媒体关注，或者直接成为新闻陈述者。对《网眼》版的分析更让我们清晰地看到了网友对新闻文本建构的多维度介入。

面对网友多路径介入新闻文本建构的努力，专业记者也呈现出一种积极、开放的姿态，他们透过改变新闻采写工作常规的方式将其纳入新闻文本。首先，他们也欢迎各网友加入贡献新闻事实与观点的行列，欢迎他们成为媒体表达的“合法领袖”，此成为记者应对网友介入的常规策略。在传统报纸新闻生产中，我们发现记者一般需要行业专家作为事件的评判者和解读者。在新媒体时代，公众对专家失去了绝对权威的崇拜，而普通网友的解读与观察往往成为亮点。为了维护新闻事实的信度与新闻故事的好看性，记者们有时会视网友为行家，给网友定义新闻事件的机会——让他们对新闻人物、新闻事件进行赋权化的文本表达。《网眼》版的实践也证明，记者以网友的名义进行“最”字噱头赋权的现象体现了记者视网友为新闻事件表达的“合法领袖”。网友也通过这种赋权化行为实现了自身参与文本表达与身份的“合法化”。

其三，记者也会对网友自主生产的部分内容给予“加冕认证”，授予其权威传播渠道。这种现象在对《南方日报》的《广州观察》版的分析中已清晰可见。

其四，在新闻文本结构方面，我们也发现了一种简明的“网端模块式”文本结构，即以网友陈述事件、当事人说法、官方回应、记者调查证实作为稿件的几个固定部分，或以其中一个或几个部分构成稿件的固定报道板块。这与传统新闻写作中的“倒金字塔”“华尔街日报体”完全不同，是一种新型的文本结构，笔者称之为“网端模块式”文本结构。首先，此结构确保了网络时代网友的发言机会。“网友：……”模块几乎成为《网眼》每篇稿件的首要部分，以直接引语方式让网友讲述新闻事件。其次，该结构是一种更具情境化的表达。记者在表达中往往以“@”标注网友的微博发言，并以网络化语言直陈事件经过，还会从各方当事人说法、官方回应、记者独立调查等多角度分析，试图把事件放置于更广阔的社会环境之中进行再现与解读。

（三）新闻生产周期的压缩与新闻深度化开掘

此主要针对报纸的动态新闻生产而言，新媒体环境，特别是微博的勃兴让动态新闻成为一种即时性生产过程。传统报纸“一天出版”的生产周期在报纸官方微博上被大大压缩。在此情况下，报纸成为一种记录事件脉络的工具，重点在于延伸思考与补充背景的“集装箱式”表达，意义不在发布，而在于追问与信息整合。

在对《南方日报》本地动态新闻《广州观察》版的考察中，我们也看到传统媒体借助于微博提升了新闻生产的速率，压缩了传统新闻生产的周期，完成了对传统新闻常规的“修补”。这种修补主要是改变了报纸“一天出版”的生产周期，使得动态消息能够即时发布。特别是在突发性新闻事件的报道中，微博扮演了重要角色，微博上的网友往往距现场最近，也可能就是事件当事人，作为事件的亲历者，他们才是权威的发布者。

随着报纸官方微博对突发事件信息发布的功能性替代，报纸版面更多转向了另外一个方向：新闻资源的深度开掘。在面对某一新闻事件（新闻人物）时，报纸除了关注事件的基本情况外，还更应关注事件（人物）幕后的社会背景、历史勾连。例如报纸往往精心策划，媒体议程也将某一事件（某一人物）延展至社会公共议题的讨论，追问事件与社会背景的联系，寻求建设性对策。这是新媒体环境下报纸作出的一种策略转向，顺其大势，深度报道也成为各大报纸的常规报道品种。

众所周知，新闻五要素即新闻的5个“W”，指一则新闻报道必须具备的五个基本因素，分别为何时（When）、何地（Where）、何事（What）、何因（Why）和何人（Who）。这是新闻中不可缺少的五个方面，是对新闻报道的基本要求。由于它概括了新闻事件本身存在的客观联系，对指导新闻采访和写作有一定的积极作用。此说最早出现于19世纪60年代的西方。1913年，广学会翻译出版《实用新闻学》（美国记者休曼原著），把此说介绍到我国。随着调查性报道的兴起，西方有些学者提出了“六要素”说，认为除五个“W”之外，还有一个新闻要素“H”，即如何（How）。

有学者认为，新闻六要素可以划分为三个层次：

第一层次："何事""何人""何时"与"何地"，它们确定一个事物的几个基本特征，规定了一个事物在时间、空间的具体存在。

第二层次："如何"，叙述事物的运动轨迹和状态。

第三层次："为何"，所探寻的是事物之间的本质联系，对促成事物的内因和外因进行推测解释，溯其根源，求其真相，判其出路。

表 3.10 报纸新闻生产中新闻资源开发的深度转向

	传统媒体传播环境	新媒体传播环境
报道品种	快讯（常规品种）、深度报道（非常规品种，无专属版面）	深度报道（常规，专属版面）、社会学样本调查（未来方向，例如"第二代农民工调查"等）
生产周期	快讯"一天刊发"，在有重大消息时出版号外；深度报道"不定时阶段性推出，无固定规律"	快讯借助报纸微博即时发布；深度报道有固定版面发布，基本"一天刊发"
报纸功能	发布资讯、报道事件	记录、整合，公共议题的集中讨论
"5W +1H"中心要素	4W（交代事件基本要素、发布事件发展轨迹）	Why + How（事件多维度的记录，社会情境下的追问、提出对策）

表 3.11 报纸新闻生产中心要素调整

"何事"为中心要素的报道	"如何"为中心要素的报道	"为何"为中心要素的报道
重心在于快速报道最新动态、确认事实，关注"点"，通常不去展开事实详细过程	重心在于展示事件过程和轨迹，展开事件细节脉络，即讲述故事或深层事实	呈现"新闻背后的新闻"，着重挖掘新闻事实根源，调查社会大背景下事实间复杂的关联

从另外一个角度而言，这是新闻要素"5W +1H"中心要素的调整，即由"4 W"到"Why + How"的转向。面对网络媒体的挑战，报纸要在"以快制胜"之外找到一个"突破口"，这个突破口便在于深度报道。新闻构成要素是"5W +1H"，发布 4 个 W 的功能已被报纸官方微博代替，报纸也就把精力放在"Why"和"How"上面。"Why"（为何）主要指调查性报道，"How"（如何）主要指解释性报道。在资讯发达的新媒体时代，报纸作深度报道已经成为大势所

趋。同时，在网媒即时发布的压力下，报纸生产“为什么”也应像以往生产“是什么”一样快速，唯有如此，报纸才能体现出自己胜于新媒体的价值所在。

（四）网端新闻网搭设与报道类型化趋势

新闻机构在面对突发情况时，往往借由工作常规来减轻不确定情形对新闻组织运转的影响。“新闻网”的架设、新闻线路的分配、新闻“类型化”便是其常规手段。随着微博等社会性媒体的广泛应用，网络新闻事件层出不穷，如何覆盖网络空间上的新闻事件正是报纸必须应对的一个突发情况。

众所周知，新闻媒体作为“探照灯”，对某一议题的“照射”是有条件的：具备吸引公众兴趣、带来利益等属性的话题，或者是公众欲知、应知的话题才能驱动“探照灯”转变原先的照射空间。当然“探照灯”所在的区域要有记者、通讯员等驻扎（“新闻网”），或当地碰巧有记者，或报社被迫派记者前往等，这些条件即是新闻常规。[①] 其实，“网端故事”已有足够的吸引力来锁定媒体的“探照灯”。

对于中国报纸媒体而言，最主要的新闻资源分配方式是“新闻条线”分配，即将记者分配到教育、经济、时政、法庭、农业等不同的报道范围内，使他们分别负责相关领域的事件议题，这在我国称为“跑口”设计，路线分配是新闻组织的工作常规。但是，我们发现当面对“网端新闻故事”勃兴状况，往往出现某种不和谐：“漏稿”“抢稿”频发。此种不和谐状况则折射了时下报纸“新闻网”的漏洞，即缺少对网端新闻的覆盖。从某种意义来说，新闻条线分配在时间上限制了报纸对网络事件的关注，延迟了报网互动栏目新闻生产流程的开展。

在架设“网端新闻网”方面，《南方都市报》组建了新媒体工作小组，负责网端新闻故事的采写，并且创办了承载网端故事的报网互动版面《网眼》，并对网端新闻实行24小时分段布控。《广州日报》也创办了《网闻》版，但是由于其党报属性下宣传逻辑的影响，以及作为市级媒体的官方舆论承载力限制，暂时处于停版状态。但是我们在对《广州日报》版面《新闻蓝页》的分析中也看到，机动部记者在新闻选题等环节也尽力贴近网络事件，虽然仍面临某些宣传压力。

对于传统报纸记者而言，网端新闻事件因为无领域、无地域的限制往往呈现出一种“无序化”状态。新闻生产方式是紧迫而急促的，这更增添了记者整理网端新闻的难度。对此，记者一般采用报道类型化的工作常规。例如《广州日报》版面《新闻蓝页》面对网事所探索出的“网络事件全景挖掘”报道模式就是一种报道“类型化”处理方式，它把新闻事件置于更广阔的社会背景中进行事件脉络梳理、意义判断和事件发展趋向的解读。《南方都市报》版面《网眼》对于“网端故事”的类型化处理借鉴了以往的常用新闻操作，总结为“围观稿”“热议

---

① 马锋：《现代风险报道生产偏向研究》，复旦大学博士学位论文，2008年。

稿”“疑问对峙类”“调查类报道”等几种稿件模式，这也成为处置日常“网端新闻事件”的新闻模板；而在新闻文本方面则有“网端模块式”结构。

今日报纸媒体对网络事件已经有了进一步的认可，纷纷开辟报网互动栏目，也形成了新的报道“分配条线”，架构了新的网端新闻网。当报网互动栏目（网端新闻）在整体上获得承认而成为一种新闻类别时，其便会有较大发展。一旦稳定、合法的新闻范畴形成，相关的新闻就可以聚合在一起，从而占据更多的媒介时间与空间。

二、新闻价值标准更趋于公共性与失范性议题

新闻价值（news value）是一种度量，用来判断新闻原事（news story）和新闻文本（news text）的意义。由于新闻价值的度量通常拥有多种取向，因此，不同的度量会自然构成一个指标体系，而这个体系被我们称为新闻价值系统（news values）。新闻价值体系在媒体机构新闻生产流程中的应用被称为新闻价值选择标准。此标准为新闻事件进入新闻生产流程“管道”的关口认证。对于报纸新闻选择标准，或说价值体系而言，新媒体环境下亦有一些恒定性的新闻价值趋向，也出现了一些新的修正。例如新闻的新鲜性、重要性、显著性、接近性等。另外也有西方学者列举了不同新闻选择常规，例如符合传媒生产日程表的事件、重要性陡增的事件、接近预期受众文化水平和兴趣的事件等较容易被媒体“探照灯”纳入视野。笔者认为在新媒体环境下这些价值层面（或技术应用性的判断策略）仍具有普适性。

同时，新媒体环境对当下传统报纸新闻生产的价值选择标准也有一些冲击。例如有学者认为，由于把关人的缺失、匿名性、受众的交互性、网络平权以及新闻信息本身的泛化等诸多传播特征的出现，那种在文本生产及新闻理念上强调一元化旨趣限定的价值观，在网络新闻环境下已经出现了富有自组织性的新发展，这包括：有关“异常性”的价值观正在向“异常—寻常性”的价值观方向发展；有关“影响性”的价值观正在向“影响—交响性”的价值观方向发展；有关“及时性”的价值观正在向“及时—全时性”的价值观方向发展；有关“冲突性”的价值观正在向“冲突—冲击性”的价值观方向发展；有关“显要性”的价值观正在向“显要—需要性”的价值观方向发展；有关“人情味”的价值观正在向“人情—人群性”的价值观方向发展等。①

另据笔者对《广州日报》的《新闻蓝页》版、《南方日报》的《广州观察·视点》版、《南方都市报》的《网眼》版的分析，笔者认为上述趋势仍未明显存

① 杜骏飞：《Internet：被解放的新闻价值观》，《现代传播》2002年第1期。

在，而是以一种潜在化方式演进。与之相比更为明显的是，新媒体环境下报纸新闻价值标准转向了“公共性”与“失范性”。在报纸常规报道《新闻蓝页》《广州观察》版面中，一方面，报道框架设置趋向于讲述人的故事，并注重挖掘其中的“人性”内涵，新闻文本也趋于呈现“人情味”；另一方面，报道注重从一个事件（一个人物）转向某一公共议题的讨论，主张跳出事件表象，对涉及公共利益的社会热点（包括事件性新闻二次延展）、城市话题、公共事务展开争论与探讨，对重大社会热点以及城市生态问题进行调查或调研，以期寻求解决问题的建设性意见。报网互动版《网眼》则立意为公共议题，据笔者对所列选题分类的统计（见表3.8和附表3），我们看到其中尤以社会失范性、道德失范性新闻居多。

笔者认为，这种公共性、失范性的价值转向有多重原因。其中一个原因是：市场化与网络成长的情势下，越过宣传制约藩篱的报纸新闻生产回归新闻价值——更强调民意代言，更具监督本色。同时这也是新媒体环境不断渗透报纸新闻生产的结果。网络时代社会的能见度不断提高，社会运行更加透明化，社会舆论格局也变得更具开放性。笔者就新媒体环境下报纸新闻价值转向的根源简要总结如下：

（1）公众与自身利益相关性。在网络衍生的公共领域中，参与的主体是公众，哈贝马斯笔下的公众概念有一个实现的前提——“已经参与到公共领域的人在进行讨论的时候根本不考虑社会地位的问题”，以此为前提来确保舆论共识达成的社会公共性和广泛参与性。舆论热点话题所具备的一个特点即与舆论客体的利益相关性。有学者认为，在通常情况下，舆论几乎是一部分人（一个团体、一种职业、一个民族、一个地域，甚至是一个临时性的利益同盟）的声音。然而，舆论监督的意义也就在于，它恰恰是通过一部分人的声音或对局部利益的关注，而起到对社会偏失的校正和提示作用，从而促进社会在整体上更趋于完善。[①] 笔者认为，这一段话解释了舆论主体与客体利益相关性的内涵。

据此分析，笔者认为网络参与主体的利益相关性话题，即具有公共性的话题更容易被纳入新闻报道的视野。《南方日报》的《广州观察·视点》版、《广州日报》的《新闻蓝页》版、《南方都市报》的《网眼》版选题所具有的公共属性，与每一个公众的利益相关。其中，《广州日报》的《新闻蓝页》版关注转型期中国的重重社会问题，例如医改、公共交通BRT建设等民生话题，网络文化版权之争等新兴社会问题；《南方都市报》的《网眼》版则聚焦社会改革进程中各公共机构（含公权力机构）所暴露出的各类问题，这些机构包含政府行政机构、事业性机构、文化机构、公益性组织、垄断性国有制企业等等。

---

① 王梅芳：《舆论与舆论监督：正义、公正与制衡》，《武汉大学学报》（人文科学版）2004年第3期。

（2）失范性议题与网络“扒粪精神”。网络时代媒体传播格局之中的另一个特殊景象，即政府治理下的现实舆论场与网络气质的民意舆论场之间的日益“撕裂化”。在当下信息多元、受众自主传播的舆论格局中，传统的专业权威被消解，公众话语权得到体现。特别是在以微博为代表的社会性媒体的影响下，虚拟空间上的民意舆论场日渐成熟，并逐渐成长为与官方话语截然不同的另一个意见中心，两个舆论场呈现“分庭抗礼”之势。

于网络舆论场而言，其议题有明显的“失范性”特点。笔者认为这得益于网络时代的“扒粪精神”。对于开放的网络空间而言，积弊良久的中国转型期社会积累了太多的荒诞型话题与故事。例如《网眼》版所爆出的江苏溧阳市某官员“微博直播开房事件”“只有大拆迁才有大发展事件”（折射不良政绩观）等新闻事件。网友以特有的“扒粪精神”，配合以“人肉搜索”等调查工具，不断揭露处于媒体视线“死角”的各类失范性事件，并在网络舆论场上进行讨论，形成一定的网络舆论潮。

（3）为实现“网络议题”到“社会议题”的融接与延伸。《南方都市报》的《网眼》版发挥了这样的作用——从网络上打捞话题并将其转化为社会议题，以最终促进社会现实的改变。例如“华南虎照事件”“郭美美事件”等网络公共事件，《网眼》“临门一脚”将网络揭露的丑闻化为社会议题，形成民意压力。回顾传统时代报纸新闻选题，我们可以发现过去往往以政治化议题、教化性议题为主要内容，此选题既没有信息量，也缺乏公共教义。很多过去不能关注、不能质疑的话题和事件在网络时代被圈入媒体“探照灯”范围内，以致最终发酵为公共议题。

为何网络成为失范性议题表达最重要的空间？从本质上来剖析，失范性议题的兴起是网络社会的开放性与中国社会透明度不够造成的。《南方都市报》的《网眼》版的一位记者表示，“信任的缺失乃社会之大殇。在表达渠道不畅的现状下，民众负面情绪积聚，当他们无处发泄的时候，网络便成为阵地”[①]。

第五节　小结：新媒体时代报纸新闻生产的范式转向

综上，笔者以《南方日报》的《广州观察》版（常规报道，本地动态新闻）、《广州日报》的《新闻蓝页》版（常规报道，深度报道类）、《南方都市报》的《网眼》版（新型报道，报网互动栏目）为个案进行了新闻生产流程的剖析。

---

① 纪许光：《采写网络热点，游走剃刀边缘》，见南方报业传媒集团、南方传媒学院主编：《南方传媒研究（第49辑）：融合路径》，广州：南方日报出版社2014年版。

对于报纸常规新闻品种而言，新媒体逻辑的渗透尚属“边缘渗透”。在对《广州观察》《新闻蓝页》的生产流程分析中可看到，新媒体环境对新闻工作常规的渗透呈现出某种“碎片化”，它并没有颠覆性地改变传统报纸的新闻生产流程，报纸只是在适应新媒体环境下“修补”了某些新闻常规的操作，修补的主要路径有：网络消息源的“补位”，新闻采写的网络技术性辅助，压缩报纸新闻生产周期、借助官方微博提速生产，对网友自主生产内容给予“加冕认证”等。

报网互动栏目《网眼》的新闻生产则集中体现了新媒体环境对生产流程的再塑。网络空间平台的开放性、公共性，以及网络社会的利益分化与多元、高社会透明度也融入了网络化新闻生产的流程中，体现为消息源呈现出彻底网络化的趋势；记者利用信源结构开始呈现平民草根化趋势；在选题上更注重关注公共议题，更关注失范性事件，这是一种开放网络价值的表达；在新闻采编流程中，更有直接的网友介入：成为专业记者的采访协作者、以“直接引语”方式直接进行文本发言、授权记者进行“最”字噱头的制造，创新了“网端模块式”的文本结构。

新媒体环境对新闻生产的影响归之于每一个新闻生产工作常规的嬗变。我们把它们归纳为四个方面：

第一，网络新闻源呈现开放性与选题惯习的改变。记者在取舍信源时注重取之于网，充分利用网络信源的主动性特点，所采用信源结构呈现平民化、草根化趋势。同时关注网络信源利益诉求的复杂化，更加注重专业调查的策略。

第二，网友介入新闻文本建构与记者改变采编规则。从上述案例分析，我们看到了网友对于新闻采编过程、新闻文本建构的多样介入方式：辅助新闻采访贡献原创内容、赢得“直接引语”的文本表达机会。针对网友的积极姿态，记者采取改变采编规则的策略，主要有以网友形式制造“最”字噱头，以“网端模块式”文本结构确保网友表达空间，以及对网友自主生产内容给予“加冕认证”。

第三，压缩新闻生产周期与新闻深度化开掘。新媒体环境，特别是微博的勃兴让动态新闻的操作成为一种即时性生产过程。传统报纸“一天出版”的生产周期在报纸官方微博上被大大压缩。从新闻要素“5W + 1H”角度分析，中心要素由“4W”向“Why + How”转型。面对网媒的挑战，报纸要在“以快制胜”之外找到深度报道的发展路径。对新媒体环境中的报纸而言，发布“4W”的功能已被报纸微博代替，“Why”和“How”成为努力方向。随着报纸官方微博对突发事件信息发布的功能性替代，报纸成为一种记录事件脉络的工具，重点在于延伸思考与补充背景的“集装箱式”表达，意义不在发布，而在于追问与信息整合，即新闻资源的深度开掘。

第四，报纸媒体架设“网端新闻网”与报道类型化。面对网端新闻事件的层出不穷及其所具有的极大吸引力，报纸突破以往“条线分配”的新闻网编织办法，创办新的报网互动版面，并专设新媒体报道小组负责，实行 24 小时分段布控，以期对网络热点新闻事件进行完整覆盖，架设起完备的新闻事实网。针对网络新闻事件的复杂化，报纸记者实行新闻的类型化处理，探索出了适合网络事件特质的报道类型分类。

新闻价值标准是新闻选题决策的一个必经阶段，笔者通过对三个案例的新闻选题的分析发现，网络气质已经开始融入新闻机构的价值体系，渗入报纸新闻生产和运作的内核。其中，《广州日报》的《新闻蓝页》版关注网络舆论态势，更加注重社会公共议题的讨论，并注重提出建设性意见；《南方都市报》的《网眼》版则注重新闻的公共价值与失范性取向，来源于网络的失范性事件成为报道重点。

如何看待新媒体环境下报纸新闻生产常规的变化呢？笔者认为这是一种“常规修订”。新媒体环境只是改变了报纸新闻生产的某些流程，但对报纸新闻生产的核心支配资源（宣传力量、市场制约等）、消息源蕴含的权力结构、专业记者对报纸新闻生产过程的绝对主导性作用不大。

笔者认为报网互动情境下报纸新闻生产过程呈现出一种范式转向，即参与式新闻生产模式初现端倪。网友逐渐成为报纸新闻生产的参与主体，而不仅仅是阅读者，或信源的“供给者”。笔者认为未来报纸新闻生产的结构会更加开放，新媒体因素的渗透也会更加多元，报纸也会更加注重吸纳与回应网友的自主内容生产，授权网友传播渠道。新媒体环境对报纸新闻生产的介入、报纸新闻生产对新媒体内容的吸纳尚处于寻求“合法化”且正逐渐被认可的过程中，仍待进一步演进。但无论如何，参与式报纸新闻生产模式已成为一个不可逆转的方向。

相对于新媒体环境下的报纸新闻生产的宏大主题而言，本章也仅是局限于报纸新闻生产流程与新闻工作常规这一微观视角的考察。就文本完成方面，由于很多现实原因，仍有很多不到位之处，留有不少遗憾。例如，对新闻生产过程的编辑环节的考察仍缺乏力度，理论的演绎也缺乏厚度等等。

新媒体环境下，报纸新闻生产研究是一项极具现实意义的宏大课题，它包含当下报纸组织重组与流程再造、报网互动中的受众参与和议题生成、新环境下采编工作者的角色转换等诸多方面。在本研究的基础上，笔者可进一步设问：新媒体环境下报纸生产流程以及工作常规的嬗变是否意味着报业下一步融合变革的到来？报纸媒体纷纷推出的全媒体战略是一个虚妄的概念，还是一条踏实路径？报人在这种新结构之下，是产生一种职业自觉，还是受一种技术与职业场的控制？在参与式新闻或共享新闻的趋势下，社会对新闻生产场域的影响与控制的未来景观是什么？这一系列问题都有待进一步深入研究。

附　录

附表 1　2012 年《南方日报》的《广州观察》版一周样本消息源对比统计

日期	传统消息源	网络消息源
4 月 9 日	社区/民生 1.《这里垃圾“不落地”　那里垃圾“不过夜”》，无明确消息源 2.《三地诗人捐诗救助小金霖》报料人 3.《新华污水厂产生污泥将全部无害化处理》通讯员 4.《本月献血可获景区门票》通讯员 5.《恶汉挖人祖坟勒索钱财》通讯员	
4 月 10 日	视点 1.《“烧气”公交逐步改用 LNG》通讯员 2.《李坑垃圾焚烧发电　二厂年底建成》市发改委获悉 3.《餐馆 PM 2.5 高出一般地区十倍》学术研讨会获悉 社区/政情 4.《长者晚年生活有望三选一》通讯员 5.《生产新型墙体材料可获政府贴息》记者采访（市节能墙革办） 6.《广州海事法院一裁定被英国法院引用》通讯员 7.《天河区政协七届二次会议今日召开》通讯员 8.《城改办招人要求“懂粤语”》通讯员 9.《花都组织年度收费综合年审》通讯员 城事（1） 10.《又是懵懂少女溺死新生儿》通讯员 11.《40 被告人过半判缓刑》通讯员 12.《女儿上学途中发现猝死父亲》报料人 13.《大货车雨中失控致一死一重伤》报料人 14.《面包车避让车辆侧翻》报料人 15.《员工倒毙发廊内　致命伤口在颈部》报料人 城事（2） 16.《82 岁西郊泳场下月升级改造》通讯员 17.《穗农民工博物馆已征集近千件展品》通讯员	视点 1.《环保专家再撑垃圾焚烧》网络热议 社区/政情 2.《环卫工入选“中国好人榜”》中国文明网
4 月 11 日	视点 1.《PM 2.5 总体下降　灰霾仍令人担忧》通讯员 2.《遍地“梦工场”何时能圆梦》记者调查 社区 3.《禁行外来自行车　出于安全考虑》记者调查	社区 1.《广州大桥拓宽能否增加自行车道?》微博“@拜客一世”

（续上表）

日期	传统消息源	网络消息源
4月11日	4.《三大工程打造“健康萝岗”》通讯员 **城事** 5.《屏蔽门与车门间现拐杖　一号线运营短暂受影响》报料人 6.《八成受访者认可器官捐献》通讯员 7.《7车连环撞1死2伤》报料人 8.《物业员工不开门　师生门外焦急等》报料人 9.《广州孩子逾一成患鼻炎》通讯员 10.《活动中心添设备　有床有被可休息》新闻追踪	**城事** 2.《江门妈妈急需O型血　广州大学生接力救助》微博“@冷愿”
4月12日	**视点** 1.《本月新增20条夜班和节假日专线》通讯员 2.《规划新增20条公交线路设置情况表》通讯员 3.《75路车14日起开进郭村小区总站》记者调查 **社区** 4.《番禺拟建近百公里城市主干道》通讯员 5.《省疾控中心　新楼主体工程竣工》记者采访 6.《业主当“楼长”帮忙管理出租屋》记者采访（增城获悉） 7.《增城一季度GDP同比增5%》记者采访 8.《花都一季度国税同比降一成》通讯员 **城事（1）** 9.《42名大学生昨再赴江门献血8 100ml》新闻追踪 10.《想来收秸秆先交保护费》通讯员 11.《抢劫市桥珠宝店男子被批捕》通讯员 12.《为泄私愤虚假举报他人》通讯员 13.《路人追出300米制服抢项链毛贼》报料人 14.《偷车贼作案被发现后遭围殴》报料人 15.《车位管理费猛涨　小区业主齐说不》记者采访（市物价局） 16.《涉嫌售假店被查期间老板娘猝死》通讯员 **城事（2）** 17.《学校周边便宜小吃谁来管？》家长投诉 18.《市民可申请免费参观知名食品企业》记者采访 19.《越秀捣毁北京路周边3个藏假窝点》通讯员 20.《小学生也要开展早恋教育！》通讯员 21.《幼儿园小朋友学习火警救生知识》记者采访	**社区** 1.《珠江新城再添摩天大楼》市规划局网站 2.《广钢三地块拟建金融街》市规划局网站 **城事（1）** 3.《陌生网友@名人呼吁救助先心宝宝》微博“@超爱臭宝贝” **城事（2）** 4.《猫头鹰变明星　中大人好担忧》微博“@友”“@小宇－树蛙”

（续上表）

日期	传统消息源	网络消息源
4月13日	**视点** 1.《今年气象灾害可能甚于去年》记者采访（市水务局） 2.《汛前紧急清疏管渠414公里》记者采访（市水务局） 3.《LPG、LNG互不“通气”愁煞市交委》新闻追踪 4.《一个上午查了1 800宗超速》记者采访（市公安交警部门） **社区** 5.《天河区财政预算总支出60亿　超两成为教育埋单》记者采访（天河区八届人大二次会议） 6.《不合格项目取消“绿色通道”待遇》通讯员 **城事（1）** 7.《大学生电影节又来啦!》通讯员 8.《广州大道南路面发生塌陷》通讯员 9.《西关民居起火　13辆消防车出动》报料人 10.《押运车急刹后侧翻》报料人 11.《10余黑衣男手持砍刀钢管狂砸店》报料人 12.《非法邮递卖假药5个月获利千万》通讯员 13.《偷鸡不成打伤鸡主》通讯员 14.《替朋友出气纵火烧商铺》通讯员 **城事（2）** 15.《喜！小碧心出院了!》通讯员 16.《37名华农学子再赴江门献血救人》通讯员 17.《郭美美事件曾导致献血者减少》记者采访（市卫生部门） 18.《生大病看不起　公司给你报销》记者采访 19.《吸烟三十年　肺部出现巨型大疱》通讯员 20.《广州男男同性恋艾滋病激增》记者采访（市疾病预防控制中心）	**视点** 1.《民生工程怎一个“限”字了得?》“@南方日报”网络调查 **社区** 2.《增城重金征集东部城市副中心概念规划》增城网站发布公告 **城事（2）** 3.《忧！十四岁女儿突发白血病　贫困农村教师微博求助》微博
统计	73（占总数86.9%）	11（占总数13.1%）

附表2　2011年《南方都市报》的《网眼》版“郭美美事件”报道与消息源统计

日期	标题	消息源渠道（频次）
6月22日	1．“玛莎拉蒂女孩”不是“红十字会”的	@宝宝的臭熊熊（1）、中国红十字会内部工作人员电话采访（1）、网友“魏晋芜洪”（1）、论坛网友(2)
6月23日	2．中国红十字会副会长郭长江：“郭美美Baby”不是我的女儿	网友“点子正”（1）、主持人杨澜微博（1）、红会政策法规处处长丁硕微博（1）、红会官网声明（1）、郭长江电话回应（1）、“@郭美美Baby”（2）、新浪微博管理团队发微博声明（1）
6月24日	3．“郭美美”引爆传言潮　各方紧急撇清关系	网友“@青春之哥”微博（1）、网友“@草军书”微博（2）、网友“@信海光”微博（1）、丁硕微博（1）、天略集团电话采访（1）、网友论坛检索（2）、主持人杨澜微博（1）
6月25日	4．郭美美北京拥两车破调控限制引质疑	“@郭美美Baby”微博（1）、匿名网友论坛发帖+微博质疑（4）
6月25日	5．商业系统红十字会回应传闻：成立十年没注册也不认识郭美美	商红会秘书长孙莲电话回应（1）、商红会副秘书长李庆一电话回应（1）、匿名网络论坛人肉线索（3）、论坛+微博组合报料（2）
6月27日	6．“看似官人的大叔”找到了	“@医者的天空”微博（1）、“@医者的天空”电话回应（1）、匿名网友论坛人肉+微博质疑（2）
6月27日	7．商红会与天略旗下拍卖行曾共用一电子邮箱	网友“@温迪洛”微博（2），论坛网友提供线索（2），洪晃、刘春等知名网友（1），天略集团网站声明(1)
6月27日	8．郭美美微博道歉　称杜撰红会职务	“@郭美美Baby”（3）
6月27日	9．曾邀美美“策马扬鞭”—副县长惨遭围观	网友“@叶文添”微博（2），认证资料为“文化部某副处长、青海某县副县长”的网友“@谋事在人_程事在天”微博（2），匿名网友微博（1）
6月28日	10．网友首都机场围堵郭美美	网友“@全忠”微博（1）、网友论坛+微博曝光郭美美航班行程（3）、媒体人闾丘露薇微博（2）、论坛网友曝光航班信息（3）、网友“@gattuso8”“@FeiJe-iFU”微博（2）、中国红十字会官网声明（1）
6月29日	11．中红博爱浮出水面　三家关联公司与商红会关系密切，郭美美事件真相渐近	“@温迪洛”微博+论坛报料（3）、猫扑天涯长帖（2）、“@温迪洛”和“@才让多吉”微博报料（3）、网友天涯长帖质疑中红博爱（2）、商红会秘书长孙莲电话采访（1）、商红会工作人员（1）

（续上表）

日期	标题	消息源渠道（频次）
6月30日	12. 郭美美正接受北京警方调查	微博传出郭美美被刑事拘留的消息（1）、《财经》记者向北京警方求证（1）、商业系统红十字会一位工作人员否认（1）
	13. 商红会澄清：自身及所有关联机构通通与郭美美无关	商红会有关负责人（1），商红会副会长、王鼎公司创始人王树民建议记者（1），网友论坛提供的工商资料显示（3），商红会一位负责人透露（1），网友微博+博客提供江苏省大丰市红十字会一份2008年的文件（1）
7月1日	14. 商红会营利模式大起底　借红十字会名义免费在商场、社区等处放置广告橱窗，获取收益	商红会副秘书长、王鼎公司副总经理李庆一来电、短信（2），王鼎昨天凌晨发来的文章（1），网友论坛报料王树民资料（2），中国红十字会官网（2），《中国质量报》2002年一篇报道（1）
7月3日	15. 投资方三年三变，中红博爱大揭秘：业务形态接近郭美美描述、连续变更法定代表人，令这家公司一直处于漩涡中心	王树民接受南都记者采访时表示（1），论坛网友人肉中红博爱工商资料（2），南都记者在北京市企业信用网上查到（1），网友“@温迪洛”“@才让多吉”发现（3），一位不愿透露姓名的物业管理人员（1），中红博爱声明（1），《财经》杂志副主编罗昌平发布微博（2），商红会副会长、王鼎公司创始人王树民独家专访（1）
7月4日	16. 翁涛：玛莎拉蒂是王军买的，王军间接持有中红博爱公司股份，郭美美与红十字会关系接上链条	中红博爱法定代表人翁涛昨日独家约见记者披露（1）、郭美美更新微博称（1）、翁涛在微博上公布（2）、网友人肉王军的身份证信息在论坛和微博上曝光（2）
	对话：翁涛评说炫富风波：公众的疑虑是针对公益制度管理	翁涛（1）
	焦点：博爱服务站前世今生	翁涛（1）

（续上表）

日期	标题	消息源渠道（频次）
7月5日	17. 中国红十字会总会秘书长王汝鹏：最坏的结果是撤销商红会	红十字会秘书长王汝鹏在接受南都记者采访时说（1）、多位论坛网友质疑红十字会与商红会业务指导关系（2）、论坛网友很快人肉出郭美美部分信息（1）、论坛网友在国土资源部网站上发现论坛报料（1）、据时代周报记者龙婧调查（1）
	18. 中红博爱董事长解说股权变更细节　赠牵线人股份借钱给王鼎出资	翁涛介绍（1）、网友论坛发帖质疑（2）、相关QQ群报料（2）
7月6日	19. 郭美美否认王军是男友，自称男友生于1986年，但未解释之前为何称王军的兰博基尼跑车为其在深圳座驾	郭美美突然发微博否认（1）、翁涛在微博上回应（2）、“@Sunny张晴”微博发截图（1）、“@隔空氤紀”评论（1）、一位名叫“@我就是个爆料的小号啊”的网友发微博称（1）、论坛曝光的诸多郭美美的豪车（1）、网友论坛曝光多位“王军”身份信息（3）、匿名网友微博+论坛报料（3）、QQ人肉挖掘群（2）
7月7日	20. 要考驾照　先交钱给红十字会，交费名目为“救护培训费”，不交不能考试，江西赣州、九江、新余等地均有此类现象	“@陈向西”微博报料（1）、赣州市红十字会办公室一位工作人员向记者证实（1）、江西省红十字会赈灾服务处处长姜裕祥表示（1）
7月8日	21. 北京警方宣布郭美美事件调查结果：与深圳王某交谈后　郭美美杜撰红会身份	北京市公安局官方微博“@平安北京”通报称（1）、网友在微博与论坛质疑（1）
	22. 中国红十字会承诺公开透明	中国红十字会网站昨日发布通报称（1）
7月15日	23. 翁涛：将说服王军公布汇款单　称200多万元玛莎拉蒂购车款系直接从王军账户汇入郭美美账户	中红博爱首席执行官翁涛接受记者采访称（1）、众网友在微博和论坛上对王军财富来源表示不信任并提出诸多质疑（3）、中红博爱提交的《关于红十字博爱服务站进社区情况的汇报》（1）

（续上表）

日期	标题	消息源渠道（频次）
7月22日	24. 郎咸平轰“三大腐败” 红十字会否认其二	知名财经学者郎咸平连发多条微博炮轰红十字会（1）、红十字会总会政策法规处处长丁硕微博跟帖评论（1）、“宽带山”等论坛网友报料与评论（1）、红十字会官方微博回应（1）、中华脊髓库相关负责人回应（1）
8月4日（国内版）	25. 郭美美：王军是“干爸” 饭局封我中红博爱总经理	宁夏卫视《解码财商》节目称（1）、网络论坛发帖+微博网友报料（4）
8月8日	26. 郎咸平反击：没收郭美美200万	网友“@天山雪蓉”微博报料郎咸平向郭美美母女收费200万（1）、知名财经学者郎咸平昨日发表微博“我的反击”（1）、“@黎明来了”等网友微博+论坛报料（3）、多位第一财经的员工发微博（1）、《第一财经日报》综合新闻中心主任牛智敬发微博（1）
9月13日（对话版）	27. 郭美美：不想因为我，让老百姓对红会失去信心 与南都记者对话时称在微博上炫富举动不妥，不希望以这种方式出名	郭美美接受记者专访（1）

附表3　《南方都市报》的《网眼》版2011年选题抽样

日期	标题	消息来源	采访手段	议题分类
1月3日（A24）	各地围剿《三字经》等传统蒙学教材中的“糟粕”，引发网友热议出问题的是《三字经》还是社会?	传统媒体	搜网	教科书议题
	鄂部分教材删“书中自有颜如玉” 教材编者认为有必要删除国学经典中不科学或与时代相悖之处	传统媒体	调查发现	教科书议题

（续上表）

日期	标题	消息来源	采访手段	议题分类
1月31日（A24）	癌症男子微博记录抗癌全程　上万网友见证其最后人生旅程，为他祝福，为他送行	微博报料	搜网	微博直播
	校长院长申领廉租房确有其事	网友报料	电话	公权腐败
	网上惊见被拐儿子　母亲求助微博网友“随手拍照解救乞讨儿童”运动获近万网友支持	微博报料	电话	微博直播
2月22日（A24）	网友警方联手解救传销受害者　“@平安韶关”安排解救行动并实时通报进展	论坛报料	搜网	微博直播
	马化腾周鸿祎把酒言欢？	微博报料	搜网	电商新闻
	马云整肃价值观　阿里人事大调整	微博报料	搜网	电商新闻
2月26日（A27）	湿面条可燃与添加剂无关	纸媒微博	搜网	食品安全
	马上就办办公室：曲阜的试验	微博报料	搜网、调查	政府效能
3月1日（A24）	丽江政府凌晨开微博通报火情	微博报料	搜网	微博直播
	这家政府网站消灭零回复　陕西合阳县政府网站及时回应公众投诉被赞“最敬业”	论坛报料	搜网、电话	网络政务
3月31日（A24）	威胁斑竹的不是“县委”，是“乡政府”	微博报料	搜网、电话	官员素养
	“只有大拆迁才有大发展”	微博报料	搜网、电话	不当政绩观
	违章司机当街跪求交警	网络视频	搜网	警务失范
	74人的县政府	微博报料	搜网	政府效能
4月1日（A23）	一个县级市政府有21位领导	论坛报料	搜网	政府效能
4月29日（A24）	村民申诉土地被非法征用没有补偿，副镇长回应：“就是希望你们喝西北风”	传统媒体、论坛	搜网	官员素养
	陈光标再上央视做“最后回应”	传统媒体、微博	搜网	慈善公益
5月5日（A24）	省委书记报告会　南大学生为民请命	微博报料	搜网、电话	官员素养
	武汉自创“五道杠”迄今已22年	论坛、微博	搜网、实地调查	青少年教育

（续上表）

日期	标题	消息来源	采访手段	议题分类
5月31日（A32）	四川巴中政府采购　惊现水货 iPad2	微博、论坛	电话、搜网	公权腐败
	无锡方面回应暴力执法视频：施暴者是城管　4人警告2人解聘	网络视频	搜网	城管事件
6月1日（A32）	卫生部发起随手拍支持控烟	微博报料	搜网	微博直播
	参选人发布视频推介自己	微博视频	电话	独立候选人
	巴中林业局不买 iPad2 了	论坛报料	电话	公权腐败
6月30日（A32）	郭美美正接受北京警方调查	微博报料	搜网	慈善公益
	商红会澄清：自身及所有关联机构通通与郭美美无关	微博报料	调查	慈善公益
7月1日（A32）	商红会营利模式大起底	微博报料	调查	慈善公益
7月28日（A32）	官员日记上网任看　安徽铜陵将县处级领导干部工作日志分批上网，未来还考虑增加网友评论功能	网络报料	实地调查	网络政务
8月1日（A16）	故宫损坏一级文物哥窑瓷盘　事发26天无人知，网友微博报料故宫方面才证实	微博报料	转引他媒	文物“失窃门”
	铁道部回应扣钱说：“纯属谣言”	微博报料	电话、搜网	国企丑闻
8月31日（A32）	老人打印信访材料　打印店向警方举报　山西稷山警方接报后将老人“稳控”，并通知其所在地警方	微博报料	电话、搜网	信访制度
9月1日（A32）	北京市第一中级人民法院对金山诉周鸿祎案作出终审判决，首次对微博进行司法定性：微博为实现言论自由提供平台	网络报料	官方回应、搜网	网络政务
9月30日（A32）	食堂伙食差　校长带头埋锅造饭　事发贵州省从江县东朗中学，背后牵涉该县13所中学校长违规承包食堂受贿窝案	论坛报料	电话	公权腐败
10月10日（A22）	检察长违规购百万元座驾？涉事的潍坊市人民检察院回应称，车是“别的单位送的”，“是合法的”	网帖报料	电话	公权腐败
	二战时期徽章穿越了？竟有 Hello Kitty 图案，而该卡通形象诞生于1974年，滇缅抗战博物馆解释说“放错了”	网帖报料	搜网、电话	文物“失窃门”

（续上表）

日期	标题	消息来源	采访手段	议题分类
10月31日（A32）	邵阳警方：未出警并非因为“天气太冷”	微博报料	搜网、电话	警务失范
	史上最难的投诉邮箱　银行公布的假币举报电子邮箱，地址总共有76个字符	微博报料	搜网、电话	国企丑闻
11月1日（A32）	郴州警察持棍围殴砖厂员工　多张照片网上流传，当地辩称“整个执法过程很文明”，事因该厂无证生产	微博、论坛	电话	警务失范
	电话本应录音　不巧这部没有　“天冷不出警”事件发生后，邵阳警方回应不公布接警电话录音的质疑	微博报料	官方回应、电话	警务失范
11月30日（A23）	湖南永州一医院遗弃伤者？	网帖报料	电话	公共医疗
	两单位为争办公室　打砸市政府办公楼	网友报料	实地调查	官员素养
	公车载小孩兜风	网帖报料	搜网、电话	公权腐败
12月1日（A32）	穿奢侈品牌鞋　副县长遭质疑	网帖报料	电话	官员素养
	医院相关人员被停职	网帖报料	电话	公共医疗
12月31日（A32）	警方破绑架案先向家属索赎金　事发江西省金溪县，网友质疑办案方式，警方称财政预算没这项经费才这么做	网帖报料	电话	警务失范
	29岁县长称压力大“无法坚持工作”	网帖报料	官方回应	官员素养

第四章

报网互动中的受众参与及议题生成

第一节　报纸、新闻与社会公共生活

在前面的章节，我们探讨了媒介融合背景下报纸新闻生产所发生的变化，包括机构组织与新闻生产管理流程的变化、具体新闻生产过程的变化及随之而来的新闻生产惯例的改变。在本章，我们将转向探讨前述变化对社会公共生活所造成的影响。

在展开具体考察之前，有必要先厘清一些基本的理论问题。即是说，在我们研究新媒体环境下报纸新闻生产的变化对社会公共生活所造成的影响之前，应该先问一些基本问题：什么是报纸？什么是新闻？它们一直以来跟社会公共生活有着什么样的关系？又应该在社会公共生活中扮演何种角色？

何谓报纸？何谓新闻？它们又有什么作用？这些问题的答案似乎已成为基本常识，比如，我们会立即想到：报纸是以刊登新闻与评论为主的连续出版物。新闻是新近发生的事实的报道。报纸发挥着重要的政治、经济与文化功能。政治上，起到宣传、舆论表达、监督权力的作用；经济上，成为沟通生产、流通与消费的平台；文化上，反映并生成雅俗共赏的文化，凝聚社会共识。然而，这些一般性的常识既没有区分不同的时空背景、不同的报纸品种，也没有探究这些观念的由来，因而存在着似是而非的成分，无法作为有效的理论工具，对传媒与社会展开透彻分析。

对于中国而言，现代报纸是舶来品。因而，我们的探讨将遵循由外而内的路径，从最具代表性的美国开始，再转向中国。通过梳理相关研究，探讨当代中国特定语境下报纸、新闻与社会公共生活的实然与应然关系，在此基础上，对当下中国报纸与社会公共生活的关系展开具体的案例考察。

一、迈克尔·舒德森基于美国语境的探讨

先从美国开始，传播社会学家迈克尔·舒德森的研究最具代表性，他先后出版的一系列著作——《发掘新闻：美国报业社会史》（1978）、《新闻的力量》（1995）、《新闻社会学》（2003）、《为什么民主需要不可爱的新闻界》（2008），始终围绕报纸、新闻与社会公共生活的关系而展开，其研究发现有着重要的参考价值。

对于以上问题，舒德森的基本答案是：现代报纸是美国民主市场社会的产物，18 世纪 30 年代兴起的便士报首创了现代意义上的报纸与新闻；新闻是一种历史形成的范畴、新闻是文化的一种形式；报纸与新闻承担着建构与维系社会共

同体、支持民主政治运作的功能。

（一）新闻是一种历史形成的范畴

在《新闻的力量》一书中，舒德森明确地说："新闻是一种历史形成的范畴，而不是一个人类社会普遍与永恒的特征。"① 即是说，新闻并非从来就有，而是到一定历史阶段才出现的事物。此话怎讲？舒德森考察了美国报纸生成与发展的历史后发现：

确实，我小心翼翼地使用"新闻"一词来形容出现在殖民地报纸或建国初期报纸上的事物。因为新闻不是这些报纸的要点和主旨，甚至不是主要目的。②

大约直到1765年，避免争议一直是殖民地印刷商的任务，而非传递新闻本身。③

19世纪早期，特别是在便士报的推动下，新闻业从事实的杂录、对遥远陌生人的青睐、经商实用信息、偶尔的政治短文和少量的民间传说，转向了关于它自己社区的杂录，既包括当地事件，又有与之更广泛的联系。这时，新闻成了一种具有新的身份和流通性的知识，成为公民身份和政治的亲密部分。报纸上的新闻已经不再是闲言碎语的传播，而成为制度化的、竞争性的市场商品，它也成为一种公共福祉，一种集体的和看得见的福祉。④

舒德森发现，殖民地时期及美国建国初期的报纸并非以新闻为主，而是以商业信息或政党纷争为主，其读者也主要是商业精英或政客。但是，19世纪便士报的出现成为一场影响深远的报业革命。那么，便士报与之前的报纸有何不同呢？

"便士报"的经营之道是以大发行量来吸引广告，不依靠订报费和政党补助，因此报纸出版的经济结构趋于合理。广告和销售所带来的以市场为基础的收入，取代了依赖社会关系和政党关系的财源。⑤

新闻学除了呈现经济组织的本性外，也改变了报纸的政治姿态。⑥

便士报不仅在经济构成和政治立场上首创先例，在内容上也另辟蹊径。便士

---

① ［美］迈克尔·舒德森著，刘艺娉译：《新闻的力量》，北京：华夏出版社2011年版，第35页。
② ［美］迈克尔·舒德森著，刘艺娉译：《新闻的力量》，北京：华夏出版社2011年版，第42页。
③ ［美］迈克尔·舒德森著，刘艺娉译：《新闻的力量》，北京：华夏出版社2011年版，第43页。
④ ［美］迈克尔·舒德森著，刘艺娉译：《新闻的力量》，北京：华夏出版社2011年版，第44页。
⑤ ［美］迈克尔·舒德森著，陈昌凤、常江译：《发掘新闻：美国报业的社会史》，北京：北京大学出版社2009年版，第14页。
⑥ ［美］迈克尔·舒德森著，陈昌凤、常江译：《发掘新闻：美国报业的社会史》，北京：北京大学出版社2009年版，第16页。

报的原创性可以一语概之，即它发明了现代的“新闻”概念。美国报纸第一次开始习惯于刊登政治新闻，不仅是国际政治新闻，还有国内政治新闻；不仅是全国性新闻，还有地方新闻。美国报纸也首度报道法庭、警察局、街头及家庭新闻。我们可以说，报纸不仅第一次反映了商业和政治活动，还刻画了社会生活。更精确地说，在19世纪30年代，报纸不再只反映一小群商业精英的生活，而是描摹大都会的迅速崛起以及多彩多姿的贸易、运输、制造业等中产阶级活动。①

便士报将市场经营所获得的广告和发行收入作为经济基础，并主动切割了与政党的联系，从而获得了政治和经济上的独立。在内容上转向以新闻为主，全面地刊登各类新闻：从地域上来说，涵盖国际新闻、国内新闻与地方新闻；从类别上来说，涵盖政治新闻、经济新闻与社会新闻。而舒德森尤其强调的是便士报对地方新闻与社会生活的刻画，对都市中产阶级的关照及都市市民日常生活的体认。对于这一点，他在论著中一再强调：

虽然1812年的战争结束了外国新闻主宰美国报纸的时代，但在便士报出现之前，地方新闻仍然只占报纸的极小分量。商业挂帅的报纸报道的当地期货股票价格远不如国际新闻和船运消息那么可靠。相反地，便士报聚焦报道接近读者的、日常生活中的新闻，首次雇用记者报道当地新闻，固定派出记者采访警察局、法院、商业区、教堂、社交圈和体育界。便士报不仅让“人情趣味新闻”成为每日新闻的重要部分，更使其成为最有特色的部分。

对于以往新闻界认为微不足道的日常事件，便士报却能从中发现新闻。有时连最野心勃勃的便士报，也不得不绞尽脑汁从日常事件中榨出新闻来。②

便士报首创了对待世间事务的民主态度：任何事件，不管看来多么微不足道，都可能适合报纸刊载。③

当地新闻、日常事件、人情味新闻成为便士报着力报道的重点，也成为其最具特色的部分。也正因为如此，便士报通过使新闻变成一件销售给一般读者的商

① ［美］迈克尔·舒德森著，陈昌凤、常江译：《发掘新闻：美国报业的社会史》，北京：北京大学出版社2009年版，第22页。

② ［美］迈克尔·舒德森著，陈昌凤、常江译：《发掘新闻：美国报业的社会史》，北京：北京大学出版社2009年版，第21页。

③ ［美］迈克尔·舒德森著，陈昌凤、常江译：《发掘新闻：美国报业的社会史》，北京：北京大学出版社2009年版，第22页。

品，体认并增强了日常生活的重要性。[①] 正是在这样的意义上，舒德森指出，19世纪30年代便士报创造了新闻、19世纪发明了报道。[②]

当然，接下来要问的是，为何在19世纪30年代的美国会发生这样一场具有范式转型意义的报业革命呢？舒德森分析了之前学界针对这一问题的种种解释——科技进步、民众识字率提高、自然史观等，他认为这些解释虽有一定的解释力，却没有触及本质，便士报革命背后的最重要动因是美国民主市场社会的兴起：

> 新闻业的变迁，与广阔的社会、经济和政治的转变有着密切关系。我把这些转变，视为“民主的市场社会”的兴起，即市场经济和政治民主范围的扩大。换言之，就是由支持“平等”的都市中产阶级掀起的商业和政治的平民化。[③]

（二）新闻是文化的一种形式

在舒德森看来，新闻不仅具有历史性，而且是文化的一种形式，并称其为“公共知识”。[④] 那么，新闻作为文化的一种形式具有何种特征？或者说，新闻是一种什么样的文化形式？

> 新闻工作者不仅是在特定类型的组织中工作，而且他们的工作利用并依赖于特定的文化传统。此外，这种传统关注的是如何知道什么是有趣的与不同寻常的，如何让一个宣称得到确证，如何证实某人自己著作的合法性，如何写一则吸引人的导语，如何赢得新闻奖，如何把一则新闻报道建构成一个可接受的符合道义的故事。不言而喻的，这种文化传统，通常被看作是一种本能的（“新闻敏感”）或是一种只有通过在该领域长期实践才能获得的（新闻判断）。新闻就是在这种文化传统的脚手架上建造出来的。[⑤]

作为一种文化形式的新闻，是新闻工作者依据专业实践的正式和非正式规范，在特定的文化体系中生产出来的。先来看专业实践规范（即新闻生产惯例）层面，它包括新闻文本的结构形式、新闻分类等：

---

① ［美］迈克尔·舒德森著，陈昌凤、常江译：《发掘新闻：美国报业的社会史》，北京：北京大学出版社2009年版，第20～21页。

② ［美］迈克尔·舒德森著，刘艺娉译：《新闻的力量》，北京：华夏出版社2011年版，第42页。

③ ［美］迈克尔·舒德森著，陈昌凤、常江译：《发掘新闻：美国报业的社会史》，北京：北京大学出版社2009年版，第24页。

④ ［美］迈克尔·舒德森著，刘艺娉译：《新闻的力量》，北京：华夏出版社2011年版，第3页。

⑤ ［美］迈克尔·舒德森著，刘艺娉译：《新闻的力量》，北京：华夏出版社2011年版，第3页。

我以“形式”这个词汇来指涉新闻生产中有关叙事、人情味以及图像的惯例和语言表现。例如，平面媒体的倒金字塔结构和电视新闻的主题结构。

新闻是一种文学的形式，并且新闻从业者按照讲故事、绘图以及造句的传统来工作，从而继承了一种艺术性或表达性的文化或技巧。①

新闻业中另一个关键的文化差异是将新闻分成若干类别：地方新闻、全国新闻和对外新闻；或一般新闻、商业新闻、体育新闻和特写。新闻报道的领域划分产生了重要影响。②

新闻在文本建构与形式表达方面有着特定的惯例与传统，并且依据报道领域与事件性质分成特定的类型，对照相应的模式进行生产。

再看第二个层面，视新闻为文化的一种形式，意指新闻从业者所置身的社会文化传统和价值观作用于新闻生产过程，并内化成若干文化预设，作用于具体的文化生产。先看新闻选择与建构层面：

新闻就是被这些经常是不知情的人在一个文化体系中制造出来的。这个文化体系是沉淀下来的文化内涵与话语方式的蓄积。作为文化的一种形式，新闻包含关于这些方面的假设：什么是重要的、什么是有意义的、我们生活在何时何地以及什么需要我们严肃考虑。一条新闻报道被认为要回答关于报道对象的这些问题：“谁”“什么”“何时”“何地”与“为什么”。而理解作为文化的新闻要求向新闻写作这样提问：哪类人才能算得上是“谁”，哪种事被看作新闻事实或“什么”，怎么样的地理与时间感可以被记录为“何地”和“何时”，什么算得上是“为什么”的一种解释。③

舒德森在此所指出的是，新闻从业者依赖于一定的框架进行新闻选择与建构，而特定社会的文化传统作用于这些框架，形成不易察觉的文化预设。

再来看社会价值观对新闻报道中专业主义运用的影响：

传播学者丹尼尔·哈林写道：有三种报道的领域，每个领域都以不同的新闻规则来运作。在“合法争议”的区域，文化认可的冲突，保证了一种呈现双方的专业主义的努力。在“越轨”区域，对某些议题或群体的报道超出了平衡与公正

① ［美］迈克尔·舒德森著，徐桂权译：《新闻社会学》，北京：华夏出版社2010年版，第223页。
② ［美］迈克尔·舒德森著，徐桂权译：《新闻社会学》，北京：华夏出版社2010年版，第227页。
③ ［美］迈克尔·舒德森著，刘艺娉译：《新闻的力量》，北京：华夏出版社2011年版，第14页。

的正常范围。这些越轨的话题——例如，帮派成员、性骚扰者、沉醉于流行音乐偶像的十一二岁少女，以及那些主要歌迷是十一二岁少女的流行音乐偶像——可以被嘲笑、边缘化或琐碎化，因为记者们本能地认识到主流文化会嘲笑或蔑视他们。第三个区域是具有共同价值观的话题的报道。它包括多数特写、人情味报道和很多体育报道，以及将记者和读者之间共同的人类同情心视为当然的突发性新闻报道。①

可见，被视为普遍性原则的平衡与公正在不同领域的操作中存在区别：在“合法争议”区域，得到较好的遵守；在“越轨”区域，则依从社会主流价值观的态度，持批判立场；在“共识”领域，则依从共同价值观展开报道。由此所产生的结果就是：

新闻事业的社会惯例和文化传统都是历史的积淀。文化形式没有爬出原始的软泥，而是历史地浮现。它们以某些方式反映、合并和强化一个特定社会世界的结构和价值观，这些方式验证了新闻事业的结构和价值观，也验证了新闻事业假定要报道的“世界”。②

综上，作为一种文化形式的新闻遵循行业生产的惯例组织生产，有着特定的文本结构方式和表达形式，并受到特定社会文化传统与价值观的影响，其产品最终反映并再次确认了特定的社会秩序。

（三）新闻的共同体建构功能

在探讨报纸的社会功能时，舒德森采纳了于尔根·哈贝马斯、本尼迪克特·安德森与詹姆斯·凯利三人的理论。他比较了哈贝马斯的公共领域理论与安德森的共同体理论，同时也比较了凯利有关传播的传递观与仪式观的理论。在前一个比较中他更倾向于安德森的共同体理论；在后一个比较中，他更钟情仪式观，认为仪式观更适合理解媒介在社会中所扮演的角色。

哈贝马斯强调：新闻业开辟了公共领域——私人可以自由讨论和辩论日常公共议题的场所，即新闻培育民主政治的场所，这是至关重要的。安德森聚焦新闻的角色以及共同的新闻阅读。在推动大众关注共同的故事方面，新闻媒体建构了一种现场感、宗教感和民族意识。这种理解不是来自新闻业对政治的聚焦，而是

① ［美］迈克尔·舒德森著，徐桂权译：《新闻社会学》，北京：华夏出版社 2010 年版，第 224～225 页。
② ［美］迈克尔·舒德森著，刘艺娉译：《新闻的力量》，北京：华夏出版社 2011 年版，第 15～16 页。

来自对想象的共同体的报道，这个共同体不可以面对面地体验，却通过新闻得以维持。今天，新闻业显著的全球性甚至可能引发一种世界共同体的意识，这个世界共同体承担着人类的命运和超国家的人权。媒体对日常生活中微小的个人表演、科学和教育中的成就或悲剧、宗教或文化的冲突或进步的报道，与时政报道一样建构出公共议程并形成共同体。通过这两种方式，新闻促成了共同的社会世界的日常反思与再建构。①

对于新闻（报纸）的共同体建构功能，舒德森所展开的具体探讨为数不多：

在城市与区域认同中，大众媒体承载了大量符号意义，比它们知道得多，当然比它们自觉策划得多。它们帮助在个人的想象中建立一个心理上的有影响力的实体——一个“共同体”——这个实体不存在于世界上任何地方。在这个意义上，新闻更多的是共享预设的爪牙而不是自觉消息的提供者。②

19 世纪的报纸是城市化的重要手段。它们不仅提供了使百货公司这样的新机构得以存在的广告平台，而且还提供了一种社区认同。在城市已经不再是一个人们可以面对面交往的社区，甚至不是一个“步行城市”时，这种认同把一个城市凝聚起来。③

（四）新闻的民主功能

新闻之于民主的功能是舒德森研究的重心甚至是归属，其有关新闻与民主的论述也最受国内研究者的关注。

舒德森并不认同凯利带有浪漫主义色彩的说法：认为新闻与民主是等同的，或者说民主是新闻的别称。舒德森肯定新闻业对现代民主的重要性，但认为新闻与民主之间并无必然联系。他说，“只有在国家容纳一定程度的自治并容忍媒体批评国家权力的情形下，新闻才与民主政治有关”④。换言之，新闻业的民主功能得以发挥需要以媒体的自治为前提。

对于美国新闻界服务于民主的可能性及其表现，舒德森持正面肯定的态度。他认为，新闻界因为其自身运作的那些不讨人喜欢的特征——对事件关注的顶礼膜拜、一种病态的对于格斗式辩论的迷恋、一种根深蒂固的对政治黄色书刊与反

---

① ［美］迈克尔·舒德森著，徐桂权译：《新闻社会学》，北京：华夏出版社 2010 年版，第 254 页。
② ［美］迈克尔·舒德森著，刘艺娉译：《新闻的力量》，北京：华夏出版社 2011 年版，第 15 页。
③ ［美］迈克尔·舒德森著，刘艺娉译：《新闻的力量》，北京：华夏出版社 2011 年版，第 40 页。
④ ［美］迈克尔·舒德森著，徐桂权译：《新闻社会学》，北京：华夏出版社 2010 年版，第 236 页。

抗的愤世嫉俗，以及对于他们所报道的团体与社区所表现出来的强烈的感情疏离[①]，而能够承担起为民主服务的功能。他还设定了新闻为民主服务的目标与功能，并分析了相应的报道评论手段：

我个人认为新闻业在服务于民主或能够服务于民主这一问题上具有六项主要功能，至于第七项，人们一般都忽略不谈，即关于新闻能够并且应该服务于民主的话题。在民主社会里，按照不同组合及侧重，新闻业通常承担着如下六项主要功能：

(1) 信息提供：新闻媒体可以向公民提供公正全面的信息，有助于他们作出合理的政治选择。

(2) 调查报道：新闻媒体可以调查掌权部门，尤其是政府层面的权力。

(3) 分析评论：新闻媒体可以提供连贯的阐释性分析评论、框架，从而帮助公民理解他们面对的复杂世界。

(4) 社会同情：新闻媒体可以告诉人们他人的状况，以此来达到对他人生存状态以及人生观念的正确评价和鉴别，尤其是对那些情况不如自己的人。

(5) 公共论坛：新闻媒体可以为公民提供对话的论坛，并使论坛能够促进社会中不同团体之间思想观念的碰撞、交流与沟通。

(6) 社会动员：新闻媒体可以为特定的政治方案以及政治观念宣扬鼓吹，并借此动员人们以行动来支持这些方案。[②]

二、基于中国语境的考察

舒德森的研究立足于美国的历史与现实，他对新闻、报纸的理解，对报纸、新闻与社会公共生活之间关系的认识，可以为我们理解中国的报纸与社会关系提供重要的启示，但显然不能解释与规范中国的问题。因此，我们有必要将视野收回中国，回到中国的历史与现实中去审视——在我国，报纸、新闻与社会公共生活曾经呈现出何种面貌，发生过何种联系？

自1815年首份中文近代报刊《察世俗每月统计传》创刊起，中国报刊已经走过了200年的历史，见证了晚清到民国再到中华人民共和国三次大的政权更替，留下了一代又一代杰出报人的背影和一份又一份散发着墨香的老报纸。回望中国近现代报刊发展史，在多姿多彩的现象背后，我们可以看到两条清晰的主线：一

① ［美］迈克尔·舒德森著，贺文发译：《为什么民主需要不可爱的新闻界》，北京：华夏出版社2010年版，第132～133页。

② ［美］迈克尔·舒德森著，贺文发译：《为什么民主需要不可爱的新闻界》，北京：华夏出版社2010年版，第22～233页。

是以政治宣传为主的政治报刊的发展脉络，二是以提供新闻为主的商业化报刊的发展脉络。前者的代表包括：以《循环日报》为代表的早期改良派报刊、以《时务报》为代表的维新派报刊、以《民报》为代表的革命派报刊、国共两党的党委机关报等。后者的代表有：1872 年英国商人美查在上海创办的《申报》，1926 年由吴鼎昌、胡政之、张季鸾联合创刊的新记《大公报》，1924 年成舍我在北平创办的《世界日报》，20 世纪 90 年代兴起的都市报。

粗略地看，直至改革开放前，中国的报刊都是以政治报刊为主导，以政治宣传为主基调的。直到改革开放后，新闻才逐渐成为主基调，而都市报的诞生与全面崛起，终于彻底打破了新中国成立以来党报一统天下的局面，确立了党报与都市报并存、新闻与宣传共行的局面。

如果说 19 世纪 30 年代便士报的出现对于美国报业发展而言具有革命性意义，那么，20 世纪 90 年代都市报的出现对于中国报业发展而言也同样意义重大。

作为一种新报纸品种，都市报具有何种特征？被称为“都市报之父”的《华西都市报》创办者席文举认为：

> 主要读者是市民，是市民生活报。
> 内容以新闻为主，突出硬新闻，但强调与市民个人生活有关的实用信息。
> 变生产报道为消费报道，传播对象从决策机关和生产机构变为消费者个人。
> 报纸的管理、经营以市场为导向。①

长期从事都市报研究的孙玮认为：

> 都市报在表现内容上，有一个区别于传统报纸的鲜明特征，就是以市民日常生活为主要对象，极端突出普通市民的日常生活。②

如果说，便士报是美国民主市场社会的产物，那么，都市报就是中国社会转型过程的产物：

> 都市报的生成、发展以及当前发生的转折，是以转型期中国的社会为框架展开的。转型期社会不仅仅是一个背景，而是以无处不在的方式渗透进都市报的各个方面。都市报也不仅是转型中国的镜像，它以通俗报纸特有的方式，参与了中

① 孙玮：《现代中国的大众书写——都市报的生成、发展与转折》，上海：复旦大学出版社 2006 年版，第 31 ~ 32 页。
② 孙玮：《现代中国的大众书写——都市报的生成、发展与转折》，上海：复旦大学出版社 2006 年版，第 40 页。

国社会的转型过程。所谓转型，本书即解释为现代性获得和展开的过程。因此可以说，在中国社会的现代化进程中，社会与都市报是彼此嵌入、互相促动的。

对于中国的现代性，都市报既是其实现的伴随物，也是其展开的必要条件。①

所谓中国的社会转型，有着特定的意义，它指的是中国社会工业化、市场化和城市化的进程。如上文所说，都市报既是中国社会转型的产物，也参与并影响了中国社会转型的过程。

面向普通的都市市民，以新闻报道为主，关注普通人的日常生活，将新闻视为商品，依靠市场经营获得经济支持。尽管不能说是都市报在中国发现了新闻，创造了报道，但可以说都市报再度发现了新闻，并且重塑了报道。都市报与便士报有着惊人的相似性，甚至在某种意义上可以说，都市报便是中国的便士报。但都市报毕竟生长于当代中国，因而与美国的都市报又有着明显的区别：多为党委机关报的子报，产权归国家所有，必须服从于党和政府的领导，遵守党的新闻政策。

就中国报业的发展现状而言，已形成党报与都市报双主体发展局面，党报主要服务于党和政府的宣传需要，都市报主要服务于普通读者的信息娱乐需求，但二者共同接受党和政府的统一领导，且大多数党报也依靠市场生存，甚至有的党报也选择了都市报的路线，集二者于一身，如《广州日报》。

当下中国，党报与都市报并存，新闻与宣传并存，四种理念——宣传理念、文人论政、新闻专业理念、市场理念交织。报纸必须同时处理好为政党服务、为公众服务与为市场服务的关系，创造与发挥中国模式的传媒公共性，并寻找超越西方民主市场社会的可能。

在简要探讨了中国语境下报纸、新闻与社会公共生活的实然性关系之后，我们有必要就上述三者之间的应然性关系进一步展开想象与建构。

在我国，报纸与新闻同样可以发挥共同体建构的文化功能：通过报道与评论，增进社会成员之间的相互理解，凝聚社会共识。

在我国，报纸与新闻同样必须发挥其服务于社会主义民主政治的功能。2007年，党的十七大把“扩大人民民主，保证人民当家做主”作为坚定不移发展社会主义民主政治的首要任务。胡锦涛总书记在十七大报告中明确指出：“人民当家做主是社会主义民主政治的本质和核心。要建立民主制度，丰富民主形式，拓宽民主渠道，依法实行民主选举、民主决策、民主管理、民主监督，保障人民的知情权、参与权、表达权和监督权。”“四权”写入党的工作报告，是我国公民民主

① 孙玮：《现代中国的大众书写——都市报的生成、发展与转折》，上海：复旦大学出版社2006年版，第4页。

权利的一次重要充实，它标志着我国民主法制建设的实质进步，意义重大，寓意深远。2008 年胡锦涛总书记在视察人民日报社时，又再次强调："把坚持正确导向和通达社情民意统一起来，尊重人民主体地位，发挥人民首创精神，保证人民的知情权、参与权、表达权和监督权。"①

可见，保障"四权"是中国建设社会主义民主政治的题中应有之义，而包括报纸在内的大众传媒正是保障公民"四权"的主要手段。因此，除了发挥建构社会共同体的文化功能之外，当代中国报纸最主要的政治功能就是：通过报道与评论，尽可能保障人民的知情权、参与权、表达权和监督权。

结合本章主题，我们接下来要探讨的是：新媒体崛起带来的报纸生态环境的改变表现在哪些方面，以何种方式影响报纸发挥共同体建构与保障公民"四权"的作用？

第二节　角力"39 号文"：官民博弈的媒体呈现②

一、事件背景与研究问题

（一）"39 号文"及其公开历程

"39 号文"，全称是《城市建设投融资体制改革方案》（穗府〔2008〕39 号），是一份关于广州城市建设投融资体制改革的指导性文件，详述了"为破解城市发展难题，创新城市建设投融资体制，加快宜居城市的建设步伐"，由广州市政府通过"注入资产、授予专营权以及由投资主体参与土地开发的方式"设立七个国有投融资集团（分别为交通投资集团公司、水务投资集团公司、地铁集团公司、广州发展集团燃气板块、广日集团有限公司垃圾处理板块、城市建设投资集团公司、亚运城经营开发公司）的改革计划。

文件称，改革目标有四个：减轻财政投资压力；明确企业在城市建设中的投融资主体地位；扩大增量资产、盘活存量资产；创新城市建设投融资体制。对这七个集团，文件分别阐述了定位、组建架构、资产债务情况和扶持措施。文件显示，这七大集团共负债 2 400 亿元。③

根据"39 号文"的方案，广州市在 2009 年完成了对水务投资集团公司（以下简称"水投集团"）、交通投资集团公司（以下简称"交投集团"）、城市建设

① 参见：胡锦涛：《在人民日报社考察工作时的讲话》，《人民日报》，2008 年 6 月 21 日。

② 说明：本节内容曾作为阶段性成果，以《角力"39 号文"：官民博弈的媒体呈现：基于〈南方都市报〉〈广州日报〉的考察》发表于《新闻大学》2014 年第 5 期。

③ 张林、凌越：《广州市政府终于公布"39 号文"》，《羊城晚报》，2013 年 3 月 30 日。

投资集团公司（以下简称“城投集团”）、广州发展集团燃气板块（以下简称“广发集团”）、广日集团有限公司垃圾处理板块（以下简称“广日集团”）、地铁集团公司和亚运城经营开发公司七个投融资集团的组建。经过近3年的运营，七大公司的表现各有不同，地铁公司、广发集团、交投集团等本来就具有优质资产的企业，暂未出现较大的问题。广日集团则因为垃圾焚烧争论以及相关资本运作，饱受公众质疑。而曾经“一天花一个亿”治水的水投集团，如今则陷入流动性资本严重紧缺的状况，年亏损1亿以上。“巨无霸”型的城投集团，虽然年盈利能力达20亿，但总债务已超过1 000亿。而亚运城板块的发展，显然远低于广州市当初的预期。①

该份文件在2009年下半年进入公众视野，当时，广州准备在广州番禺建垃圾焚烧发电厂，受到当地居民抵制，“巴索风云”等网友集体质疑负责组织建设“番禺垃圾焚烧发电厂”的广日集团的资质问题，追查后发现“39号文”是广日集团运营垃圾处理项目的依据。网友们却无法在广州市政府门户网站找到该文件。在广州市政府门户网站的“信息公开”一栏里，网友们找到了“38号文”“40号文”，但中间就是缺了“39号文”。此后，一场由民间意见分子推动的敦请广州市政府公开“39号文”的行动就此开启②，通过民间意见分子和媒体的不懈努力，历经3年多，2013年3月29日，文件终于公开，事件的关键节点如下：

2008年10月19日，“39号文”以政府内部文件的形式印发给各区、县级市人民政府，市政府各部门、直属机构。

2009年，《广州市花都区生活垃圾综合处理中心建设项目的环评公告》提及“39号文”。

2010年12月27日，广州市物价局同意海心沙公园收费，“39号文”引发关注。

2011年5月6日，律师雷鸣向广州市政府申请公开“39号文”。

2011年5月18日，广州市政府首次对“39号文”作出正式回应，在新闻通稿中给予“39号文”正面评价，但未提及是否公开。

2012年1月1日，广东省政协委员孟浩开始蓄须，呼吁公开“39号文”。

2012年12月，律师朱永平向广州市政府提交信息公开申请。

2013年1月17日，朱永平向广州市中级人民法院递交行政诉状，指出广州市政府行为涉嫌违反国家《政府信息公开条例》，要求撤销拒绝公开决定书，公开“39号文”。

① 谭万能、钟锐钧：《孟浩万言提案再次吁请广州公布神秘文件：“39号文”不公布，我就不刮胡子了！》，《南方都市报》，2012年1月13日。

② 田霜月、李勇：《事关重要民生文件为何藏起来了？》，《南方都市报》，2011年5月6日。

2013年1月23日，广州市长陈建华针对“39号文”首次表态，承诺3月底公开。

2013年3月29日，市政府网站挂出“39号文”。①

（二）问题的提出

围绕“39号文”的公开，以广东省政协委员孟浩为首的民间意见分子们带领普通公民，依托媒体与政府持续展开积极互动，并最终达成目的。在这场发生于广州的推动政府信息公开的运动中，广州媒体主动搭建官民互动平台，发挥了重要作用，而在众多媒体中，《南方都市报》的表现最为抢眼，扮演了引领性角色。基于此，我们针对“39号文”公开事件，选取《南方都市报》（以下简称“南都”）的相关报道作为考察对象，探讨以下问题：①在这起推动政府信息公开的社会运动中，南都如何呈现官民双方话语？如何建构官民形象？如何自我表达？②南都的报道对事件的走向产生了何种影响？南都与公民、政府间形成了何种新的关系？媒介角色产生了何种转变？

二、报道分析

（一）基本情况

2011年5月6日至2013年4月7日，南都就“39号文”展开了持续的报道与评论，详情见下表：

表4.1　南都有关“39号文”报道一览表

时间	标题	体裁	版位
2011年5月6日	“事关重要民生文件为何藏起来了？” 省政协常委孟浩等质疑广州城建投融资改革方案为何不公开	报道	AA18
2011年5月7日	“39号文”保密？有市民递交公开申请	报道	AA08
	广州城建改革方案要公开，更要讨论	社论	AA02
2011年5月19日	市政府回应：“39号文”依法依规	报道	GA07
2012年1月13日	孟浩万言提案再次吁请广州公布神秘文件： “39号文”不公布，我就不刮胡子了！	报道	AA08

① 徐艳、魏凯、裘萍、李文、李晓瑛、熊薇：《遮掩四五年　39号文露脸》，《南方都市报》，2013年3月30日。

（续上表）

时间	标题	体裁	版位
2012 年 1 月 14 日	广州市委书记万庆良："39 号文""该公布时会公布"	报道	AA11
	"39 号文"关涉民生　于法于理都应公开	社论	AA02
2013 年 1 月 18 日	孟浩再以胡须叫板"39 号文"，称今年两会将再提提案要求广州市政府公开"39 号文"	报道	AA08
2013 年 1 月 24 日	39 号文 3 月底一定公开 广州市长与孟浩隔空对话，拜托其把胡子刮了	报道	AA14
2013 年 1 月 27 日	省政协会议即席发言再次上演抢唛大战，21 委员抢到发言机会 孟浩："39 号文"为何一定要等到 3 月底才公开？	报道	AA06
2013 年 1 月 30 日	陈建华约见孟浩　谈"39 号文"何时公开 一轮隔空对话后双方面谈，孟浩称会面有意义但观点仍坚持	报道	AA10
2013 年 3 月 1 日	告穗府不公开"39 号文"开庭前撤诉 原告朱永平称撤诉原因"不方便透露"，但望广州市政府能提早公开	报道	AA19
2013 年 3 月 29 日	剃须，孟浩称已准备好公开，"39 号文"准备好没？ 离"39 号文"公开最后期限还有两天	报道	AA15
	"想在海心沙发表剃须宣言"	报道	GA05
2013 年 3 月 30 日	"39 号文"公开绝不是终点	社论	AA02
	民间接力　官民博弈 孟浩将多名网友称为推动文件公开的"战友"	报道	AA05
	遮掩四五年　39 号文露脸 市政府官方网站昨日下午公开"39 号文"，孟浩称还将继续探讨文件合法合理性		
	"39 号文"的理想与现实	报道	AA08
	南都记者梳理"39 号文"成绩单　穗府 7 个"亲儿子"背巨债	报道	AA09

（续上表）

时间	标题	体裁	版位
2013 年 3 月 31 日	“孟公须”剃了　要做“孟公笔” “蓄须问政”达 1 年 2 个月又 30 天，称“剃须作笔”继续为民意而书	报道	AA06
	广州市长陈建华：“39 号文”已公开期待全社会监督		
	广州水投卖地筹款还贷今年无望 广州水投确认已正式退出融资平台，今后将作为一般国企管理		
2013 年 4 月 1 日	胡子是软的	评论	GA02
	问责缺失，“39 号文”易成利益输送		
2013 年 4 月 3 日	广州律师“前赴后继” “39 号文”应该撤销并追究决策者责任 其寄快递请求广州市人大介入监督	报道	AA10
2013 年 4 月 4 日	总在隔空喊话　市长喊完学者喊 广州“39 号文”公开事件举行民间围观会　学者热议文件得失及政府决策合法性	报道	AA08
	“39 号文是张大借条” 各路嘉宾围观会上展开民间猜想		
2013 年 4 月 7 日	孟浩再追“39 号文” 昨发《致广州市政府的一封信》建议组织座谈会回应民间质疑	报道	AA08

根据上表，可以发现，南都报道自 2011 年 5 月 6 日起，至 2013 年 4 月 7 日，报道时间持续 23 个月，共刊发报道 23 篇，评论 5 篇（其中有 3 篇社论，2 篇社外投书）。21 篇报道和 3 篇评论刊发于要闻叠，2 篇报道和 2 篇评论刊发于广州读本（城市新闻）叠。

（二）议题阶段与主题变奏：吁请—催促—检视

梳理上述相关报道，可以发现其伴随事件发展进程所呈现的主题变奏。大致看来，南都的报道可分为三个阶段：2011 年 5 月 6 日至 2012 年 1 月 14 日为第一阶段，此阶段的报道与评论围绕“为何要公开”这一主题展开；2013 年 1 月 18 日至 2013 年 3 月 29 日为第二阶段，此阶段的报道与评论转向“必须尽快公开”这一主题；2013 年 3 月 30 日至 2013 年 4 月 7 日为第三阶段，在文件公开后，此阶段的报道与评论进入质疑与问责阶段，围绕“公开后怎么看”而展开，针对“39 号文”的内容及其落实效果展开全方位的检视。

从时间分布来看，报道主要分布在以下四个时间节点：2011 年 5 月、2012 年 1 月、2013 年 1 月、2013 年 3 月底 4 月初。第一个时间节点是以孟浩为首的民间意见人士正式通过媒体发出公开文件的吁请，属初设议程；第二和第三个时间节点则是省政协会议召开期间，孟浩借助体制内身份及特定阶段的媒体聚焦开始政治行为艺术、重申要求，再度凸显“39 号文”公开议程；第四个时间节点则是文件公开后，进入全面检视得失的新阶段。

（三）信源使用及其背后的官民互动

1. 信源分布及其背后的官民互动

表 4.2　消息来源分布状况一览表①

<table>
<tr><td rowspan="2"></td><td colspan="3">民间人士</td><td rowspan="2">政府官员</td><td rowspan="2">总计</td></tr>
<tr><td>意见领袖（孟浩）</td><td>专业人士</td><td>普通市民</td></tr>
<tr><td rowspan="2">人次</td><td>12</td><td>22</td><td>1</td><td rowspan="2">8</td><td rowspan="2">43</td></tr>
<tr><td colspan="3">35</td></tr>
<tr><td rowspan="2">占百分比</td><td>27.91%</td><td>51.16%</td><td>2.33%</td><td rowspan="2">18.6%</td><td rowspan="2">100%</td></tr>
<tr><td colspan="3">81.4%</td></tr>
</table>

根据上表的统计，在南都的相关报道中，共引用消息来源 43 人次，其中，民间人士消息来源共 35 人次，政府官员共 8 人次，分别占 81.4% 和 18.6%，从整体上看，表现出明显的民间人士消息来源偏向。就民间消息来源构成而言，省政协委员孟浩被引用 12 次；其他专业人士，包括律师、学者等在内，共 22 人次；普通市民 1 人次。可见，孟浩在其中担当了领唱的角色，是名副其实的意见领袖，其他专业人士则担当了合唱队员的角色，是集体团队成员。

从现实的社会行动来看，这场催请政府信息公开的社会运动最先起于网友“巴索风云”等集体质疑负责组织建设“番禺垃圾焚烧发电厂”的广日集团的资质问题，进而牵出“39 号文”，网友们将情况报告给孟浩，希望借助其省政协委员的政治身份和社会影响力推动政府公开“39 号文”。孟浩在获知相关情况后，于 2011 年 5 月 6 日正式借助媒体发声，使“39 号文”正式进入公众视野，正式

① 该表统计了 23 篇新闻报道和 2 篇社外作者投书的采访对象与消息来源，3 篇社论未作统计。

启动了催请政府公开“39号文”的社会行动；2012年1月18日，在广东省政协会议召开之际，孟浩开始蓄须明志，宣布“‘39号文’一天不公布，我就一天不刮胡子了”，声称将提交长达12 660字、共21页的正式提案，题为“关于公开穗府〔2008〕39号‘印发城市建设投融资体制改革方案的通知’文件的建议”①，一方面借助体制内渠道提出主张，同时采用个人政治行为艺术的方式再度发声，聚集媒体与社会关注，形成强大声浪；时隔一年之后的2013年1月18日，同样是在广东省政协会议召开之际，孟浩“再以胡须叫板‘39号文’”，并公开声称将再度提提案要求广州市政府公开“39号文”，其在受访时称：“现在大家一看到我就知道政府的那个文件还没公开，什么时候我的胡子剃光了，政府的形象自然就好了。”② 在广州市长陈建华承诺将于3月底正式公开“39号文”之后，又于3月28日借助媒体宣称，准备于穗府“39号文”公开之日在各大媒体见证下公开剃须，并在海心沙发表剃须宣言。3月30日，文件正式公开的第2天，孟浩兑现了自己的承诺，在海心沙剃须并发表宣言；但剃须并不等于结束，孟浩又在4月3日就广州“39号文”公开事件举行民间围观会，组织来自社科界、法律界的10位专家学者讨论文件得失及政府决策的合法性。

可见，孟浩借助自己作为广东省政协委员的体制内合法身份和社会知名人士的影响力，一方面通过体制内平台——广东省政协会议发表口头意见、递交书面提案，另一方面，借助蓄须的个人行为艺术，用胡子的长度来提醒公众，并向政府施压。自此至终，孟浩就以领唱者的身份经由媒体的传声筒发出高亢的声音。

在孟浩的身后，是一群来自广州法律界和社会科学界的专业人士，他们在整个事件进程中一直以自己的行动配合和支持孟浩，主要的节点性事件有：

2011年5月6日，律师雷鸣向广州市政府申请公开“39号文”；2012年12月，律师朱永平向广州市政府提交信息公开申请。

2013年1月17日，律师朱永平向广州市中级人民法院递交行政诉状，指出广州市政府行为涉嫌违反国家《政府信息公开条例》，要求撤销拒绝公开决定书，公开“39号文”。

2013年4月1日，律师周玉忠将一份“公民建议书”通过快递寄送给广州市人大常委会主任张桂芳，请求广州市人大介入监督，提出“39号文”应该撤销并追究决策者责任。

与律师群体不同，社会科学界人士更多地起到了“帮腔”的作用。在媒体报

① 谭万能、钟锐钧：《孟浩万言提案再次吁请广州公布神秘文件：“39号文”不公布，我就不刮胡子了！》，《南方都市报》，2012年1月13日。

② 吴渤、郑焕坚、高远：《孟浩再以胡须叫板“39号文”，称今年两会将再提提案要求广州市政府公开“39号文”》，《南方都市报》，2013年1月18日。

道孟浩及律师们的公开行动时，来自高校和科研院所的专家学者们常成为受访对象，表达意见，进行声援，在孟浩于2013年4月3日发起的民间围观会上，他们集体出场，共同发声，完成了最后的大合唱，且看他们的名字与社会身份：广州市博士科技创新研究会会长彭澎，广东省委党校教授、原副校长陈鸿宇，广东省社科院研究员丁力，广东省政府参事王则楚，中山大学教授郭巍青，华南师范大学教授唐昊，南方民间智库成员、广东综合改革发展研究院研究员李少魁。[①]

与来自民间一波接一波的强大声浪不同，政府的声音显得单薄，在互动中显得被动。2011年5月18日，广州市政府就孟浩等人的公开申请首次给予正式回应，在次日的南都报道中，消息来源以“市政府有关部门负责人”的称呼出现，针对民间指责，辩称“39号文”依法依规，符合程序，曾以《政府工作报告》形式向人代会报告[②]；2013年1月23日，广州市长陈建华回应称“39号文”3月底一定公开；2013年3月30日，在文件正式公开后，陈建华受访，声称“文件已公开，期待社会监督”。

2. 信源使用策略与倾向

从前面的分析中，我们可以看出在消息来源的分布上存在明显的民间消息来源依赖偏向；继续考察新闻报道的内容，可以发现在对消息来源的引述与应用上，同样存在着明显的区别。简而言之，即对民间消息来源所提供的信息和观点，给予肯定性的原样呈现；对官方消息来源所提供的信息和观点，给予了不同程度的质疑。这种态度区别，在“39号文”公开后的多篇报道中得以集中体现。

先看其对民间消息来源的使用。在3月30日题为“民间接力　官民博弈”的报道中，南都记者梳理了事件的全进程，对“39号文”的公开之路进行了回顾，文中有言：

“风雨无阻”，这正是一些普通公民和民间意见分子推动“39号文”公开的真实写照。民间经过一轮又一轮的接力，层层推动，丝丝剥茧，终于揭开了“39号文”的面纱。孟浩则称在呼吁“39号文”公开的路上，律师朱永平、网友“巴索风云”“巡洋舰”都是战友。这是广州公民意识的体现，希望越来越多这样的战友出现，这样可以使政府公共政策出台慎之再慎。[③]

记者使用了“风雨无阻”这个词对民间的持久努力给予肯定，并赞许其行为

① 裘萍、徐艳：《总在隔空喊话　市长喊完学者喊》，《南方都市报》，2013年4月4日。

② 史伟轩：《市政府回应：“39号文”依法依规》，《南方都市报》，2011年5月19日。

③ 徐艳、魏凯、裘萍、李文、李晓瑛、熊薇：《民间接力　官民博弈》，《南方都市报》，2013年3月30日。

是"广州公民意识的体现"。

在3月30日刊发的题为"南都记者梳理'39号文'成绩单　穗府7个'亲儿子'背巨债"的报道中，记者直接引述了律师朱永平和市人大代表曾德雄的批评：

"公开是一个进步，但政府还欠市民一个必要的交代，这个影响千千万万老百姓切身利益的红头文件，它的动机、起因是什么，它决策的过程，它为什么不公开？"为督促"39号文"的公开，曾经将广州市政府告上法庭的朱永平律师昨日下午如是说。

"算是政府兑现了承诺"，广州市人大代表、广州市社科院哲文所所长曾德雄说，"但我们不希望再出现下一个孟浩，不想看到政府的信息公开是在公民步步催逼下的结果，是在知名人士的行为艺术督促下才公开，如果这样，法律的刚性在哪里？"①

无独有偶，在2013年4月4日题为"总在隔空喊话　市长喊完学者喊"的报道中，学者唐昊的发言对政府的批评更加严厉，记者将其放在了报道的最前面作为引子，内容如下：

"在信息公开上，我觉得应该打掉或者是改掉政府骨子里的那种傲慢……"

"市长隔空喊话，我们也在隔空喊话，为什么缺乏直接面对面的机构、场合和机制？"②

再来考察其对官方信源的使用。对于官方提供的信息，记者在报道文本中时常给予或隐或显的质疑，如在2013年3月30日刊发的题为"民间接力　官民博弈"一文中，我们看到这样的字眼：

2011年5月18日，市政府终于发声，向媒体发通稿。该通稿用了"回应个别人"的提法，称"39号文"是对投融资体制进行改革的一种积极探索。通稿还称，"39号文"是在广泛征求相关部门意见基础上，报经市委、市政府审议通过实施的。2009年，在广州市第十三届人民代表大会第四次会议上，市政府以《政府工作报告》的形式向大会作了报告。南都记者查阅2009年《政府工作报

① 徐艳、魏凯、裘萍、李文、李晓瑛、熊薇：《南都记者梳理"39号文"成绩单　穗府7个"亲儿子"背巨债》，《南方都市报》，2013年3月30日。

② 裘萍、徐艳：《总在隔空喊话　市长喊完学者喊》，《南方都市报》，2013年4月4日。

告》发现，其中明确涉及投融资体制改革的部分只有81个字符。如下：重点领域改革取得新进展。进一步转变政府职能，促进城市可持续发展，在交通、水务、地铁、燃气、环卫等城市建设领域组建7个专业投资集团，迈出了城市投融资体制改革的新步伐。①

对于市政府通稿所说的“39号文”依法依规，记者并未采信，而是展开调查，且其调查结果对政府说法构成了反驳。

在3月30日发表的题为“南都记者梳理‘39号文’成绩单　穗府7个‘亲儿子’背巨债”一文中，对政府通稿的质疑则更是屡见不鲜：

七大融资平台成立5年之后，广州市政府终于公布了当初组建七大平台的纲领性文件——“39号文”。至于七大平台在过去5年内的资产负债和经营状况，政府没有一并公布，而这恰恰是公众最想知道的——这些兼具公益和营利性质的国资巨无霸型企业，这5年来的成绩单如何？

广州市政府在昨日给媒体的新闻通稿中称，除部分改革措施受国家政策或外部条件变化影响暂缓实施外，“39号文”确定的改革目标初步实现。改革目标真的实现了吗？南都记者近期通过各种途径进行采访，尽管获得的都是碎片化信息，但拼凑起来，仍能看出不少问题。

一是部分融资平台巨额的负债问题。水投资产负债率超过70%的警戒线，城投负债总额近800亿，交投目前的营业收入只够还贷款利息，而因为番禺垃圾焚烧争议而备受关注的广日集团则高度依赖政府补贴，这使得其垃圾处理业务的经营效率变得面目模糊。这些问题，在本次广州市政府就“39号文”发布的通稿中无一得到呈现，仅以“创新城市建设投融资模式，加大城市基础设施投资力度，并以此带动经济平稳较快发展”“‘39号文’确定的改革目标初步实现”进行自我表彰。

二是几大融资平台的企业运作缺乏外部监管。目前的采访资料显示，水投、城投旗下均是公益性负债和经营性负债互相混合，前者由财政兜底，后者由融资平台自己解决，而这两项性质相互冲突的经营业务之间如何隔离却未有明确界定。由此带来一个问题，谁来监督这些平台，保证其不会将本该用于公益的财政资金挪用，为其经营失败埋单？水投集团涨水价行为，就曾被质疑是让公众为政府亚运治水留下的巨额亏空兜底。

三是融资平台业务被人为设置垄断门槛，限制市场竞争。无论是垃圾处理、污水处理还是开发珠江新城、广州南站地下广场，其资产价值几何，除非经过市

① 徐艳、魏凯、裘萍、李文、李晓瑛、熊薇：《民间接力　官民博弈》，《南方都市报》，2013年3月30日。

场竞争方式确定，任何人为估计都会错判，广州市政府凭借行政权力将其独家给予某一家国企开发更是如此。国企这一所有制形式，由于其天然的激励机制缺陷（经营者非所有者，挣的钱不是自己的），更容易产生人浮于事、经营效率低下的弊端，未来如何放开经营门槛，让外资、民资以同等条件和融资平台开展竞争，将是政府改革的重要方向。①

综上所述，全面考察南都相关报道中的信源分布与使用状况后可以发现：在有关“39号文”的报道中，南都不仅主要依赖民间消息来源，而且在态度上偏向民间消息来源。由此，由政协委员、社会知名人士孟浩所带领的主要由专业人士构成的民间意见人士成为议程设置者和事实建构者。

（四）社论助力、协同默契

如果说信源偏向只是报纸态度的隐性体现，那么社论便是直接代表报纸编辑部发言的手段。在相关报道过程中，南都三次刊发社论，具体时间与标题如下：

2011年5月7日，《广州城建改革方案要公开，更要讨论》；

2012年1月14日，《“39号文”关涉民生　于法于理都应公开》；

2013年3月30日，《“39号文”公开绝不是终点》。

三篇社论的刊发一方面在时间上对民间人士的社会行动构成了配合，另一方面也在内容上通过合法性论证给予了有力支持。接下来，我们对三篇社论进行逐一分析。

从时间上来看，2011年5月7日是该报开启有关“39号文”报道的第二天，是孟浩正式采取行动的第三天，是网友“巡洋舰”通过广东省依申请公开政府信息网上管理系统提交了申请、要求政府公开穗府〔2008〕39号文的第二天，社论与报道网友“巡洋舰”行动的新闻《39号文保密？有市民递交公开申请》在同一天刊出。该篇社论的标题与末段已给出了主要论点：广州城建改革方案要面向社会公开，更要通过公开讨论的合法程序。社论首先论证了公开“39号文”的正当性与必要性，理由之一，是因为“39号文”的主要内容是“城市建设投融资体制改革方案”，而城市建设又关系市民切身利益，理应公开：

城市建设与每个市民紧密相关，往城市建设领域投融资势必为每个纳税人所关注，城市建设投融资的体制改革当然属于“涉及公民、法人或者其他组织切身利益的”“需要社会公众广泛知晓或者参与的”重大事项，根据《政府信息公开

① 徐艳、魏凯、裘萍、李文、李晓瑛、熊薇：《南都记者梳理“39号文”成绩单　穗府7个“亲儿子”背巨债》，《南方都市报》，2013年3月30日。

条例》，理应向社会公开。

理由之二在于保证公民的知情权：

信息公开是为了保证公民对重大政务和社会事务享有知情权，文件失踪，广州市民只能通过一个神通广大的网友以及孟浩来捍卫自己的权利，在信息公开大潮似乎不可阻遏的语境中，个中滋味尤显苦涩。

在论证了公开“39号文”的正当性与必要性之后，社论转向批评“39号文”未经人大公开讨论的程序，对其合法性展开质疑：

一个关乎民生、涉及金额达数千亿元的改革方案，事前没有根据《地方各级人民代表大会和地方各级人民政府组织法》，提交立法机关讨论，事后又以“保密”为由拒不公开，在汹涌的质疑面前，如果政府不放弃敷衍应付的态度，拿出具有公信力和说服力的解释，舆论将免不了继续往下猜想，而且这种猜想也很难避免恶意。

细加考察，社论作者主要应用《政府信息公开条例》来论证“39号文”公开的必要性和正当性，应用《地方各级人民代表大会和地方各级人民政府组织法》来检视“39号文”出台过程的程序正义性。

在2011年5月6日刊出的首篇报道中，就有孟浩与律师赵绍华发出的批评：

“改革本来是好事，但如此偷偷摸摸难免让人生疑，其中是不是有小九九？”孟浩则提出，这份改革方案不仅事后不公开，事前也未能公开征求意见。根据《地方各级人民代表大会和地方各级人民政府组织法》，县级以上人大有权讨论、决定本行政区域内的政治、经济、教育、科学、文化、卫生、环境和资源保护、民政、民族等工作的重大事项。“一个涉及金额达数千亿的改革方案，又是如此关乎民生，如果这都不是重大事项，我不知道什么样的事项才算得上重大。”赵绍华说。①

两相对照，社论观点与其如出一辙。在某种程度上可以说，社论是在为孟浩与赵绍华背书。

---

① 田霜月、李勇：《“事关重要民生文件为何藏起来了？”》，《南方都市报》，2011年5月6日。

接着考察第二篇社论。这篇文章发表于2012年1月14日，时间就在报社刊发孟浩蓄须行动的第二天，若只看标题，会发现其论点与首篇社论并无太多不同，但细读正文，则可发现，社论主要在论证孟浩行动的正当性与必要性：

孟浩在去年5月就已对“39号文”在广州市政府官方网站上被“屏蔽”提出质疑，但时至今日，广州市政府依然未向公众正式公开这份大名鼎鼎的红头文件。

孟浩以蓄须吁请公开“39号文”，只是多番呼吁无果后的无奈之举。无论孟浩蓄须与否，政府均应尽快公开“39号文”。根据《政府信息公开条例》，政府应主动公开的信息包括“涉及公民、法人或者其他组织切身利益的”“需要社会公众广泛知晓或者参与的”等，“39号文”涉及的7个领域覆盖市民生活的方方面面，关乎每位纳税人的切身利益，对此公众绝对有知情权。“39号文”仅于2009年以《政府工作报告》形式向人大作报告，事先并未征求意见。即使不论程序瑕疵，政府从未解释“39号文”为何迟迟未公开，此前曾有知情人士推断原因为改革未达效果，但如今7大集团已组建完毕并已运行3年，“39号文”所涉及部分均已基本完成，实无借口一拖再拖。请尽快公开“39号文”，以释公众疑虑。

再看第三篇社论。这篇题为“‘39号文’公开绝不是终点”的社论发表于2013年3月30日，即“39号文”正式公开的次日，文章末段总结了作者的主要观点：

“39号文”的公开是舆论坚持不懈追问多年的结果，是政府信息公开的一个重要节点，却绝不是终点。根据《政府信息公开条例》，“39号文”所涉内容“涉及公民、法人或者其他组织切身利益”，“应当主动公开”，这是为了保证公众知情并参与到决策程序中，对重大公共项目进行监督，而现实却是“39号文”在舆论的一再催促下等平台公司项目尘埃落定后才遮遮掩掩地公开，等同于将公众隔绝于决策程序之外，于法于理均不可取，有可能纵容利益输送、损害公众利益。在“39号文”公开之后，以其内容为依据继续保持追问，是对公众或已受损利益的追溯，亦是为了防止下一份“39号文”的出现。

绝非偶然的是，就在该社论发表的前一天，该报刊发了针对孟浩的访谈，当中有这样的对话：

南都：刮掉胡子后，这事就算了结了吧？

孟浩：不，刚刚开始，对于39号文的追问远没有结束。接下来要重新审视

39号文的得失。我打算借助社会力量举办一个民间研讨会。①

两相比较可知，南都次日发表的社论事实上是对孟浩观点的展开和论证。

综上，通过对该事件进程中南都社论发表时间及内容的考察，我们可以清楚地看到，在三个关键的时间节点上——正式吁请、开始蓄须行动、文件即将公开之际，南都发表社论，依据法理，对民间政治行动的合法性展开论证，明确表达态度，给予有力的支持与配合。

三、总结与讨论：关系重构与角色转变

在这场促请政府信息公开的社会政治运动中，民间意见人士、作为媒体的南都与政府是三个主要行动主体，较之以前，三方关系发生了一些颇有意味的变化。从理论来看，我国的新闻业定位为党、政府和人民的喉舌：

> 我国新闻业是有中国特色的社会主义新闻业，是党、政府和人民的耳目喉舌，“为社会主义服务，为人民服务”是我国新闻业的宗旨，“坚持正面宣传为主，实现正确舆论引导”是我国新闻传播的基本方针……党性原则是我国新闻宣传工作中最重要的原则。②

媒体作为党、政府和人民的喉舌，要自觉接受党和政府的领导，坚持正面宣传，发挥正确舆论引导的作用。长期以来，党和政府与媒体是领导与被领导的关系，媒体与人民是引导和被引导的关系。或者换句话说，媒体是党和政府教育、引导人民的宣传工具。而在“39号文”个案中，作为媒体的南都与民间意见人士主动结盟，协同默契，甚至直接成为民间意见人士的喉舌，共同推进促请政府信息公开的社会行动。通俗地表述，则成了民间意见人士借助南都向政府讨说法，尽管南都也及时呈现政府的回应，却对政府提供的信息和观点不时加以质疑。从媒体角色来看，南都更多地扮演了监督政府的角色而非为政府排忧解难、宣传引导的角色。

“39号文”个案引发我们进一步追问：这种关系重构与角色转变是如何发生的？又带来了何种冲击？简而言之，这种转变的发生有三个重要的社会背景：其一，改革开放从整体上重构了国家与社会的关系，民间与社会力量得以发育与成长。其二，媒介市场化改变了媒介与受众的关系，市场确立了受众的主体地位。

---

① 裘萍、傅有美：《“想在海心沙发表剃须宣言”》，《南方都市报》，2013年3月29日。

② 杨保军：《新闻理论教程》，北京：中国人民大学出版社2012年版，第134页。

其三，新媒体崛起为普通人提供了新的自由发声平台，实现了话语权力转移，改变了中国的舆论形成机制与舆论格局。这种转变所带来的冲击是全方位的：普通人获得了前所未有的话语权，政府在新闻宣传管理与舆论引导上受到日益严峻的挑战，如不在理念上和操作上及时加以纠正，往往容易陷入被动地位。

第三节　报网互动栏目的议程设置

一、问题的提出

在上一节，我们立足《南方都市报》有关“39号文”公开事件的报道，分析了报网互动情境下报纸对官民双方话语的呈现、对官民形象的建构及其对社会民主化进程的影响。在本节，我们将探讨由于新媒体崛起而产生的一种新型报纸新闻品种，考察其在议程设置方面所呈现出来的特征，进而分析其对社会公共生活所带来的影响。我们将继续聚焦《南方都市报》，以其所开辟的报网互动栏目《网眼》为考察对象，理由就在于其典型性。对于该栏目的基本情况，有学者作过这样的概括：

《网眼》创办于2006年10月，并在2007年1月改版后定位逐渐清晰。与不少报纸仅“摘编”或“集纳”网络内容不同，《网眼》注重从网络线索出发展开原创报道，“给网络提出的问号画上句号”。2007年，《网眼》因在发现并报道“重庆最牛钉子户”“陕西华南虎照”等网络事件中的突出表现，被《南方周末》“年度传媒致敬”授予“公共服务奖”；“躲猫猫”“俯卧撑”“70码”“被就业”“郭美美”等一系列网络事件也随着《网眼》的报道成为社会热点。因此《网眼》是分析传统媒体“网络版”的一个典型代表。①

由于其开版以来的抢眼表现，《网眼》也引发了学界的重视，成为多位研究者的考察对象，并产生了有价值的研究成果。其中，曾繁旭等人撰写、发表于《国际新闻界》的论文《“报网互动栏目”的新闻产制与公共议题的生成》最见功力。该文通过对《网眼》2007—2008年两年间全部319篇报道的分析，结合对栏目记者编辑的访谈，探讨了以下问题：传统媒体上的“报网互动栏目”是如何运作的，其新闻产制流程较传统的新闻有什么特点？重大的网络事件如何通过

① 周葆华、肖淼：《传统媒体报道中的网络：特征、议题与形象：以〈南方都市报〉“网眼”版内容分析为例》，《新闻界》2012年第22期。

"报网互动栏目"转化为普通民众关切的事件？这一新型的新闻形态对公共议题的生成与公共话语空间拓展有什么样的影响？

研究发现：《网眼》形成了独具特色的新闻生产机制，其新闻生产经历以下四个步骤：寻找具有公共性的议题—议题接力—外延的扩大：从个案到议题——公共话语的形成。议题从在网络上出现到最后成为一个公众议题，要经历两个"接力"环节，第一阶段是从网络信息到《网眼》栏目，第二阶段是从《网眼》到门户网站。期间，《网眼》是一关键性的桥梁。在所报道个案成功引发关注之后，记者编辑将进一步将其与具有普遍性的社会议题相联系，进而形成针对社会议题的公共话语。由此，《网眼》给各方力量尤其民众（网民）以更多的话语表达机会，这对于公共话语空间的拓展、民众声音的出现，以及良性的国家—社会关系的沟通，都起到了重要的推动作用。①

同样是研究《网眼》，周葆华等主要采用内容分析法，研究传统媒体吸纳网络内容的基本特征、主要议题与网络形象。研究发现：《网眼》吸纳网络内容的主要模式是将之作为新闻线索来源展开对"网络事件"的报道；网络明显拓宽了报道的空间结构；《网眼》以网民关注度作为新闻选择的依据，但专业标准占据更大分量；其呈现的题材集中在网络、政治、民生和法制，体现出关注转型期社会问题的偏好和鲜明的舆论监督特色。这些特征既与当下中国互联网的内在生态有关，也折射出媒体基于自身定位、取向和风格的能动性选择过程。②

尽管不是针对《网眼》的研究，但辜晓进等发表在《国际新闻界》的一篇文章同是围绕报网互动的新闻生产而展开，其研究视角与研究发现也很能给人启发。该文从"上海交大捣鸟窝"这一不实新闻的传播事件出发，运用一种新型的循环传播模式，解析在扩散、证伪、纠错过程中传统纸媒与微博的互动关系及相互影响的逻辑，并以此验证传统纸媒的首发优势和议程第一设置者的地位如何被微博化解，而两者的合作又如何提高了媒体对不实信息的自净效率。研究显示，循环传播模式是一种可用于解释传统媒体与新媒体关系的传播模式。研究同时也提醒传统媒体：在竞争激烈的多媒体环境下，纸媒既要积极主动地抢占信息的"第一落点"，更应自觉坚守新闻专业化的本位优势；发现错误后，纸媒只有充分利用既有的公信力，通过专业化的操作第一时间纠错证伪，才有可能继续掌握或夺取议程设置的主动权。

颇有意思的是，作者立足"上海交大捣鸟窝"中纸媒与微博的互动实践，依照施拉姆与奥斯古德的循环传播模型，建立了一个纸媒与微博互动的新的传播模

---

① 曾繁旭、周俊林、杨艾莉：《"报网互动栏目"的新闻产制与公共议题的生成》，《国际新闻界》2009 年第 10 期。

② 周葆华、肖淼：《传统媒体报道中的网络：特征、议题与形象：以〈南方都市报〉"网眼"版内容分析为例》，《新闻界》2012 年第 22 期。

式，阐释了纸媒与微博互动的传播路径：路径一，报纸报道，微博扩散；路径二，微博造势，报纸跟风；路径三，微博辟谣，报纸澄清；路径四，报纸力挺，大V删文。①

在对既有相关研究主要成果进行了简要回顾之后，我们提出本书的研究问题与视角：作为报网互动栏目代表的《网眼》描绘出何种社会图景？如何进行议程设置？对社会公共生活可能构成何种冲击？

具体实施方面，将沿着从整体到个案的路径来展开。首先，通过对报道选题的定量统计与报道文本的质化分析，试图从整体上勾勒《网眼》所描绘的社会图景，解释其含义。其次，通过对“瓜农之死”这一报道个案的分析，探讨《网眼》的议程设置手段。

二、理论视角：客体议程设置与属性议程设置

议程设置是经典的传播效果理论之一，该理论最早由麦库姆斯和肖提出，人们经常用科恩的名言来简洁地概括早期议程设置理论的核心观点：新闻媒介在告诉人们怎么想方面可能并不成功，但是在告诉人们想什么方面则异常成功。即是说，媒介对不同议题的重视程度与受众对这些议题的关注程度之间成正向关系，麦库姆斯将这种效果称为显著性转移。② 然而，随着议程设置研究的深入，科恩的名言已不足以容纳其含义。在2004年出版的《议程设置：大众媒介与舆论》一书中，麦库姆斯整合了既有的研究成果，对议程设置理论进行了拓展。

麦库姆斯最重要的拓展在于提出了属性议程设置的概念，他认为，早期的议程设置研究所探讨的是客体议程设置，不过除了客体议程设置之外，媒体报道还具有属性议程设置的功能：

> 客体是我们的注意力所指向的事物，或者我们对之持有态度或意见的事物。
>
> 除了客体议程之外，还有另一层面的议程设置可供思考。议程上的每个客体都有无数的属性，即充实每个客体图画的那些特点与属性。不同客体的显要性存在差异，与此类似，每个客体不同属性的显要性也存在差异。③

如此一来，议程设置就有了两个不同的层面：第一个层面是客体显要性的转移，第二个层面是属性显要性的转移。如果说第一个层面指的是大众媒介影响到

---

① 辜晓进、洪芳芳、张可：《纸媒与微博的互动逻辑：基于“捣鸟窝”新闻的分析》，《国际新闻界》2013年第9期。

② ［美］马克斯韦尔·麦库姆斯著，郭镇之、徐培喜译：《议程设置：大众媒介与舆论》，北京：北京大学出版社2008年版，第81页。

③ ［美］马克斯韦尔·麦库姆斯著，郭镇之、徐培喜译：《议程设置：大众媒介与舆论》，北京：北京大学出版社2008年版，第83页。

人们对不同议题的关注程度，第二个层面则指大众媒介影响到人们对议题属性的认知。麦库姆斯用以下模式来概括其对议程设置功能的新认识：

第一与第二层面的议程设置①

媒介议程　　　　　　　　　　　　公众议程

显要性转移

客体————→客体显要性

第一层面效果：传统议程设置

属性————→属性显要性

第二层面效果：属性议程设置

换句话说，大众媒介不仅可以影响人们想什么，还能影响人们对相应的议题怎么想。如此一来，科恩的名言自然也就不再足以涵盖议程设置的思想。② 属性议程设置的提出具有重要的理论价值，为我们探讨大众媒介的议程设置效果提供了更为锐利的武器。接下来，笔者将应用该理论对《网眼》栏目展开整体与个案分析。

三、整体研究：《网眼》所描绘的社会图景

（一）选题统计：《网眼》栏目的客体议程设置

从整体上看，《网眼》主要致力于报道哪些社会议题？将聚光灯打向社会中的哪些事件？或者说，该栏目期望读者关注什么？如何进行客体议程设置？这些问题的答案需要从该栏目的报道主题中去寻找，我们选择了 2013 年 8 月《网眼》栏目的所有报道作为考察对象，进行全面分析。依据其新闻标题和新闻的主要内容，我们整理出该栏目的议题类型，具体情况见下表：

表 4.3　2013 年 8 月《网眼》版报道一览表

日期	新闻标题	议题类型
0801	1. 王林赴港避风头　叫屈自比斯诺登	个体越轨行为
	2. 吴虹飞被从刑拘改为行政拘留 10 天	个体越轨行为

① ［美］马克斯韦尔·麦库姆斯著，郭镇之、徐培喜译：《议程设置：大众媒介与舆论》，北京：北京大学出版社 2008 年版，第 84 页。

② ［美］马克斯韦尔·麦库姆斯著，郭镇之、徐培喜译：《议程设置：大众媒介与舆论》，北京：北京大学出版社 2008 年版，第 83 ~ 84 页。

（续上表）

日期	新闻标题	议题类型
0802	3. 魔术师揭王林“神功”：入门魔术	个体越轨行为
	4. 老人维权下跪　官员笑对遭质疑	政府机构（公务员）行为失当
0803	5. 吴虹飞获释谈“炸建委”：我发神经	个体越轨行为
	6. 沪纪委调查法官嫖娼事件	政府机构（公务员）行为失当
0805	7. 气功热时代的“大师”包装术	个体越轨行为
0806	8. 萍乡官员曾亲授王林大师称号	政府机构（公务员）行为失当
	9. 内蒙古“情妇”反腐举报人身份造假	
0807	10.“放言房价低城市丢人”者非清华教师	个体越轨行为
	11. 网友质疑南京高速路旁种假树	政府机构（公务员）行为失当
0808	12.“点错鼠标误购华盛顿邮报”系恶搞	趣事奇闻
	13.“女囚死刑实录”实为色情电影剧照	趣事奇闻
0809	14. 首报万宁校长开房事件记者离职	政府机构（公务员）行为失当
	15.“山寨天安门”没了（辽宁绥中县造酷似天安门建筑）	政府机构（公务员）行为失当
0810	16. 登机无专车　头等舱乘客阻挡飞机起飞	个体越轨行为
0812	17. 瑞昌副市长回应“自家孩子被性侵，不会向政府要钱”	政府机构（公务员）行为失当
	18.“大师”走下神坛之后	个体越轨行为
0813	19. 警方：陈宝成等人浇汽油威胁人质安全　家属：警方设局让事态发展25小时后抓人	政府机构（公务员）行为失当
0814	20. 陈宝成家属呼吁公布25小时完整录像	
0815	21. 女警被指多年前冒名顶替上大学	
	22. 云南玉龙：“上雪山禁止自带羽绒服”通知无效	
0816	23. 不知LV是奢侈品（大理州安监局采购单）	
	24. 重庆检方发布远离职务犯罪APP	
0817	25. 黑龙江伊春现“最牛摆渡车”（伊春机场用卡车作摆渡车接送乘客）	趣事奇闻
	26.“西班牙47层高楼忘装电梯”系假新闻	趣事奇闻
0819	27. 宿迁否认“拆迁队将老人推入水塘”	政府机构（公务员）行为失当

（续上表）

<table>
<tr><th>日期</th><th>新闻标题</th><th>议题类型</th></tr>
<tr><td></td><td>28. 著名法医王雪梅宣布退出法医学会</td><td>名人动态</td></tr>
<tr><td rowspan="4">0820</td><td>29. 烟台慈善总会：赔偿由个人承担</td><td rowspan="6">政府机构（公务员）行为失当</td></tr>
<tr><td>30. 遂宁否认政府雇人砍伤拆迁户</td></tr>
<tr><td>31. 泰森：中国谁最能打？网友：当然是城管</td></tr>
<tr><td>32. 包头仲裁委员会官网　链接跳转赌博网站</td></tr>
<tr><td rowspan="2">0821</td><td>33. 陕西留坝县否认小学被改造成宾馆</td></tr>
<tr><td>34. 警方被指误登身份信息致网友变毒贩</td></tr>
<tr><td rowspan="2">0822</td><td>35. 教师未用毕业证要挟学生亲吻</td><td>个体越轨行为</td></tr>
<tr><td>36. 证实冒名考上中专（派出所女副所长）</td><td>政府机构（公务员）行为失当</td></tr>
<tr><td>0823</td><td>37.“程浩，愿你永远牛逼”（“知乎上最激励生者的故事”，程浩是位自幼饱受病痛折磨又无法治愈的网友）</td><td>趣事奇闻</td></tr>
<tr><td rowspan="3">0824</td><td>38. 李开复：我不认识网络推手</td><td>名人动态</td></tr>
<tr><td>39. 固始打黑民警寻衅滋事被停职</td><td rowspan="4">政府机构（公务员）行为失当</td></tr>
<tr><td>40. 贵阳急救车载客驶向 KTV</td></tr>
<tr><td rowspan="3">0826</td><td>41. 三亚部分网吧上网要签名按手印（政府部门的通知要求）</td></tr>
<tr><td>42. 公考总分第一　长得丑被淘汰</td></tr>
<tr><td>43. 一则特别的寻鞋启事</td><td>趣事奇闻</td></tr>
<tr><td rowspan="3">0827</td><td>44. 温州版“楼坚强”（坚持没被拆迁）</td><td>趣事奇闻</td></tr>
<tr><td>45. 高校否认鼓励新生“至少恋爱一次”</td><td>事业单位行为失当</td></tr>
<tr><td>46. 收费站工作人员苦练仪态遭调侃</td><td rowspan="2">政府机构（公务员）行为失当</td></tr>
<tr><td>0828</td><td>47.“表哥”杨达才案周五开庭审理</td></tr>
<tr><td rowspan="3">0829</td><td>48. 中国政法大学否认花 15 万“请”石头</td><td>事业单位行为失当</td></tr>
<tr><td>49. 方滨兴卸任北邮校长</td><td>名人动态</td></tr>
<tr><td>50. 派出所收上百万赞助费</td><td rowspan="2">政府机构（公务员）行为失当</td></tr>
<tr><td>0830</td><td>51. 网友错发交通事故死亡人数被拘</td></tr>
</table>

根据上表数据，我们可以发现，《网眼》在 2013 年 8 月共出刊 26 次，刊出

51条报道，平均每天刊登新闻接近2条，在全部51条新闻中，属于政府机构（公务员）行为失当的报道有30条，占58.82%；属于个体越轨行为的有9条，占17.65%；排在第三位的是趣事奇闻，有7条，占13.73%；名人动态有3条，占5.88%；属于事业单位行为失当的有2条，占3.92%。具体见下表：

表4.4 《网眼》栏目中各类新闻占比统计

	政府机构（公务员）行为失当	个体越轨行为	事业单位行为失当	名人动态	趣事奇闻	总计
新闻条数	30	9	2	3	7	51
占百分比	58.82%	17.65%	3.92%	5.88%	13.73%	100%

由上可知，《网眼》栏目的选题表现出明显的倾向性，其主要聚焦两大类议题：一是社会失序，政府机构（公务员）行为失当、事业单位行为失当、个体越轨行为均在此列；二是趣味故事。换言之，《网眼》的选题旨趣在于：关注冲突、反常与趣味。而在有关社会冲突的议题中，政府机构及其工作人员的负面议题成为重中之重。可见，从客体议程设置的层面来看，《网眼》的主要指向为失序行为与奇闻逸事，而政府机构及其工作人员的失当行为成为最主要的关注客体。

（二）质化分析：《网眼》栏目的属性议程设置

在分析了《网眼》栏目的客体议程设置特征后，我们进一步深入新闻报道的内容中，探讨其在属性议程设置方面的特征。

先看有关政府机构（公务员）行为失当的报道，在此类报道中，记者呈现了何种图景呢？

其一，对百姓疾苦无动于衷，冷漠无情。在报道中，我们看到了这些场景：面对老人下跪，四川广元市城乡规划和住房保障局房管处处长欧昌福面带笑容，神情自若；面对家有孩子被性侵的百姓，江西瑞昌副市长大言不惭，说“自家孩子被性侵，不会向政府要钱”；江苏宿迁拆迁队员涉嫌将老人推入水塘；四川遂宁政府涉嫌雇人砍伤拆迁户……

其二，贪图享受、滥用职权。在报道中，读者看到：上海法官集体嫖娼、江西萍乡官员曾亲授王林大师称号、陕西省渭南女警冒名顶替上大学、云南大理安监局采购LV、内蒙古包头仲裁委员会官网链接跳转赌博网站、贵阳急救车载客驶向KTV、公考当中的不公平、派出所收上百万赞助费……

再来看有关个体越轨行为的报道。在此类报道中，我们看到了以下图景：气功大师装神弄鬼、歌手扬言炸市建委、因登机无专车头等舱乘客阻挡飞机起飞……戾气、自私、非理性是这些新闻所呈现出来的某些社会个体的主要品性。

至于奇闻趣事，则更多地致力于满足读者的好奇心，带有戏谑与搞笑的成分，追求娱乐性：以性和犯罪为卖点的所谓“女囚死刑实录”实为色情电影剧照、纯属恶搞的“点错鼠标误购华盛顿邮报”、让人啼笑皆非的黑龙江伊春“最牛摆渡车”、读来让人忍俊不禁的寻鞋启事，还有其他感人至深的励志故事……

四、“瓜农之死”报道个案分析

（一）事件背景

网友报料称，2013 年 7 月 17 日上午 10 时左右，湖南临武县莲塘村瓜农两口子在县城文昌路桥头卖西瓜，丈夫被临武城管暴力执法打死，老婆被打住院。

17 日下午，临武县官方通报称，临武县城市管理行政执法局工作人员在执法过程中，与南强镇莲塘村村民邓正加发生争执，邓正加突然倒地死亡。

18 日下午 4 时 15 分，临武县委县政府举行新闻通气会，会上临武县公安机关称已经控制了涉事的城管队员，初步调查情况显示，城管队员没有如外界所称“用秤砣砸邓正加”。同时，临武县长贺遵庆代表县委县政府对死者邓正加表示沉重哀悼，对死者家属表示慰问，对事情发生表示深深歉意。

19 日，临武县常务副县长段外宾针对“抢尸”进行回应称，18 日凌晨警察并非抢尸，而是协助家属运送尸体。他说，此举得到了大部分家属的协商同意，原因有三：根据当地风俗，家属有意让邓正加回家土葬；近日天气炎热，不利于尸体保存；事发地为公共场所，人员密集，停尸该处会影响其他群众生活。

20 日，临武警方以涉嫌故意伤害罪，对涉及瓜农邓正加死亡事件的廖卫昌、袁城等 6 名城管工作人员实施刑事拘留。同日，临武县召开常委会决定，免去城市管理行政执法局局长、党组书记胡郴和分管执法的党组副书记邹红卫的职务。[①]

2013 年 7 月 18 日至 7 月 24 日，南都对该事件进行了连续追踪报道，共刊发 7 篇新闻报道，4 篇评论，具体情况见下表：

表 4.5　南都“瓜农之死”事件相关报道情况一览表

日期	标题	体裁	版位
0718	网曝湖南临武县城管当街打死瓜农 官方：争执中突然倒地死亡	新闻	网眼

① 转引自：朱明刚：《湖南临武瓜农死亡事件舆情分析》，人民网，http://yuqing.people.com.cn/n/2013/0726/c210118-22340892.html，2013 年 7 月 26 日。

（续上表）

日期	标题	体裁	版位
0719	瓜农之死：以抢尸应急，靠什么求真相	社论	社论
	临武县长：尚无证据证明瓜农被秤砣砸死 警方已控制 8 名涉事城管，尸检经家属同意昨日进行	新闻	网眼
0720	关注临武官员超编，实为推动真相调查	短评	社论
	瓜农之女微博加 V 后去 V　谴责变感谢 态度 180 度转变引发网友广泛猜测，当地村民透露家属获赔近 90 万	新闻	网眼
0721	瓜农之死：赔偿远非终点	短评	社论
	临武城管局长被免　六城管被刑拘 瓜农邓正加遗体初步检验显示颅内有伤，家属获赔 89.7 万元	新闻	国内新闻
0722	瓜农之死：真相不能退场，问责拒绝勾兑	社论	社论
	哈尔滨市道外区城管执法局人员与商贩发生冲突 打伤瓜农　城管被停职局长做检查	新闻	国内新闻
	打伤瓜贩城管又是临时工 城管局长称其为特勤人员，并无执法权只是协助执法	新闻	国内新闻
0724	死亡瓜农之女： “感谢政府”微博不是我发的	新闻	国内新闻

（二）客体议程设置

从客体议程设置的角度来考察，《网眼》首先要依据其自身的选择标准，从互联网空间中选择新闻素材，将符合该栏目要求的事件和议题挑选出来，在纸质报纸上加以呈现。众所周知，《网眼》记者与编辑每日面对的是无比广阔的网络空间上无法计数的网络事件与议题，将某个事件（议题）挑选出来加以报道，也就使这一事件（议题）进入主流传统媒体的平台，进而引发报纸读者的关注，其首次报道在功能上类似于个人微博的筛选转发。在首次报道后，根据事件的发展及报道所引发的社会反响，报纸将采取不同的后续处理：对于容量较小，影响不大的报道议题，将不再追踪；对于那些持续发展、社会影响面广的议题，则继续跟踪报道。根据情况不同，或进行第二次报道，交代结局，或加大力度，进行连续追踪报道。如果说首次报道在功能上类似于微博平台的筛选转发，那么后续追踪报道则类似于微博平台的力挺置顶。

由此，我们可以概括出《网眼》在客体议程设置层面所采用的策略：筛选转发—力挺置顶。通过“筛选转发”使网络议题进入报纸平台，引发读者关注；通过后续追踪报道使议题进一步扩散，保持并提升议题的关注度。

具体到“瓜农之死”这一报道个案，南都于2013年7月18日在《网眼》版对此事进行了首次披露，这可视为筛选转发；在随后的一周内，进行持续追踪，连发7篇新闻报道，4篇评论。7月19日后所刊发的后续报道与评论起到了添柴加油的作用，可视为“力挺置顶”。

对其刊发的新闻报道加以考察后可以发现：首篇报道的新闻素材主要来自网友在微博上的报料，随后所刊发的报道则属于记者进入事件现场的自采素材。另外，从新闻刊发的版位来看，在前3天，相关报道刊发于《网眼》版，自7月21日起，报道转向刊发于常规性的国内新闻版。即是说，“瓜农之死”由一个一般性的报网互动栏目选题转向了常规性栏目选题，报道生产也由简单的电话核实网友报料转向记者进入现场采集新闻。由此，报道的生产与刊发完成了接手与转换。通过这一个案，我们看到了报网互动版（《网眼》）与常规性版面（国内新闻版）之间的联动，也看到了简单的印证网络素材与常规性的现场采集手段之间的联动。经由这种联动，“瓜农之死”报道被纳入报纸的传统新闻生产轨道。

（三）属性议程设置

1. 通过评论直接发言，对事件进行阐释与定义

7月19日，针对此事刊发首条社论，题为“瓜农之死：以抢尸应急，靠什么求真相”，该篇社论由民间与官方有关瓜农之死的不同说法切入，驳斥官方关于“瓜农突然倒地死亡”的说法，文中有言：

> 人死了，前一刻钟还在卖西瓜的摊贩，遭遇城管执法和“争执”后，“突然倒地死亡”。闹市里的命案，想来一定众目睽睽，媒体所呈现的目击者说法，显然比官方一句“突然倒地死亡”要丰富得多。官方通报中的“争执”，目击者表述为“城管用秤砣打，用脚踢”，而且有城管还说“要打就打死”。不难判断，这种看似只是汉语表述用词选择上的不同，实质透露出怎样的态度。

在媒体所呈现的目击者说法（瓜农被打死）与官方所说的“突然倒地死亡”之间，社论显然倾向于前者。

在瓜农死亡之后，又上演了一场抢尸大战，对于事件经过，同样存在官民分歧：

> 就在记者被打后不久，7月18日凌晨，在警方与死者亲属、村民之间还上演了一场尸体争夺战。据《新京报》报道，深夜两点，警察“手持警棍和盾牌”驱

散人群，不少现场围观者被打受伤，尸体被抢走。这些第一时间就在互联网广泛传播的情节与现场图片，在昨日下午的新闻发布会上，被表述为“由于沟通不畅，发生了一些冲突，造成了不良影响”。神奇的汉语！

与在有关瓜农死因的争议中的站位相类似，社论同样选择了支持媒体所报道的警察暴力抢夺尸体的说法，驳斥临武政府的解释。

在社论的倒数第二段，还对政府的行为进行了直接的批评：

如果从一开始就主动抛弃中立调查的身份，介入事件甚至主动激化矛盾，地方政府的那点公信力究竟能扛得住几轮的消耗？公共事件的处理，不可能是模式化的应急，更不该在此种模式中嵌入激化矛盾的思路，那些冠冕堂皇的措辞，那些粗暴以对的应急思路，需要彻底地反省。

综上所述，在南都所刊发的首条评论中，对事件进行了基本定性：瓜农是被打身亡，事件发生后，官方粗暴应对，警察暴力抢夺尸体，政府刻意隐瞒真相。

7 月 20 日，社论版刊发短评，题为“关注临武官员超编，实为推动真相调查”。此篇评论由事件的新进展（媒体报道临武县政府官员超编）而起，对政府继续展开批评：

回顾事件的发酵过程，不难发现，它之所以引发如此大的舆论反响，当地粗暴处理、强力维稳的做法极为关键。恶性事件加上官僚化的应对，吸引了义愤填膺的围观者，按照民众的预期，接下来的真相调查及后续问责，显然不能敷衍了事，涉事政府部门乃至地方行政长官都须为此付出代价。

近年来，县域的官民冲突事件越来越频繁，基层政府的腐败事件亦层出不穷，超编现象背后或展现了基层的常态政治痼疾，就当前事件推动真相调查之余，对痼疾理应有所重视。

如果说前一天刊发的社论主要在于界定事实，此篇短评更多地转向了分析原因。细读短评的表述后可见，南都的基本观点在于：事件背后的直接原因为当地政府的粗暴处理、强力维稳，深层次的原因则是由官员超编所反映出来的所谓“基层的常态政治痼疾”。

7 月 21 日，社论版刊发短评，题为“瓜农之死：赔偿远非终点”，短评由当地政府与邓家达成赔偿协议、处置相关涉案人员为新闻由头，进一步问责：

对于公众而言，这起悲剧并非仅仅与邓家相关，之所以引发如此大的关注，更与每个人息息相关。具体地说，它关乎城市小贩的生存境遇；抽象地说，它关乎公民的尊严和权利。

所以，“瓜农之死”不仅仅是一个家族的悲剧，还是一起引人关注的社会事件，当地政府所应负责的对象决不仅仅是邓正加的家人，还应是全体公众。眼下，针对邓家的赔付事宜已经基本落定，而对公众的交代则也需要尽快给出。如前所述，警方昨日已经对涉事的城管进行刑拘，而接下来，等待头颅内有瘀血的死者尸检报告出来后，刑事诉讼当尽快跟上。

通过此文，南都将这一孤立的事件与普遍的社会矛盾相联结，将其普遍化为一个关乎公民尊严和权利的事件，从而与公共利益相关联，并由具体的对真相的探寻与问责转向了普遍性的深层问责。

7 月 22 日，承接前一天的短评与事由，针对事件面临围观退潮的状况，南都再次刊发社论，题为“瓜农之死：真相不能退场，问责拒绝勾兑”，当中有言：

如果说瓜农邓正加的“突然倒地死亡”是此次事件的第一重危机，则之后的抢尸体、打记者事件，则是让事件进一步升级的最主要诱因。而今，对事件的处理、问责仅仅围绕“城管打瓜农致死”这一初始的情节展开，动用防暴警察让新冲突上演、让个案矛盾激化的相关责任，却被低调冷处理，这显然并非完整、有诚意的善后。

除了几个在一线动手的城管，还有谁该为此负责呢？

社论观点明确：真相尚未彻查，问责仅停留于一线打人的城管，事情不能就此草草了结。

综合以上分析，评论作为编辑部表态的重要手段，在属性议程设置的层面，起到了阐释与定义的作用。通过评论，南都指认了基本事实——瓜农被城管打死、警察抢夺尸体，阐释了背后的原因——政府粗暴执法、强力维稳，定义了事件的基本性质——关乎公民尊严和权利的官民冲突，表达了态度——彻查真相，问责到底。

2. 官方形象的负面呈现

如果说评论是编辑部直接发言，对社会事实进行阐释与定义，那么新闻报道便是直接描绘社会图景，在《网眼》版所刊发的有关“瓜农之死”的 3 篇报道中，记者是如何描述社会事实，又是如何呈现官方形象的呢？且让我们一一加以考察。

7月18日刊载关于此事的首条新闻《网曝湖南临武县城管当街打死瓜农　官方：争执中突然倒地死亡》，报道的消息来源如下：网友“临武何建勋”、死者妻子的妹妹黄女士、自称死者是他叔公的网友“林纯浩”、死者的一名黄姓亲属、临武县警方、临武新闻网。

主体新闻稿1 177字，导语136字，来自民间消息源的段落共829字，来自官方消息源的段落共212字。事件现场的情景与冲突发生的经过都是根据民间消息源的说法加以呈现，其中，最核心的两个段落如下：

死者妻子的妹妹黄女士告诉南都记者，姐姐和姐夫二人都是农民，种了60多亩地，昨日姐姐叫自己来帮忙卖西瓜，正在摆摊，十几个城管开车来，“一句话都没说，下车就把西瓜和秤拿走了”。她姐姐想去抢回来，几个男城管就过来抓住了她。她劝姐姐不要去，“算了，不要了”。其姐夫站出来想要阻拦，“被城管用秤砣打了，用脚踢，人还剩一口气的时候，有城管还说‘要打就打死’”。随后，城管开车离开。

另一位自称死者是他叔公的网友“林纯浩”在腾讯微博上说，他叔公当时在临武大道摆摊卖西瓜，被城管以无着装、无证经营为由罚款100元，并搬走一些瓜。他叔公上前阻拦，并与城管发生推搡。随后，其将西瓜摊转移到舜峰镇政府门口。10时左右，10多名城管赶到，叔公“被城管活活围殴致死”。①

黄女士与网友“林纯浩”的说法构成了相互印证，也建构了主体事实——瓜农被城管活活打死。与民间消息源所提供的丰富的现场与细节信息不同，来自官方的回应则简单且含混：

昨日下午，临武县警方在接受南都记者采访时称，网帖是群众擅自发的，事后警方已立即派人到现场，目前正在按程序调查。16时49分，临武县委、县政府主办的临武新闻网通报该事件称，当日上午，临武县城市管理行政执法局工作人员在执法中与邓正加发生争执，“邓正加突然倒地死亡”。

7月19日，《网眼》版刊出第二条新闻，题为“临武县长：尚无证据证明瓜农被秤砣砸死　警方已控制8名涉事城管，尸检经家属同意昨日进行”，报道的消息来源有：死者女儿邓素丹、在事发地附近载客的摩的司机张海洋、另外两名

① 张书舟、黄永捷：《网曝湖南临武县城管当街打死瓜农　官方：争执中突然倒地死亡》，《南方都市报》，2013年7月18日。

目击者、《湖南日报》官方微博。

报道第一部分首先呈现了最新动态——尸检现场的情景；第二部分，主要根据死者女儿的描述，还原了18日凌晨所上演的抢尸大战；第三部分，主要依据摩的司机张海洋的说法，再次描述了瓜农被打死的过程；第四部分则突出家属要求公布现场录像监控被拒。

全篇报道1 833字，属于官方回应的占212字，其余均为民间消息来源所提供的信息，尤其是第二部分与第三部分，是整篇报道的主体，占1 053字。通过对死者女儿及目击者张海洋说法的转述，一方面呈现了警察暴力夺尸的新进展，另一方面则为瓜农被打死之说补充了细节性事实，而来自官方的回应则像前一天一样苍白：

临武县县长贺遵庆在昨日的发布会上表示，"目前尚无证据证明邓正加是被秤砣砸死"。

7月20日，《网眼》版刊出第三条新闻，题为"瓜农之女微博加V后去V 谴责变感谢"，这篇长达3 318字的报道分成了五个部分：第一部分小标题为"'协助运送'成热词 政府网站被黑"，是村民对警方抢夺尸体、殴打平民的叙述，其中有这样的描述：

邓高才指着其仍有瘀青的右臂告诉南都记者，"他们冲过来就打，胳膊上和背上都被打伤了。我被打趴下后，他们就把我丢在了一边，尸体就被抢走了"。另一位被打的老人周兴兴说，他今年83岁，和邓高才一样都是守护尸体的最后一道防线。他回忆，在被打倒后，他被警察从人群里拖了十来米远。

采用直接引语，通过村民的口述，对政府所谓"协助运送"尸体的说法构成了有力的驳斥。

报道第二部分小标题为"临武拥28名政府领导 被指严重超编"，转述《华商报》的报道，指临武县政府有28名领导，涉嫌超编。报道第三部分小标题为"认证有又无 邓女态度转变引猜测"，暗指政府对瓜农女儿施加压力，操控其个人微博，迫使其在微博上进行违心表态。报道第四部分小标题为"县委书记之子被疑违规任职 回应未上任"，该部分报道了网友发掘的新消息，指临武县委书记之子范溦曾在其父运作下，"荣登宜章团委书记正科级的宝座，成为湖南最年轻的正科干部，年仅23岁"。报道第五部分小标题为"瓜农已下葬 村民：政府催得紧"，借村民之语，指控当地政府对邓家施加压力，迫使邓家于19日下午将死者下葬。

综观《网眼》版针对此事的3篇报道可见，记者在消息来源使用上存在民间消息来源偏向，即报道以民间消息来源为主；从报道的具体内容来看，对民间消息来源所提供的事实与场景的记述构成新闻报道的主体部分，来自官方的消息与回应不仅在篇幅上少，且往往成为质疑的对象。在这3篇新闻中，对官方形象予以了明显负面的呈现：在事件过程中殴打百姓、抢夺尸体、操控家属、欺骗公众；平日里则是领导成员超编、以权谋私、任人唯亲。

至此，我们已完成了对“瓜农之死”报道个案的考察，研究发现可简要概括如下：在客体议程设置层面，通过“筛选转发”，“瓜农之死”事件得以呈现在报纸读者面前，通过后续追踪报道与评论，南都对事件给予了“力挺置顶”，使其在读者面前不仅保持热度，而且继续升温。在属性议程设置层面，则主要依赖民间消息来源所提供的信息对事实与场景加以描绘，凸显了官方的负面形象。

3. 研究发现

作为报网互动栏目，《网眼》乃报纸呈现网络议题的橱窗，其在选题上主要倾向于社会失序与社会冲突，尤其偏向于呈现政府机构及其工作人员的失当行为，从实质上看是借助网络平台的开放性，冲破了传统的信息控制，实现了主要针对政府权力的监督，发挥了媒体作为公共利益看门人的功能。

第四节　小　结

本章第一小节，笔者立足中外既有文献，先从理论上梳理了报纸、新闻与社会公共生活的应然关系。研究发现，报纸与新闻一方面可以发挥服务于民主政治的功能，另一方面也可以发挥共同体建构的文化功能：通过报道与评论，增进社会成员之间的相互理解，凝聚社会共识。具体到当代中国，保障“四权”是中国建设社会主义民主政治的题中应有之义，包括报纸在内的大众传媒正是保障公民“四权”的主要手段。因此，除了发挥建构社会共同体的文化功能之外，当代中国报纸最主要的政治功能就是：通过报道与评论，尽可能保障人民的知情权、参与权、表达权和监督权。

本章第二小节，立足南都有关“39号文”的报道，分析新媒体生态环境下，报纸如何推动政府信息公开，保障公众“四权”。研究发现，在这场促请政府信息公开的社会政治运动中，作为都市报的南都更多地扮演了监督政府的角色而非为政府排忧解难、宣传引导的角色，该报与民间意见人士主动结盟，协同默契，甚至直接成为民间意见人士的喉舌，共同推进促请政府信息公开的社会运动。

本章第三小节，继续立足南都，应用议程设置理论，对新型的报纸新闻品种——南都报网互动栏目《网眼》进行了整体与个案考察。研究发现，《网眼》借助网络平台的开放性，绕过了传统的信息控制，实现了主要针对政府权力的监督，发挥了媒体作为公共利益看门人的功能。

综上所述，就报纸的现实表现来看，新媒体环境下，受众的权利意识、表达能力有明显的提升，表达渠道也更为通畅，报纸也获得了更为开放的空间，有可能更主动地介入社会公共生活，发挥其议程设置、形成舆论的功能，进而影响公共事件的走向，促进社会变革。与此同时，需要引起注意的是：政府的传统信息管理手段已部分失效，难以应对新媒体环境下的复杂舆论局面。

第五章

总结与讨论

第一节　总结：主要发现及有待进一步研究的问题

一、主要研究发现

在第一章导论部分我们曾阐明，本书所提出的主要问题是：在报网之间由互动走向融合的背景下，报纸的新闻生产机制发生了何种变化？这种变化带来了何种社会效应？对社会公共生活构成了何种影响？

我们的考察是从中观层面开始的，即首先从报社机构调整和新闻生产流程管理变革两个方面展开研究。研究发现，自20世纪90年代末以来，报社组织机构调整大致经历了两个阶段：一是报网互动时代，主要举措为设置附属网站平台，机构调整主要发生在发布与反馈环节；二是全媒体时代，主要举措为搭建多元平台，此阶段的调整不再是局部的与附属性的，而是全方位的、贯穿采编全流程的变革，报社尝试多种路径，企图找到传统纸媒在数字化时代的生存路径。

在报社机构调整的同时，报纸新闻生产流程管理也出现了诸多新变化：其一，消息源管理方面，实现全天候网络信源监控；其二，报纸编前会出现“网络迁移”趋势，微信成为新闻生产与管理的新型组织方式；其三，新闻产品质量体系方面，拓展出包括故事新闻、数据新闻在内的众多新品种；其四，绩效考核奖惩体系方面，由于新媒体平台的崛起，传统考核方案面临一定冲击，新考核方案协商制订过程则呈现了利益再分配的博弈。

在完成中观层面的考察之后，我们接着从微观层面考察了新媒体对纸质报纸新闻生产过程的冲击，进而在理论上分析了新媒体时代报纸新闻生产常规所发生的变化。研究发现：其一，在新闻发现阶段，网络信源占据重要位置，信源结构呈现平民化、草根化趋势；网络信源地位的上升，也导致了报纸人力资源分配的变化，报纸突破以往“条线分配”的新闻网编织办法，创办新的报网互动版面，设立专门的新媒体报道小组，实现24小时分段布控，架设网端新闻事实网。其二，在新闻选择阶段，新闻价值标准发生了一些引人注目的变化，公共性、失范性、网络关注度被纳入考量。其三，在新闻制作阶段，新媒体环境下，时效性要求进一步提高，新闻生产周期被进一步压缩，动态新闻追求即时性生产；在采编过程中，网友以多种方式介入，包括辅助新闻采访贡献原创内容、赢得“直接引语”的文本表达机会等。其四，在新闻的文本结构方面，常规性报道新闻开掘的中心要素由“4W”向“Why + How”转型，即更加注重新闻的深度开掘；针对网友的积极姿态，记者采取改变采编规则的策略，主要有以网友形式制造“最”字噱头，“网端模块式”文本结构确保了网友表达空间，以及对网友自主生产内容给予“加冕认证”；针对网络事件的复杂化，探索出适合其特质的报道类型，实行了新的新闻类型化处理。从整体上看，笔者认为，这些变化尚属“常规修订”，只是改变了报纸新闻生产的某些流程。

在完成对新闻生产变革考察的基础上，我们尝试通过两个典型个案，探讨新媒体环境下公众参与报纸新闻生产及公共议题生成的特点，以回应新媒体环境下报纸、新闻与社会公共生活之间的关系所呈现出来的新特点。研究发现：新媒体环境下，公众与报纸均获得了更为开放的表达空间及更为顺畅的表达渠道，公众有机会更主动地介入社会公共生活，发挥其议程设置、形成舆论的功能，进而影响公共事件的走向，促进社会变革。

二、有待进一步研究的问题

迄今为止，新媒体技术还在不断发展，报业的数字化转型尚在路上，相关问题也有待进一步求解，回顾我们已进行的研究，虽然有了上述发现，但仍然存在不足，在研究的深度和广度上都还有待进一步开掘与拓展。具体而言，本书有待进一步研究的空间有：

其一，在机构调整与新闻生产流程管理变革方面，国内外报业正在发生哪些变革？将要发生哪些变革？

其二，报社的新变革将对报社新闻生产产生何种影响？将如何修订新闻报道常规？我们之前在微观层面的考察还是立足于纸质新闻产品生产流程的变革，换句话说，我们之前考察的新闻生产变革还是纸质本位的，但正在发生及将要发生的变革，已经呈现出新的气象——全媒体本位的、颠覆性的变革，即纸质报纸及刊载于其上的新闻产品让位于移动互联网的全媒体新闻产品。当传播渠道、新产品形态、受众新闻接触方式发生全方位的变化之后，新闻生产方式也必将产生全方位的变化，因而可供进一步研究的问题可能就是：移动互联网环境下的全媒体新闻产品生产研究。

其三，从公众参与和议题形成的角度，可以进一步提出的问题就是：媒体技术变迁所带来的新闻业变迁将对社会公共生活带来何种影响？在技术革命的大时代，面临生存压力的媒体是否还能承担起作为负责任的公共传播者的角色？技术究竟是福音还是灾难？

其四，有关媒体使用角度的研究有待展开，本书的考察还是传播者和生产者本位的考察，从受众或者说用户的角度所展开的考察依然稀缺。从这一角度出发，有待进一步回答的问题就是：当今时代，谁在读报？他们如何读报？他们如何介入报纸新闻的生产与再生产？再进一层就是：移动互联网时代，公众通过何种渠道接触新闻？他们如何使用新闻？如何介入新闻的生产与再生产？

第二节 讨论：报纸向何处去

一、艰难的转型

2015年2月3日，中国互联网络信息中心（CNNIC）在京发布《第35次中国互联网络发展状况统计报告》（以下简称《报告》）。《报告》显示，截至2014年12月底，我国网民规模达到6.49亿人，互联网普及率为47.9%。我国手机网民规模达到5.57亿人，较2013年年底增加5 672万人，网民中使用手机上网的人群占比提升至85.8%。[①]

伴随着互联网与新媒体的一路狂奔，作为传统媒体老大哥的报纸则日渐式微，危机频现：发行量下降、读者流失、广告收入下降、社会影响力下降等成为主要的表征。《中国报业》发布的最新研究报告显示："2014年报业传统经营业务下滑的趋势没有改变，1—11月报纸广告下降17.7%，为近年来的最大降幅，报业广告收入相比2011年减少三成；全国报纸发行总量环比下降超过10%，市场类报纸发行量锐减，读者加速向新媒体分流；报纸关停休刊、人才跳槽离职的消息也不时刺激着人们的神经。"[②]

放眼世界，情况并不乐观。2013年10月在柏林召开的世界报业协会第65届报业大会公布的数据显示，2001年到2012年，人们获取新闻的途径，通过报纸的比例从46%降至26%，通过互联网的比例从13%升至44%；与此同时，全球报纸广告收入从443亿美元下跌到195亿美元，同一时段，谷歌的广告从开始的1亿美元猛增到460亿美元。[③]

以世界报业头号强国美国为例，根据皮尤研究中心卓越新闻项目发布的研究报告《新闻媒体现状》（*the State of the News Media*）显示，报纸不仅受到广告商越来越少的投资的影响，而且有越来越多的读者和广告商正在转向网络媒体。美国网络广告收入在2010年超过了传统报纸的广告收入。这个研究同时还发现，46%的美国受众称他们每周至少上网浏览新闻3次，而40%的人称他们从报纸和辅助网站上获取新闻。到2010年为止，报纸广告收入已经连续四年下降，达到了46%，为228亿美元，而其中还有30亿美元来自报纸网站的广告收入。[④]

---

① 中国互联网络信息中心（CNNIC）：《第35次中国互联网络发展状况统计报告》，http：//www. cnnic. net. cn。

② 胡线勤、张晓燕、邓应华：《2014中国报业大盘点》，《中国报业》2015年第1期。

③ 卫蔚：《"这是最好的时代，这是最坏的时代"：来自世界报业协会的最新信息》，《新闻记者》2013年第11期。

④ 雪婷编译：《网络读者和广告收入首次超过传统报纸》，凤凰网，http：//tech. ifeng. com/internet/detail_2011_03/14/5139759_0. shtml，2011年3月14日。

美国著名新闻研究机构波因特学院（Poynter Institute）的一项调查显示，截至2010年年底，互联网超越报纸，成为美国人的第二大新闻来源；互联网广告收入也超过报纸。调查显示，在过去24小时内，有34%的受访者上网阅读新闻，而阅读报纸的只有31%。41%的受访者从互联网获取大多数新闻，而从报纸获得的只有31%。在18岁至29岁的受访者中，有65%表示互联网是他们的主要新闻来源。电视仍是最受欢迎的新闻来源，与广播、报纸和互联网相比均有明显优势，广告收入也最高。互联网是第二大新闻来源，与广播持平，但其广告收入明显高于广播和报纸。此外，互联网是唯一一个连年增长的媒体，其他三种媒体的受众数量都在下滑。从整体来看，文本新闻正在衰落。只有40%的人表示，会阅读纸质或电子版报纸。这一数字比五年前下滑12%。从互联网上获取新闻的人约有50%。去年，互联网广告收入首次超过报纸，达258亿美元，比2009年增长13.9%。其中，搜索广告占据主导地位。①

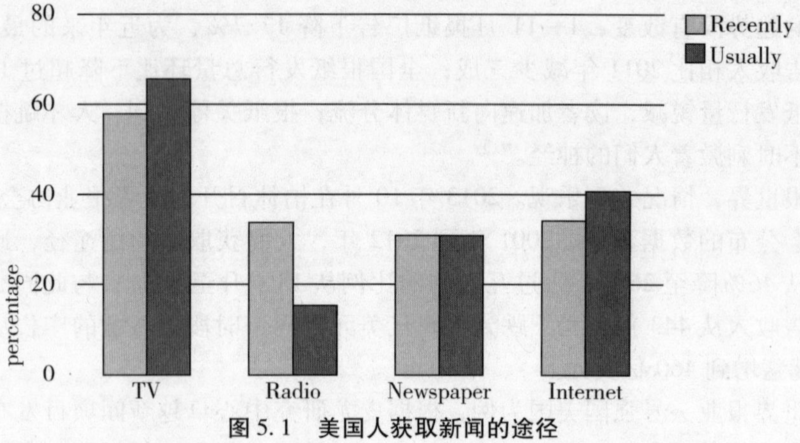

图5.1　美国人获取新闻的途径

2012年，美国的整体经济环境有了缓慢复苏，但报业却没有从中得到多少收益。纸媒广告业务连续第六年下滑，而且下滑幅度不小——它的行业规模下跌了大概15亿美元，下跌幅度为7.3%。报业用户的流失速度非常惊人，继2011年用户数缩减4%之后，在2012年继续缩减了0.2%。报业是近年来用户数量持续缩减的唯一媒体。用户数量减少，导致报业收入降低，运营困难，继而导致报业裁员，而裁员又令新闻内容质量下降，于是失去更多用户。②

① 彦飞：《调查称互联网超越报纸成为美国人第二大新闻来源》，新浪科技，http://tech.sina.com.cn/i/2011-03-15/14345288017.shtml，2011年3月15日。

② 贾金玺、马可：《读者仍然需要新闻：2013年美国新闻媒体报告》，《新闻记者》2013年第5期。

2013 年 8 月，美国报业数宗大型并购案引发全球性关注，在短短不到一周时间内，IBT 收购《新闻周刊》，纽约时报集团以 7 000 万美元出售《波士顿环球报》，亚马逊创办人斥资 2.5 亿美元收购《华盛顿邮报》等。这些并购案中，历史悠久的传统媒体正处于发展的瓶颈期，因此它们亟须通过并购突围，谋求向以网络为代表的新媒体转型。

三宗并购案具有强烈的象征性意义。《新闻周刊》是世界知名的新闻杂志，其历史达 80 年之久，收购它的 IBT 则集中发展电子媒体出版业务，IBT 负责人宣称，《新闻周刊》今后只出版网络版。作为一份世界知名的美国报纸，《华盛顿邮报》已有 66 年发展历史，而出资将其收购的则是 IT 业界的领军人物——亚马逊创办人兼行政总裁贝索斯。被贱卖的《波士顿环球报》在纽约时报集团旗下曾 8 次获得过普利策新闻奖，是美国东北部最负盛名的报纸之一，但其苦苦挣扎了 20 年，始终无法改变发行量下降和营业收入下滑的现实，这是公司价值大幅缩水的最直接原因。①

在新媒体的冲击下，世界各地报业开始了艰难的数字化转型，其中，主要的探索有：全媒体战略、数字内容付费、创办线上报纸等。

1. 全媒体战略

近年来，我国多家报业集团在全媒体转型方面展开了积极的尝试，并取得了一定的成果，《广州日报》《东方早报》和《南方都市报》近年来的最新探索尤其引人注目。

2014 年年底，广州日报报业集团成立中央编辑部（俗称“中央厨房”），并以此为依托调整了顶层设计、组织机构、采编流程和管理考核体系，尝试建立一体化运作的全媒体内容生产体系，推动形成“你中有我，我中有你”的新旧媒体融合格局。

2014 年 7 月 22 日，隶属于上海报业集团《东方早报》的澎湃新闻正式上线，同时推出 APP 客户端、网站和手机网页版，遵循“新闻 + 思想 = 澎湃”的新闻生产公式，尝试打造平面媒体和新闻思想原创的最大平台，引发业内外巨大反响。

2015 年 4 月 15 日，《南方都市报》正式推出“并读新闻”客户端，其自我宣称的创新点在于：“作为全球首家‘读者获利’的新闻平台，‘并读新闻’的定位是‘有趣有用有钱赚’。除了人性化的阅读体验与快人一步的内容，它还将新闻嵌入社交场景，具有‘阅读即享现金收益’等创新元素，是一款为都市白领及年轻人群量身定制的新型新闻客户端。”② 其推出的概念是“新闻 + 社交 + 赚

① 吕锦明：《美国报业大甩卖　传统媒体艰难转型》，《证券时报》，2013 年 8 月 7 日。

② 《读新闻就赚钱　并读新闻正式上线啦》，《南方都市报》，2015 年 4 月 15 日。

钱”，企图通过全功能覆盖来吸引广告商青睐的都市白领群体。

2. 数字内容付费

在这方面，美国报业的探索最富成效。据统计，截至2012年3月，全美已有约150家报纸设立了不同形式的付费墙。根据皮尤研究中心发布的美国媒体2011年年度报告显示，在报业方面，数字内容的付费趋势更加明显。预计到2012年年底，美国1 400家日报中约有20%将对数字内容进行收费。

与初设之时相比，美国报业付费墙模式已经有所改变，即由最初单一的“硬付费”模式改为多种方式结合的付费墙模式。既有完全将读者与报纸数字内容隔离的硬付费墙模式，又有包括计量付费、残缺吸引、捆绑订阅、微支付等多种形式在内的软付费模式。①

在设立付费墙方面，《纽约时报》可谓执牛耳者。2005年9月，《纽约时报》网站首次设立付费墙，订阅费用为每年49.95美金或每月7.95美金。由于网站收费导致网站访问量的大幅下降，该报网站又于2007年9月暂停了对网站绝大部分内容的收费。2011年4月，《纽约时报》网站正式实施计量付费模式，允许用户每月免费浏览20条新闻。2012年4月，《纽约时报》已将免费浏览量减少到每月10条。该报的付费墙被认为不仅是“软”的，而且是有漏洞的，因为它允许社交网站链接该报的所有新闻，用户通过社交网站的链接进入该报网站是免费的。此外，如果通过搜索引擎，每天最多可免费浏览25条新闻。另外，《纽约时报》还实施捆绑订阅，一方面，只订阅星期天版的订户只能看到当天报纸所有数字内容。另一方面，只订阅网站内容的用户则可以获赠每周的星期天版纸质报纸。②经过多年的探索和实践，《纽约时报》数字版付费实验终获成功：2012年拥有付费用户65万，报纸整体发行收入超过广告收入。③

3. 创办线上报纸

2008年3月，法国网络报纸《参媒》（*Mediapart*）诞生，这是一张自立门户、自成体系的真正的线上报纸，该报不刊登广告，而选择付费阅读模式，订费为每年90欧元；

在内容生产方面，它将报道具有普遍趣味的原创新闻作为其工作中心，坚守新闻专业主义路径，专注于反映真相、提供背景、解释原因和展望前景，追求调查报道和比传统报纸更深入细致的分析。其每天向订户提供3个版本，即9点、13点和19点各更新一次。受众可以免费进入显示新闻摘要的首页和主页，但要

① 余婷：《美国报纸网站付费墙的发展历程及模式探析》，《新闻记者》2012年第7期。
② 余婷：《美国报纸网站付费墙的发展历程及模式探析》，《新闻记者》2012年第7期。
③ 贾金玺、马可：《读者仍然需要新闻：2013年美国新闻媒体报告》，《新闻记者》2013年第5期。

了解详细内容只能通过付费订阅。

《参媒》致力于构建与读者的新型关系，注重吸引读者参与。这张报纸同时是一家俱乐部，读者可在其中自由地表达意见、报道新闻、推出讨论、激发争辩、促进思考。通过介入互联网上以个人媒介为象征的革命，《参媒》力图重建报纸与读者的关系：在一张明显体现编辑职业能力的报纸周围，开辟广泛的读者论坛，其自由的责任由读者承担。

《参媒》刚开始只有8 000个订户，然而不到两年半，就增加到4万个订户，扭转了经营亏损的局面。截至2013年7月，其订户已超过7.5万个，5年多增长逾8倍。它在2011年首度盈利之后，2012年营业额达到600万欧元，净利润为70万欧元，令人刮目相看。①

二、报纸魂归何处

面对新媒体的冲击，报业人士普遍感到担忧，许多事关报业生死存亡的重大问题悬而未决：报纸能否找到新的盈利模式？报纸将呈现何种形态？报纸将如何展开新闻生产？能否继续对社会公共生活产生影响？

探讨报业的未来，需要回到传统报纸生产与经营的基本模式，考察其产品形态、生产方式与盈利模式。

对于目前报纸的衰退，有学者给出这样一种解释：报纸的盈利依赖于对时空资源的垄断。互联网却突破了时空束缚而达成对旧有时空秩序的消融与瓦解，故报纸等传统媒体的衰落成为一种必然趋势。该学者详细解释说，报纸的版面和电视的时段分别是垄断性的空间和时间，其时空约束力体现在，版面空间和时段长度都因为容量限制而具有排他性。时空垄断带来的权力，给传统媒体带来了滚滚财源。任何想要分享时空以传播商业信息（广告）的企业商家，都必须付出高昂的代价，并同时不得不忍耐传统媒体生产方式所必然伴随的时空迟滞。报纸最快次日见报，电视必须等待相应栏目的固定播出时段。但是互联网的出现和发展为资讯的传播创设了全新的时空渠道，打破了传统媒体对时空的垄断，受众与传播者都获得了解放，互联网媒体也就逐渐蚕食了传统媒体的市场份额。该学者判断，从消解时空论的角度分析，传统媒体的未来自然清晰可判。互联网新媒体强大的消解时空能力必将侵蚀传统媒体的立身之基，打破传统媒体的时空垄断以取而代之。而传统媒体中依然拥有独特内容优势或者体验优势的一小部分也将以小众的姿态继续存在，但再也无法回到号令天下的尊荣岁月了。②

---

① 张子让：《重塑21世纪的报纸：法国付费网络报〈参媒〉的成功之路》，《新闻记者》2013年第9期。

② 李新涛、陈禹安：《从消解时空论看传统媒体未来——消逝与回归：一些传统纸媒、电视栏目的复出与调整意味着什么》，《中国记者》2014年第6期，第37～38页。

综观传统报纸，就产品形态而言，其所提供的是文字为主、文图结合的静态纸质新闻产品。至于生产方式，则涉及组织架构、流程管理、生产过程等方面。传统的报社由采编部门与经营部门组成，采编部门负责新闻产品的生产，经营部门负责报纸发行与广告经营。流程管理方面，则建立了一套完整的体系，包括消息源管理、编前会制度、新闻操作指引制定、常规值班与临场指挥制度。承担新闻生产的主体是报社的记者与编辑，他们秉持宣传理念或新闻专业理念，遵循新闻生产惯例，自主完成新闻产品的制作。盈利模式方面，则主要通过产品内容吸引读者，进而吸引广告商，从而获取发行收入与广告收入，而大多数报纸都实施了广告贴发行的经营方式，即主要依靠广告收入作为报纸的财源。

在新媒体的冲击下，传统的报业生产与经营模式难以为继，发生了全方位的变革。就产品形态而言，不仅要提供由新闻纸承载的文图结合的新闻产品，还要生产包括文字、图片、声频、视频在内的多媒体产品，通过网站、手机、平板电脑等渠道传播。在生产方式方面，报社的组织架构、流程管理与生产过程也发生了相应变化：形式多样的全媒体新闻中心纷纷出现，新闻生产主体不仅包括作为职业新闻工作者的报社记者与编辑，也包括社会公民。盈利模式方面，传统的广告贴发行的模式日益式微，虽然出现了付费墙等在线支付模式，但真正可以全行业推广的新盈利模式尚未成型。

附着于传统纸质报纸之上的产品形态、生产方式、传受方式与盈利模式正在发生剧烈的变革，报纸不再只是报纸，报人不再只是报人，读者不再只是受众，报社也不再只是报社，整个行业和一代报人陷入集体焦虑之中。尽管报纸的明天尚不明朗，但可以确定的是，即便传播技术有了巨大进步，社会依然需要专业新闻生产机构、职业的新闻工作者以及他们所生产的有专业水准的新闻。有句话说得好："消亡的是'paper'，而并非'news'。"①

① 陈凯：《美国报业收购案解读》，《新闻记者》2013年第11期。

后　记

置身于传媒变革的大时代，报纸正在经历全所未有的冲击与脱胎换骨的蜕变，本书是我们对数字化浪潮中报纸新闻生产变革的记录与思考。

全书内容由我和广州日报社记者肖桂来共同完成，肖桂来承担了第二、三章内容的撰写；本人负责全书大纲的拟定，第一、四、五章内容的撰写及全书的统稿工作。

本书的出版得到了教育部人文社会科学规划项目（10YJA860022）、广东省哲学社会科学规划项目（10GL-02）、广州大学广府文化研究中心项目（15gfwh12）的资助，在此一并致谢。

此外，还要感谢暨南大学出版社史学英、黄斯、邓铃妹等人为本书出版所付出的辛勤劳动，并期待来自业界与学界读者的批评与指正。

田秋生

2016年1月